追尋寧靜

In Pursuit of Silence

一場顛覆聽覺體驗的田野踏查，
探索聲音的未知領域

喬治・普羅契尼克
George Prochnik
譯——韓絜光

目錄

獻給蕾貝卡——

她總是知道何時應該說話，何時應該安靜。

前言

某年春天，我從布魯克林市區出發追尋寧靜。我住的地方距離追尋起點不遠，街道枝葉扶疏，在熙攘的城市裡，相對稱得上是一處靜謐天堂。我家有一座小花園，我睡覺、工作、陪伴摯愛家人的房間，都有陳舊但厚實的牆壁圍繞。但即使是這樣，我還是會被交通管制直升機吵醒，警笛和施工噪音也會令我升起一把無名火。

最近這陣子，比起實際施工的聲響，工地播放的音樂往往更惱人。這些也就罷了，還有公車尖銳的煞車聲，來往貨車震得人孔蓋轆轆作響，鄰居的音響系統更會不時爆音，防不勝防。

我很怕自己變成聽到一丁點噪音就暴跳如雷的怪人，我其實只是素來喜歡安靜罷了。我喜歡聊天時不必繃緊神經，深怕聽不見對方說話。老實說吧，我喜歡書看到一半抬起頭，望著空氣發呆，任由思緒馳騁，不必擔心任何聲響當頭砸落，分散我的注意力。

我喜歡陪我的孩子玩遊戲，當他仰躺漂浮在浴缸裡，我會要他說出當下聽見的各種聲音，從水管裡的咕嘟水聲，到燈管後方的滋滋電流，貓咪窸窸窣窣鑽過沙發底下，或松鼠在屋外粗樹枝上吱吱喳喳。我喜歡周圍有豐富的聲響可以傾聽，而不是只有一種噪音壓過其餘所有的聲音。

每當我一心想留住安靜，擔心自己是否太過小題大作，我會回想歷史上一些捍衛寧靜的崇高例子。我常想起最高法院大法官法蘭克福特（Felix Frankfurt）的一段名言，他說：「辛勤奠立美國憲法的眾位開國元老們，會請人在獨立紀念館外的路面鋪滿泥土，以免來往人車打擾他們深思熟慮。我們的民主預設深思熟慮是思考的必要條件，也是選民做出負責任選擇的前提。」

安靜與民主決議過程有關，這個想法讓我深受啟發，但不足以完全緩解我對聲響太過敏感所產生的焦慮。況且打從我有記憶以來，我一直酷愛安靜。我曾經偷偷檢舉一大清早就開工的工地包商，也曾與在家舉辦盛大派對的鄰居槓上——然後跟他們交好、參加他們的派對，當作練習與噪音做朋友。

我戴過的耳塞不計其數（究極防護系列的泳池藍色強力耳塞），如果頭尾相連一路接下去，說不定能包圍紐約市的一個街區。我對安靜的渴求不知讓家裡人鬧出多少笑話，翻過多少個白眼，嘆了多少長氣。

我最惡名昭彰的是有一次，我覺得家裡監視器關掉之後還是有聲音，便聯絡業者派人來檢查。工程師來的時候我正好不在家，我太太被迫協助對方辨認機器深處傳出的那微乎其微的喀噠聲。「有了，聽到了嗎——不對——等等，應該是現在。有嗎？不然你湊近一點……」這件事我永難忘懷。但我又該怎麼解釋，比起監視器實際發出的噪音，那種聲響更令我痛苦難受的，是它奪走了原本無比安靜的房間裡的寧靜？

兩年前，我瀕臨再也受不了的臨界點！對整天聽自己抱怨噪音的厭煩，已經不亞於對噪音本身的厭煩。是時候**做點什麼了**。我想知道，我對聲音的敏感和對寧靜的渴望是不是很荒謬——還是其實更慘，跟愛倫坡短篇故事《告密的心》開頭敘事者的心理狀態一樣，覺得自己「尤其以聽覺最為靈敏。我能聽見天堂與地上的所有事物，也能聽見地獄裡的眾多事物。怎麼會是我瘋了呢？」

另一方面，如果寧靜之中真有某些寶貴的價值，這些價值卻因人類社會的種種噪音而有消失之虞，那麼到底是什麼？我們可有辦法做點什麼，以培養更多寧靜？與其嘀咕抱怨，哭訴種種噪音（至少我會默默在心裡嘀咕），何不試著找出寧靜的好處，引起人們的嚮往？與其反對噪音，何不找出**支持**寧靜的理由？這就是我追尋的起點，而追尋過程則催生了這本書。

※

我探尋寧靜的第一個目標是貴格會。幾乎每種信仰都有眾多信眾在神明、虔心與寧靜的關聯之間求得心安。甚至，如果想在不同宗教間找到共通的神學（而非道德）立場，寧靜會是個很好的出發點。為什麼寧靜能喚起神聖虔誠的心境，比如一種祥和而適於冥思的感覺？對此我們或許都能舉出各式各樣的理由。

但若稍微深入探究，兩者間的關聯就沒那麼不言自明了。為什麼一個想像中無限且全能的形體，會與全然無聲有關？那些沉默代表漠不關心，甚至沉默就是與邪惡共謀的說法，又該怎麼解釋？為什麼這些想法會與沉默是金、靜默見神聖的想法共存？我想了解是什麼原因使得寧靜在人心目中，既是通往上帝的途徑，也是神性的反映？

我走訪布魯克林區的貴格教友聚會。聚會地點是一棟精巧可愛的石造建築，興建於十九世紀中期，屋內有高窗嵌在檸檬糖霜色調的牆壁上。一眼看去，室內安靜到異於尋常。直櫺窗框投落影子，每當雲朵飄過天際，影子就在淺棕色的地毯上時隱時現。周圍沒有人發出聲音，一聲咳嗽也沒有。大家安安靜靜坐著，大多挺直了背脊靠著座席椅背，雙腿併攏，雙手合握成杯狀，或交疊在膝蓋上。陸陸續續有更多教友走進會堂，最後齊聚一堂的會眾不論種族或年齡，都十分多元。

我發現貴格會強調的安靜，最動人之處在於主要的訴求對象似乎與個人無關。雖然很多人閉上眼睛，但並非每一個人。而且，那種寧靜比起向內關注，更像是一種共同意識。時間彷彿過了很久，現場別無其他聲響，只有大門偶爾敞開又關上，讓更多教友加入。人們在座席上挪動身體，調整座位，長木椅吱吱嘎嘎發出輕響。

過了約二十分鐘，響起一陣數位震動，重複了幾次才被切掉。沒多久，一個四十歲出頭、身材魁梧的男人站了起來，赭紅色捲髮向後紮成馬尾，看上去很和善。「不好意思，剛才是我手機在響。我來的時候忘記關了。但在它響之前，我滿腦子正想著各種雜事——各種等著我去做的事在我腦中奔馳，我甚至問自己，我真的有時間來這裡嗎……然後手機就響了。」屋內迴盪起笑聲。「我們不能任由自己被世俗事物占用太多心思，忘記真正重要的事。無論如何，我們都該騰出時間來上教會。」他坐回原位。

接下來的半小時陸陸續續有幾個人起身發言。期間我注意到一名年約五十歲的男子，他蓄著兩撇下垂的灰鬍子，座位與我有一段間隔。他的雙手平放在大腿上，就在我觀察他時，他身上的牛仔襯衫胸口位置忽然上下掀動，樣子非同尋常，好像真的有一股神聖氣息在底下激烈「顫動」，想從他身上鑽出來。

最令我驚訝的是，我看他全身上下一處肌肉都沒動，就只有襯衫瘋狂翻騰。忽然間他猛然起立，直直站了會兒才張開雙唇：「我們懂得很多，做得卻很少。」他說起一則寓言，提到想拯救全世界的渴望有時可能反而是一種阻礙，妨礙人以實際行動改善這個世界，哪怕只是小小的行動。

會後不少人與我分享對貴格教會注重安靜的想法。一位蓄著濃密落腮鬍，活像邊境貿易商的男人告訴我，安靜也有程度之分，「有的時候，你覺得人人都沉進去了，也有的時候，安靜在大聲吟唱。」一位謙和有禮的女教授從事中世紀研究，她談到在安靜中禮拜是一種對抗因噪音而分心的手段。還有一名矮個子禿頭男子，眉毛很黑，戴著一副墨鏡，他形容安靜「絕對是一種傾聽」，因為貴格教友基本上相信，上帝在每一個人心中。

聖經《列王紀》第一章說，上帝不會現身於狂風暴雨或山搖地動，而是在災變過後，在那寧靜的細語中。究其要旨，很多信仰都有這個想法。對很多人來說，神正是透過寧靜對我們說話，當我們置身於寧靜，我們說的是靈魂的語言。

我的經驗不盡相同。我和宗教生活的短暫交會屢屢充滿希望，也每每以失望告終（不是對特定信仰失望，就是對我自己失望；不是對我自己失望，就是對特定信仰失望）。但事後回想起來，我走進天花板挑高的會堂，被沉默靜坐的人們環繞也才不過短短一會兒，卻已經比方才站在建築物入口處更能意識到陽光。

※

在探索寧靜之初，我也有另一次經驗，說明寧靜可以影響人對大自然的欣賞。

我有個念頭盤桓不去：我覺得要研究這個主題，不去訪問太空人實在說不過去。在我想像中，太空人置身在人類所能想像最壯觀的噪音與寧靜並存的空間裡。世上還有比火箭發射更大的聲音嗎？又有哪裡能比太空深處更安靜？我猜想這兩種經驗在如此短的時間內先後出現所產生的鮮明對比，想必會讓太空人對寧靜的本質有獨特的洞見。

跟休士頓交涉了幾個星期，我接到好消息，太空人威廉斯（Suni Williams）願意接受十五分鐘的採訪。我事先瞭解了她在美國太空總署的經歷。她乘坐過三十種不同的飛行器，登入太空時數超過兩千七百七十小時，而且有好一段時間是太空漫步的世界紀錄保持者。除了效力於直升機戰鬥中隊和美國海軍潛水小組、協助開發國際太空站的機械臂，她列舉自己的嗜好還包括跑步、游泳、單車、鐵人三項、風帆衝浪、雪板滑雪、弓箭狩獵。不論威廉斯會發表什麼看法，看來都不容小覷。

殊不知，威廉斯三兩句就謙虛地駁回了我九成的推測。火箭升空的噪音近年來幾乎已不值一提，比搭飛機聽見的噪音大不了多少。甚至，美國太空總署多年來潛心研究地球上最先進的減噪技術，因此，現在太空站上的就寢區是你所能期望找到的最安靜的地方。通風系統經過重新設計，貼合耳型的新款耳塞也不斷改良；吸音材料則內建於艙壁和艙門內部。

威廉斯告訴我，火箭升空其實不如想像中大聲，而漫步太空也沒有想像中安靜。地面指揮中心時時刻刻都會保持通話——「如果地面上不時有人要你做這個做那個，你不太能感受到太空的寧靜。」說得也是，我心想，地面支援團隊的聲音會直接灌入太空人耳裡，確保他們不會漂離航道，或以其他形式脫離原定任務。我為自己的無知羞得面紅耳赤，正打算提前結束採訪，但威廉斯沉默了一下又開口了。

「現在想想，我記得有一次，我在太空中的確感受到了寧靜。我們在艙外活動，地面要我們等待黑夜通過再繼續。」（行星自轉一圈九十分鐘，其中太空船位在星球暗面的四十五分鐘，稱為黑夜通過。）等待的同時，休士頓傳來的嘰喳交談逐漸減弱，最後通訊暫時切斷。我們就這樣懸在太空站邊緣，靜靜的，只聽見自己呼吸。」威廉斯說，「那感覺就像戴上眼鏡……所有的景物忽然變得好清晰，就像大雨洗滌之後，忽然看見星星明亮無比，忽然可以望見太空深處。」

在那短暫的寧靜中，威廉斯瞧見了我們這片宇宙的明亮無垠浩瀚。

※

梭羅曾寫下乘船遊歷康科特河和梅里麥克河的見聞❶。文中寫到，萬籟終歸為寧靜所用，也帶來更多寧靜。他在靜夜裡划船，船槳嘩啦濺起水花，水珠滴答落入水面，他不禁抬頭凝望，山谷回音將聲響傳入星空。他說各種聲響不過是寧靜的細語呢喃，唯有與寧靜形成對比，襯托出寧靜時，我們的聽覺神經才接收得到。

這個對比互補的概念，作用是雙向的。某些聲音能突顯環繞著我們的寧靜，同時寧靜也會塑造聲音。我在旅程之初還有另一次遠征，去到了一間實驗室。我看到寧靜的音波如何在話語之下流動，讓我們能把聽見的聲音分割成有意義的詞句。

史維斯基博士（Mario Svirsky）是聽覺科學教授，任職於紐約大學朗格尼醫學中心的耳鼻喉科學系。提到他的專業領域，不免會注意到帥氣的史維斯基博士有一對大大的招風耳。他也願意突顯特色，在耳垂上打了洞穿環，耳環晶亮閃耀好比土星環。我請史維斯基博士說明聲音的過濾流程，想了解人何以能在嘈雜擁擠、尚有其他人在說話的室內，挑出自己想聽的聲音。

他對電腦螢幕比劃：「來，我秀給你看。首先製造一個聲音。」他對著連接電腦的麥克風說話：「哈囉，哈囉，哈囉。」就在他說話時，分別代表聲音不同頻率和時域調變的多色曲線也在螢幕上橫向躍動起來。「你看這裡有很多小小的峰尖——這些是波動群集，另外也有接近平坦的長直線。」他說，「這些長直線是聲音開窗的區域，也就是相對安靜的區段，能量較低的區段。因為有這些窗口排成一列，所以即使同一時間不只有一個人說話，我們也能分辨出單一個聲音。」

1　譯注：梭羅（Henry David Thoreau）是美國自然主義作家，敘寫瓦爾登湖畔隱居生活的《湖濱散記》為其名作。他所著之康科特河（Concord River）和梅里麥克河（Merrimack River）遊記則於一八四九年出版為《河上一周》（*A Week on the Concord and Merrimack Rivers*）一書。

我盯著史維斯基博士分析話音波長的圖像良久。原來就連我們說話的同時，也有安靜嵌在字句之間，這個概念讓我覺得不可思議。當我們發出聲音，往往是內嵌在其中的片段安靜，讓聲音能夠發揮出溝通訊號的作用，而不至於化為噪音。至少理論上是這樣。史維斯基博士指著螢幕上一個波峰尖點聚集的亮部，再度開口。「在能量波峰重疊處，很明顯最難分辨所有聲音在說什麼。」他聳聳肩。「現在環境噪音增加了，危及的可能是我們話語之間安靜的窗口。」

※

英語「silence」一詞有多個詞源，從不同面向滲入語言之中。這個詞前身包含哥特語動詞「anasilan」，代表風漸漸止息，以及拉丁語「desinere」，意思是「停止」。這兩個詞源都顯示寧靜與行動中斷的概念有關。同理，追尋寧靜與追尋其他事物不同，因為對寧靜的追尋通常始於放棄追逐，放棄繼續將我們的意志和目光強加於這個世界。追尋寧靜不只是靜立不動，似乎還包含從紛擾的生活中後退一步，鮮有例外。

最先讓我了解到寧靜可以帶來什麼好處的幾個故事，重點都放在只有中斷忙碌循環時，才會發生的一種聆聽。但作為一種社會文化，我們就好比學會了要「注意月台間隙」，而且已經滾瓜爛熟，乃至於月台間隙好像根本不存在了一樣。我們活在一個從不間斷的時代，聽過即忘早已成為常態。

城市裡下雪之所以如夢似幻，部分原因在於雪減弱了聲音，還為街道配上了房屋與汽車披覆白雪的白茫茫景色。如果不必擔心遲到失約，在這種時候我們往往會異常興奮，彷彿走進了一片新天地，生活中習以為常的紛亂嘈雜都尚未到來。兩相對照下，聲音似乎是一股將人固定在時空中的力量。聽到有人叫喚名字，我們會轉頭看；警報聲、寶寶的哭聲、垃圾車刺耳的絞輾聲等，會令我們夜半驚醒；鐘聲、鑼聲、哨聲、鼓聲、號角聲、鳴槍聲「響起」，則昭告一天的某個時刻，或宣布重大典禮活動開始。

我的畫家朋友亞當有次告訴我，他覺得聲音能引領人進入此時此地。亞當小時候因為生病導致全聾長達幾個月，他對那段時光記憶鮮明，並堅決認為這段經歷不全然是壞事。事實上，耳聾為他開啟了一個新世界，比起過去所知，他看見的景象能以更大程度的自由和原創性交織在一起。這段經驗的影響力強烈到令他甘於將一生浸淫於視覺藝術。「聲音會把故事強加於你，」他說，「但那永遠是別人敘說的故事。我所經歷過的寧靜，則像在一個我能指揮的夢中清醒著。」

亞當的經驗很極端，可能只會吸引到願為寧靜獻身的追尋者。相形之下，把寧靜視為一種中斷和休息，或通往反省、更新與個人成長之路，這種相斷廣泛的概念對多數人就更容易產生共鳴。而且，除了我聽到許多故事見證了寧靜的這種潛能，神經科學界也有越來越多例證支持「寧靜是能產出碩果的暫停」的這種想法。

新近利用功能性磁振造影（fMRI）技術的研究顯示，習慣安靜冥想的人，大腦運作效率明顯比無此習慣的人高，這可能和寧靜在各方面減去分散腦力的聽覺干擾，增強了我們的注意力有關。史丹佛大學的神經科學家以實例說明，當人在聽音樂時，是樂音之間的片刻靜默，激發了最激烈正向的大腦活動。這部分也反映人的大腦無時無刻不在追求完結。遇上寧靜，我們的心思才能向外延展。

寧靜在生理層面能帶給我們什麼好處？另一個吸引人的可能性，指向特定睡眠階段與寧靜之間的密切關聯。關於睡眠，至今仍有重重謎團縈繞不去，但已有臨床證據顯示，睡眠可以使意識活動暫停，對健康至關重要。而寧靜既然能中斷日常生活中廣泛存在的噪音，或許也具有充分睡眠可提供的部分回復力。如果工作途中無法找個地方躺下小寐，那麼，找個相對安靜的空間休息片刻，還耳根子清淨，或許也能收獲睡眠的好處。

※

無數個人故事和大量科學證據都顯示，寧靜對個人生命和人與世界的關係發揮了正面的影響。我訪問過的每個人幾乎都異口同聲說他們有多麼喜歡安靜，同時感嘆未能擁有更多的寧靜，好讓身、心、靈充電。但是，既然人人都重視寧靜，為什麼寧靜卻如此稀少？我很納悶，人們對於寧靜的好處似乎挺有共識，但為什麼與此同時，這個世界卻越來越吵？

很多人被飽受來自四面八方的噪音巨響圍攻，深以為苦，不論在陸、海、空，交通噪音無疑最能代表這個超出個人掌控的問題。同樣的，工程噪音、重工業，以及發電機的聲音，這些型態的噪音造成的壓力足可致死，尤其在開發中國家，轟隆作響的發電機無所不在，現今已有專家指出，在這些國家，每年或有四萬五千起心臟病發死亡可歸因於與噪音相關的心血管壓力。

要減低這些噪音巨響對人的侵擾，有更多可以採取也應採取的措施，但若只討論這些巨幅噪音，並不足以涵蓋故事的全貌。甚至，最龐大可恨的噪音源，也許掩蓋了一個更細微難察的深層噪音問題。我與聽力專家、人工耳蝸手術醫師、神經科學家談到寧靜的好處時，我認為真要說這些人與非專業人士有何區別，可能就是在他們眼中，我們的世界日益喧囂，而他們更知道要擔憂喧囂世界所帶來的危險。

二〇〇八年七月，約翰霍普金斯大學發表了研究，說明聽力喪失的發生率在美國正逼近傳染病等級。這份研究聽來難以置信，但現代美國人中，的確每三人就有一人患有程度不一的聽力障礙，而且多數是噪音所致。然而，與我對談的醫師和科學家，他們議論的不是電鑽和噴射機，也不是高速公路和工廠，反而是個人音響裝置。

紐約大學醫學中心的人工耳蝸植入科主任羅蘭（Tom Roland）告訴我：「凡是有人戴著耳罩式或耳塞式耳機，你還能聽到音樂流洩出來，那個人就是在傷害自己的聽力。」聽力學專家也提到手機和電子玩具。你能在市面上買到歌聲達一百零三分貝的孟漢娜公仔，或笑聲貫耳高達一百分貝的艾蒙搔癢娃娃——音量與一台雪上摩托車發動的聲音相當。至於電腦遊戲，音量往往飆得更高。

不過當神經科學家與我談到噪音，討論的就不是單次飆高的音量了，而是成人及兒童暴露於裝置的時間長短，例如冷氣空調和白噪音播放器，開啟裝置的人同時也正在喪失聽力。專家還提到一種噪音危害，上個世代的人可能會認為這是一種奢侈的噪音，那就是我們選擇用來包圍自己的聲響。我們自願允許某些噪音存在，保護我們免受外界不請自來的騷動侵擾。

＊＊＊

夏天的一個週末，我忽然明白了新時代這種噪音的特色。當時我隨大都會警察局的警員開著車在華盛頓特區巡邏，我想知道警方如何處理民眾的噪音申訴。史賓塞（John Spencer）長得人高馬大，人很客氣也很健談。他兒時在市內高犯罪率的街區長大，努力奮鬥多年終於當上分局的員警。不過，對於人性，對於法律管束人性的能力，他已經不抱太多幻想。

約莫凌晨一點，第一件噪音申訴傳來，指示我們駛進一條陰暗狹窄的巷弄。史賓塞警員把巡邏車的車速放慢到接近爬行，然後關掉轟轟作響的冷氣，因為如果依他喜好把冷氣開到最大，絕對聽不見車外半點聲音。不過即使關了冷氣，一樣什麼也沒聽見。史賓塞警員把車窗敞開一條縫，瞇眼望向周圍住家，還名副其實地豎起耳朵，但最後只是搖了搖頭。

車子一直駛進巷尾，他聳聳肩關上了車窗，我們繼續在街區漫無目的地兜圈子。不久我們開進一條酒吧林立的街道，音樂震天價響，顧客三五成群在人行道大呼小叫，推來擠去，滿溢到馬路上。我滿懷期待看向史賓塞警員，但他一樣聳了聳肩。對警察而言，只要沒有民眾抱怨，等同沒有噪音。

酒吧終於打烊後，我們接到指示前往一家打烊餐廳外頭，去勸離三名醉得東倒西歪的年輕女性。之後，我們又接到通報，住宅區某棟房子前院的小草坪擺了一張摺疊椅，上面架著一臺手提式音響。但音響放得不算大聲，周圍也不見有人可以請他關掉。

我們繼續巡邏。雖然適逢週五，又是七月四日國慶日前夕，我在警界的聯絡員警原本還跟我說，今晚肯定噪音不斷，但照目前看來，至少在執法人員耳裡，今晚將是平靜的一夜。車用無線電每隔一陣子會爆出聲響，聽見調度員回報某處有人鬥毆，但史賓塞員警聽了會搖搖頭，跟我說那不在我們的管轄範圍。即使調度員再度通報，他也只是搖頭，用些許被惹毛的不悅語氣重申，那是其他巡邏警的問題。

到了凌晨三點，史賓塞警員忽然轉頭對我說：「我跟你說件事吧。我們最近接到的家庭糾紛通報，絕大多數是噪音申訴。」什麼意思？我問他。「我去到這些人家裡，可能是夫妻、室友、或一家人，他們彼此吵成一團，大吼大叫，電視也開得很大聲，螢幕聲光四射，你根本無法思考。而且加上收音機的吵鬧，正巧又有人下班回家想休息或睡覺。

他們為什麼吵架其實很明顯。他們是為了噪音吵架。但問題就在於，他們自己沒有意識到，他們只是一回家就把所有設備全部打開！所以，我第一件事會告訴他們：『聽好，現在不用跟我解釋你們在吵什麼！先去把音樂給關了。遊戲機關掉，電視也關掉。』然後我會讓他們坐下來冷靜一分鐘，再問他們：『現在心情不一樣了吧？你們吵架的真正原因，就是家裡太**吵**了。現在還有話要說嗎？有嗎？』你一定會驚訝，事情往往這樣就解決了。」

※

這種新時代的噪音讓我意識到，我的追尋必須分為兩個方向。除了理解人對寧靜的追尋，也有必要探究人對噪音的追尋。這兩者是相生的——各自以各自的方式對彼此反應。似乎有某種因素讓我們這個社會整體愛上了噪音，我們往往會否認有這麼一段狂熱而澎湃的戀情，或傾向一笑置之，彷彿那只是夏夜裡餘音繚繞的一時放縱。但意外的是，這一段情似乎頑固地緊跟不放，如果我們真要對養成寧靜做出重大投資，就得明白我們是如何與噪音糾纏上的。我們必須探討寧靜予人的好處，以及刺激我們日益喧囂的多重因素。這是問題的一體兩面。

這兩方向的追尋帶我前往許多地方：從神經生物學實驗室到禪園、大賣場及隔音材料商大會；從熙篤會隱修院到噪音測量器材製造商，乃至極限汽車音響大賽。我走過的每一處都為故事添加層次，我也在最終逐漸明白追尋寧靜之難——但這也是此刻比以往更加迫切需要追尋寧靜的原因。我希望我的見聞可以啟發不同思維，思考社會投資寧靜對我們的生活也許能有哪些貢獻，也能多一分意識，想想我們在哪些方面可能正以高速飛馳，離我們自稱珍惜的寧靜遠去。

※

這個發想有一部分的難處在於，如果是追尋噪音，我有無比信心會成功，但若要追尋寧靜，以寧靜一詞的嚴格定義來說，沒有人能夠真正勝利，除非他們心跳停止，生命終結。在這一生中追尋寧靜注定沒有盡頭也難臻完美，這也是追尋寧靜往往會將我們帶往內心深處的原因之一。

有鑑於此，舊金山灣區靜修禪院的住持魯西塔克（Gene Lushtak）跟我說了關於阿姜查（Ajahn Chah）的一段故事，阿姜查是二十一世紀泰國佛教界最著名的領袖。

一日，一名年輕僧侶住進阿姜查住持的寺院。當時正逢附近鎮上的居民連日舉行慶典，徹夜載歌載舞。清晨三點僧侶晨起靜修時，民眾前晚的歡騰依然勢頭未減。終於有一天，年輕僧侶忍不住向阿姜查訴苦：「尊者，噪音妨礙我修行——外面那麼吵，害我不能好好靜坐！」

「不是噪音害你煩惱，」阿姜查回答，「是你在為噪音煩惱。」魯西塔克解釋：「寧靜，不是我們心中以為的寧靜終於起了作用。而是當我反應平靜，那一刻就是寧靜。寧靜是我對事物本應如何的抵抗。」

我在追尋過程中一再想起這股動人的情懷。事實上，這正表現出倡議寧靜背後的兩難：要如何有效地倡議寧靜，又避免比自己抗議的噪音源頭呼喊得更大聲？若說有方法破解這道難題，我相信必定包含我自己在探索之初認識到的那種敏銳聆聽。

寫作本書一路以來，我發現我不時自問，大家想聽見的是什麼聲音？想阻隔的又是什麼聲音？也許，能夠反思那些不發聲則有不被聽見之虞的事物，就是對寧靜最響亮的辯護。

第一章　聆聽未知

來到修道院的第二夜，我聽見了寧靜。我此刻身在教堂，這座美麗教堂由貌似凹凸結塊的燕麥片的石灰岩磚所砌成，這些岩磚是十九世紀中葉的修士從愛荷華開採而來。眾修士已經結束晚禱，一天有七次的禱告儀式，這是最後一次。他們魚貫退入修道院內室默觀肅靜，直到明天清晨的彌撒之前，不能與任何人交談。

最後離開的幾名修士關掉了唱詩班席位上方的燈，接著，誦經台上方的燈也關了。我靜靜坐在訪客席，這個區域仍有些許照明，但教堂整體現在已經漆黑一片，只有遠處牆邊吊在高處的許願燭閃爍著微弱火光。起初這十五分鐘，還有零星幾名信眾坐在我周圍的長椅上沒走。

雖然我安安靜靜坐著，但我的思緒紛擾又嘈雜，主要是我還在回想方才聽見的禱告。殷勤接待我進入修道院世界的艾伯力克弟兄形容那宛如一首搖籃曲。是的，晚禱很美，可是我卻沒有更深刻的感受，我為此失望不已。這些禱告不屬於我，我只渴求更多寧靜。我的思緒吵鬧到我以為會看到它們衝破我的頭顱，在木頭長椅奔上竄下，跳起一段音樂劇。

不久，其他信眾接連離開，只剩下我一人。有那麼一兩分鐘，我感受到一種名副其實的安靜。但忽然間某處傳來**叮**一聲，**喀**一聲，又**叮**一聲，**叩**一聲，然後**咚**了一聲。偌大的教堂一片漆黑，聲響從四面八方傳來，小至幾乎聽不見，大至如同鐵鎚敲打般暴力；短至斷斷續續的碎音，長至「咚嗡嗡」的聲音繚繞迴盪，原來熱氣在水管內發出的雜音平白招待我聽了一場演奏會。

這些聲音盛大堂皇，略帶壓迫感，而我不只在禱告儀式途中沒留意，儀式後也因為思緒喧騰不已因此聽而不聞。但是，開頭這麼長的停頓是值得的，這個空蕩的空間看似無聲無息，但此刻不斷變幻的音符給了我一種獲得昇華的酥麻感。就是這個，我對自己說：寧靜之中，萬籟共鳴。

不過……當晚我回房休息，陶然忘我的心情消散無蹤，我不禁納悶剛才我為什麼會受到這麼強烈的影響。畢竟客觀上，剛才唯一發生的事只是我聽見了水管的熱漲冷縮，為什麼竟讓我覺得自己「聽見了寧靜」？我在那孤獨的一小時中，為什麼會覺得終於找到了期待在修道院尋得的東西？

※

新梅勒雷修道院（New Melleray Abbey）位於愛荷華州杜標克，驅使我來到這裡的原因，是我渴望向這些終生奉獻給虔誠寧靜的人學習。嚴規熙篤會隱修士是熙篤會（Cistercian order）門下的一個分派，他們現今不必發誓絕對持守安靜，偶爾也會交談，但安靜是他們的母語。

西元六世紀時，聖本篤（Saint Benedict）創建西方基督教隱修制度有功，其中以位於羅馬東南郊的卡西諾山（Mount Cassino）最為有名。他寫下一篇現稱為「隱修規章」（*the Rule*）的文書，至今仍為修士遵行。規章中，修士首先被界定為門徒，門徒的定義特質是「沉默且聆聽」。

嚴規隱修士在熙篤會修士中又稱「默觀者」，他們與修道院外的世界互動減至最少，敬拜儀式大多很安靜。讀經安靜，工作也幾乎不說話，用餐時也首重安靜，在修道院走廊經過彼此身邊也不交談。每晚八點回各自寢室休息，清晨三點十五分起床，在靜默中集合禱告。不論何時他們都避免閒聊，即使是早晨彌撒過後，在刻苦的一天中，他們多數時候也會打消說話的念頭。隱修士做的每一件事幾乎都在靜默中完成——也可說是被沉默的重量壓迫至結束，或向廣闊的靜默開展，就看你從哪個角度去想。

而且，隱修士追尋寧靜已經有很長一段時間。艾伯力克提到，雖然常有人說娼妓是最古老的行業，但他相信在尚未出現娼妓時，就已經有修道士了。我是覺得不太可能，但仍思索半晌。

我的這趟旅程也有個人因素：我需要清閒幾天。我在城市度過了一個忙亂紛擾的冬天——大病小病不斷，帳單堆積如山，保險申請繁雜，科技產品又頻頻失靈，還要為家中小兒煩惱。去鄉間探望朋友的計畫幾度告吹。

我也想過報名新英格蘭的禪修營，那裡專教以呼吸和靜默為基礎的內觀冥想練習，沒想到臨行前一刻才接獲通知，我還是可以去和學員一同靜坐，但營區附設的住宿已經滿了，我必須改住鎮上的民宿。一想到要在擠滿古物收藏家的餐廳裡對著過份講究的法國吐司展開修行，高雅的古典音樂源源不絕流淌下來，把聊天之間的空隙完全填滿，我不覺得這會有助於內心的寧靜。我得離開紐約才行，但事實上，怎麼安排都難。因為縱使我們隱約曉得寧靜對自己有好處，但實際投身寧靜並不會因此就變得容易。

想到寧靜，我不只把它當作某種遲來的心靈滋補。除了想從嚴規隱修士之道學點東西，同時遠離生活的喧囂，我也希望在修道院的寧靜中尋得某些能帶回紐約的真理。我在行李中塞了一疊書和幾大冊影印資料，內容是不同的神學和哲學傳統——無所不有，從海德格和皮卡德（Max Picard），到卡巴拉思想探究，還有厚厚一疊佛教典籍，以及基督教修道院文學，數量多到足以將一名修士從削髮的頭頂到腳趾全部包起來。我需要指引。

沙漠

從空中俯瞰，冬季的北美大平原宛若寧靜的化身。我在基督降臨節當週啟程前往修道院。大地冷冽冰封，我無法想像下方有任何會呼吸顫動的生命。離杜標克越來越近，農田方塊覆蓋著白雪，就像浴室磁磚塗上一層起泡龜裂的底漆。飛機下降的同時，地形起伏越形明顯，一叢叢尖角磨損的褐色樹枝如鬃毛般破雪而出，被白色覆蓋的小聚落循著看不見的電路板陸續排列。我們飛越簇生的紅瓦農舍上空，瞧見農舍陡斜的屋頂也積著厚厚一層雪。接著，機身調轉一百八十度，一道淡橘金色裂縫在灰茫無垠的地平線上倏然綻開，飛機緩緩著陸。

互相打過招呼，艾伯力克對我說的第一件事，就是我來的時機很不湊巧，即使依照愛荷華州的標準來看，今日的天候也特別惡劣。他聽起來很難過。

艾伯力克是個體格結實的男人，年紀五十出頭，身高略高。他戴著一副黑框圓眼鏡，鏡片下的眼眸烏黑深邃，黑髮剃短到貼近頭皮。此外，只要不必拘束，他都穿著一件白色落地長袍，外罩帶有尖帽的黑色長兜。用艾伯力克自己的話來說，他在一九八四年走進修道院，「從此待了下來」。

二十六歲那年，他還在紐約市大都會藝術博物館擔任保全警衛，所有的空閒都用來畫畫，過著兩袖清風的波希米亞生活。雖然他童年家境還算富裕，成長歲月泰半住在亞特蘭大郊區，但他從未熱衷於「物質」，反而總在尋找一種素樸生活。艾伯力克從小隨家人信奉天主教，總在追求寧靜——他母親因此喚他「小和尚」，但他早在還沒搬到紐約以前，就已經放棄積極參與教會。

他在博物館大多值夜班，工作幾年下來漸漸陷入一種精神焦躁，偏偏此時得知姊姊罹癌過世。而且她去世後不到三週，他也被診斷出相同病症。「那是敲醒我的警鐘，我想進修道院的念頭開始成形。」艾伯力克告訴我。「非等到得了癌症，我才終於正視鏡子問自己：『我在這裡做什麼？』」

診斷出癌症後的第一年，他努力與恐懼對抗。而後，隨著活下來的機率漸漸提升，他重回教會，最終這引領他前去拜訪亞特蘭大近郊的一間修道院。他在途中迷了路，天黑才抵達，正好在晚禱之前。他進門時教堂內安靜幽暗，接著，一群修士走了進來，他們身上穿筆直垂落在地的純白蒙頭斗篷。

「我楞在原地，」艾伯力克說，「我看到了自己的實相。我看到我的修士靈魂具體呈現在眼前。當下沒有任何聲音，只有他們單獨或兩人比肩走進來時長袍磨挲隱約發出的窸窣作響。我這一生中見過很多神父傳福音，但遠比不上那一刻。我感覺上帝直直向我走來。」他認為，「這個經驗半路劫走了我的人生。我意識到我其實一直是個修士，現在我回到家了。」

「修士都住在沙漠裡。」艾伯力克告訴我。我們此時已經開車回到修道院，終於能坐下聊聊。「這些被白雪覆蓋的廣袤田野就是沙漠。修士向來會被這種地方吸引。我們來到這裡是希望與自己徹底對決。寧靜是為了讓你與自己碰撞，所以修士才會追求寧靜。然而，這也是為什麼有些人一上車就把收音機打開，或者一走進客廳就馬上開電視的原因：他們想迴避這種對決。我自己覺得，這可能也是波斯灣戰爭最後突然爆發激烈暴力的一個原因。」

我訝異地看著他，他垂下目光。「你記得嗎，在最後一次進攻前，有很長很長一段時間的延緩，幾波部隊進發之後也只是在沙漠中待命。一星期又一星期過去，士兵只能枯坐乾等。對很多人來說，周圍的靜默可能比他們過往的經驗累積都來得要多。接著忽然間，突然爆發了那場大規模的暴力進攻——死亡公路❶。美國人會繁榮起來，靠的不是靜靜坐在荒涼之地。那些士兵在沙漠待久了，開始有接近修道院的體驗，但那和軍事目標並不相稱。」

即使只是短暫接觸修道院般的寂靜，也具有改頭換面的力量，以此解釋八十號公路往巴斯拉方向發生的大屠殺，其實算挺挑釁的說法。但很顯然，相信只要淺嘗過修士生活就能對個人心靈造成有意義的轉變，有這種想法的不只艾伯力克一人。

1　譯注：死亡公路（Highway of Death）原為科威特的一條聯外公路，一九九一年波斯灣戰爭期間，伊拉克軍隊原欲沿這條公路從科威特撤退，但以美軍為首的盟軍展開無情轟炸，包括軍人及平民皆遭波及，傷亡不計其數。

新梅勒雷修道院與世界各地眾多修道院一樣，院內的永久居民人數始終偏低，但接待住宿卻經常爆滿。在修道院負責簿記的尼爾修士告訴我，五、六年前如果有人在工作日聯絡修道院，說想來避靜幾天或只是參訪一兩晚，院內一定有空房。但現在，幾個月前就訂滿了，「需求比以前多太多，」他說，「大家只想圖個清靜。」

現今有各式各樣的靜修中心，幾乎什麼信仰體系都有，就連跨信仰的靜修營也至少有一所，就位於維吉尼亞州。營內有印度教尊者、天主教神父、猶太教拉比、伊斯蘭教教長各一位，他們以合作的方式共同指導避靜者，就如同介紹詞所述，「在眾信仰的核心，提供通往內在祥和、喜悅、身心靈合一的獨特體驗。」溫泉水療也越來越多人提倡，號稱可讓人暫時遠離日常生活的過度刺激，同時有療癒和美體服務。（「我們崇尚……一切從簡。」某則廣告這樣開頭。「靈魂獲得舒緩，美就隨之而來。我們希望做您寧靜的避風港。」）

也是這種對休息的渴望，驅策許多人遠赴泰國叢林參拜佛寺，有時一去就是好幾個月。「十日內觀靜修營」的數量在南加州不斷倍增，最近還興起專為青少年提供的短期「得來速靜修」，以及小至八歲的兒童都可以上的冥想課。魯西塔克和他在灣區的一些靜修指導同業也受到公立學校體系徵募，到校提供「正念與專注」課程，形同把靜修冥想偷偷引進課堂。「很多老師很擔心，」魯西塔克告訴我，「他們沒辦法讓孩子靜下來，這時只有靜坐冥想有效。」

魯西塔克曾介紹我跟一位名叫克莉絲的女士聯絡。據他所說，克莉絲對寧靜有深刻的見解——她有一段很長時間過著修士般的清幽生活，練習靜修冥想多年。我與她電話聯繫時，克莉絲提到，對寧靜的渴求，其實渴求的是「寧靜所促進生成或扮演媒介催化的某樣東西」，而非寧靜本身。她說，「寧靜，是接觸到那樣東西的一種經驗。我認識一些修行多年的修行者和導師，他們在混亂喧鬧的房間依然能保持溫柔而專注，彷彿面對的是一個小嬰兒，或是一隻蜥蜴。」

我問她，是否因為親身經歷過寧靜，從此讓她願意在日常生活中投入越來越多時間練習冥想？「你不是正透過手機擴音器和我說話嗎？」她冷不防換了口氣。「我現在是事務所律師，每天坐在市中心摩天大樓的二十九樓辦公！但就算我不再能像從前一樣，在緬甸身披小袍，花許多時間與寧靜共處，但寧靜依然是我生活重要的一環。」

辨認寧靜

回到我在新梅勒雷簡樸愜意的客房，我從隨身帶來的迷你圖書館中挑了幾本書，在窗邊的椅子坐了下來。從窗戶可以眺望庭院，一座簡約的石造噴泉和幾簇烏黑的小樹枝從厚厚的積雪中竄出頭。房裡悄然無聲，只有我腳邊的電暖器持續發出劈哩啪啦的聲音，就像把一支麥克風湊近一碗爆米花。

我跟朋友說要去愛荷華州的嚴規修道院待個幾天，他們都異口同聲表示羡慕。「你真幸運！一定祥和又安靜……」他們個個嘆著氣。不過在從前，希望到與世隔絕的療養地獲得休息和放鬆，並非是驅使人們探訪修道院的主因。古代人尋訪苦行僧是為了求道解惑，希望明瞭自己生而後死的原因。

正如聖本篤將修士視為門徒，首重沉默且聆聽，世間凡夫俗子尋訪那些遺世獨立的隱士，向來也是為了聽取他們的見解。自從梵諦岡第二屆大公會議之後，對於默觀修士向主教會議表達的想法，大眾普遍抱有同感，認同修士與世隔絕非為了縱情於苦行殉道的欲望，反而是為讓自己更置身於神聖的源頭，藉此明白被授予的偉大使命，因為驅策世界前進的力量便誕生於此。

默觀修士的先驅是西元四世紀離開家園隱居沙漠的一群埃及人。那是沙漠隱修盛行的年代，他們在北非驕陽下有如禽鳥般沉默地棲於竿頭，在猶如阿富汗山區的洞穴中不眠不休地禁食，力抗心中喧鬧幻象的騷擾。在他們的幻象中有嘲諷的魔鬼，有嫵媚的少女，兩者更結合成無數使人煩亂的幻影。

沙漠之父（Desert Fathers，或譯沙漠教父）因避居沙漠而得其名，他們遠離人世是為了發揚自我改造，因此他們最關注的那種寧靜，就是閉上雙唇之後的沉默。西元五世紀的腓地基主教聖狄厄多修（St. Diadochus of Photiki）寫道：「正如若不關上公共浴池的門，蒸氣逸散則益處盡失，人若多言，美德也會從敞開的聲音之門散失。」曾有一名隱士在嘴裡含石頭長達三年，幫助自己保持安靜。至於他如何有辦法活下來而沒把石頭吞下去，史書倒也閉口不提。

如果民眾有幸在荒無人煙的洞穴發現沙漠之父的蹤跡，他們會站在他面前乞求：「阿巴，賜我一言！」（「abba」是希伯來語和阿拉姆語「父親」的意思，表示修道院長的「abbot」和修道院的「abbey」都衍生自此。）西元四世紀，一名不具名的求道者深入納吞谷沙漠向阿巴摩西（Abbot Mose）求賜一語，但這位老者只說了一句話打發他走：「回去吧，回你的居室靜坐，你的居室就能教你應知的一切。」

這則寓言突顯出幾個關於寧靜的大哉問：吾人對寧靜的追尋，應該跟世間隔離多遠？我們所經驗到的寧靜到了怎樣的程度，就變得無法解釋也難以表達？我們必須實際沉默到什麼程度，才能體會寧靜的真諦？

到哪個程度才算獲得了寧靜，我們每個人對此都有一個直覺上的量準。關於人接收聲音的研究，很快就從物理學和生理學領域，轉移到心理和心理聲學範疇。我們賦予聲音的心理聯想，以及大腦繪製聲波的複雜程度，界定了我們的聽覺經驗。

羅伯特曾是派赴伊拉克戰場、效力於美軍的一名狙擊手，他向我描述戰鬥中體驗到的寧靜。「你會很仔細聽任何能保你一命的動靜，你會望向任何可能是威脅的聲響，就像一頭野獸。正是在這些悄靜時刻，」他解釋，「你會將注意力放到最大，好比煙火綻放前的那一刻，周圍非常安靜，這種安靜沉重到幾乎難以承受。」他拿動物設法找出威脅的來源做比喻，你當下什麼也看不到，什麼也沒聽見——但卻能肯定威脅存在，而且無所不在。

他相信就是在這種狀態下，人會反過來沉入自己的內心，視野範圍縮小，聽覺逐漸微弱。「越是什麼都沒聽見，等於聽見越多的無。」「我們一邊等待……其實在等待死亡。就像非洲草原的動物，就像牠們四腳朝天被獅子推倒在地，在被吃掉前進入某種彌留狀態，我在這恆定的一刻感覺安靜的重量把我拉進我自己，但我會努力抵抗這種感覺，以求有機會活下來。」

※

神學家把追尋寧靜的起源推回更久遠之前。西元六世紀的猶太神祕主義者盧里亞（Isaac Luria）發展出「Tsimtsum」之說（意思大致為「收縮」）。按照他的看法，對寧靜的追尋只不過是宇宙的一種基本運動。

盧里亞少年時期就展開了追尋，先後獨自隱居在尼羅河上的幾座沙洲，而後名聲漸漸傳開。據說他懂鳥語，能解讀棕櫚樹葉沙沙作響、木炭餘燼嘶嘶燃燒的話語。（某些卡巴拉信仰者認為，耶路撒冷的聖殿毀壞後，守護天使把鳥兒當作雲端的儲藏庫，將妥拉的部分奧義收存其中，所以鳥鳴聲充滿智慧。盧里亞經常喃喃念著樹葉和木炭想說的話。）後來，他在巴勒斯坦的采法特落腳，發展出神祕主義思想的主體，日後以此廣為人知。

他本人幾乎沒有著作，他想闡述的真理過於浩繁，反而限制了他。「只要一開口說話，我就不禁像大海衝破堤壩那樣到處氾濫。」此外，他的「收縮說」也以一種空間悖論為前提：如果上帝是一切事物，無窮無限，無處不充滿，又怎麼會有空間容納得下上帝的造物？因此，上帝創世的第一個舉動勢必是將祂自己縮回到自己當中，才能騰出空間容納其他事物。這個收縮行為可說是神性向內在退避，也被形容為一種自我克制兼自我沉默。

在盧里亞的看法裡，上帝成為修士般尋求寧靜的第一人，退避至幽暗之中隱蔽祂至深的神性，使得造物終有一日有機會在光明中歌詠。早期有些對盧里亞學說的評論將這個過程比喻成宇宙的呼吸：「祂如何孕育並創造祂的世界？跟人一樣屏忍氣息，好讓微小能夠含納眾多。」對於上帝創造力的每個新的比喻，前提勢必都有另一種形式的退避，另一種形式的自我清空。

以人文主義角度看盧里亞的神話，不禁讓我們反思一件事：當我們閉上嘴巴將自己從處境中抽離，世界會鮮活地湧入我們所留下的空隙——忽然間，我們能看見嶄新的景物，聽見嶄新的聲音。

不過，關於上帝收縮的訓示，十八世紀的哈西迪猶太教長老納赫曼（Nahman of Bratslav）又為它添了一層神祕主義面紗。納赫曼認為，人必須模仿神在自我沉默中所行之路，方能觸及上帝的本質。清空與緘默的過程會帶領求道者深入內在虛空，內在虛空則將通往上帝留下的空無。不過，一旦進入納赫曼所描述的「沉默迷宮」，正直之人會以某種難以言傳的方式發現上帝也存在於那個虛空之中。

盧里亞和納赫曼的故事令我想起以前聽許多人說過，寧靜似乎觸發了一種日常自我的剝落。我有個叫阿方索的藝術家朋友，他也是虔誠的天主教徒，他告訴我：「偶爾在安靜獨處時，我會有一種感覺，好像我的外在身分被一層層剝落、清空，直到只剩下中心的核。而當我到達那裡，進入那種寧靜，我會遇見其他我所愛過的自己。忽然間，我又回到了爸爸媽媽的身邊。他們還在這裡，而我跟他們在一起。」

另一個信奉佛教的朋友描述靜坐冥想的經驗，就像一個無止盡排空思緒的過程。「到了靜修尾聲，這個清空腦中意念的過程會化作實質上的身體表現。」她說。「很多人哭了，有人頻頻咳嗽，有人著涼感冒。」這個經驗改變了她在靜修室外應對各種情況的心態。「換作以前，我的思緒會不停震盪、製造雜音。我現在沉著多了。我意思是，我現在明白了周遭的事物變化恆常，我不再把自己每個小小決定看成攸關生死那麼嚴重，感覺就像心靈獲得了洗滌。」

※

當我們專心感受寧靜時，腦內實際上會發生什麼變化？

對於靜坐冥想的功效，神經科學的研究尚處早期階段。但fMRI研究（利用造影技術追蹤記錄腦中血液的流向）有長期默觀或類似修行習慣的人，發現冥想能提升大腦辨別外在刺激輕重緩急的能力。簡單來說，就是大腦總體活動量減少了。

紐約大學腦部健康中心研究員莉迪亞．葛羅茨克－索班斯卡（Lydia Glodzik-Sobanska）向我說明，當一個人動手做他不熟悉且有難度的事時，會在腦內啟動連鎖反應。神經元率先開跑，麩胺酸受體接著參與進來，觸發一連串傳導反應，最終允許鈣質流入細胞，活化多種酵素，從而啟動其他反應。再接下來，「下游事件發生的範圍很大，過程中會形成新的突觸接點和神經分支。」

初次學習新事物，這些區塊的強烈活動是健康大腦正常運作的跡象。但經過練習之後，神經網路應該越來越精簡。從事一件熟悉的活動所動用的大腦網路比較少，如果沒有變得精簡，範圍甚廣的下游事件就會演變成不和諧的雜音。

「阿茲海默症的相關研究中，」莉迪亞說，「從腦部造影可以看到，某些易受病症影響的大腦區塊活動完全消失了，同時，患者其他腦區的活動反而增多，這在一般人身上是不會出現的。」雖然一般認為其他腦區的活動具有補償性，但其實什麼也沒補償到，只是腦中的噪音拼命放大罷了。「長遠來說，目標永遠是減少大腦活動，你會希望神經脈衝傳遞得更快，通過的突觸數量有一定的限制，讓整體運作更有效率。」

在慣於冥想者身上所記錄到的腦活動量下降，似乎是他們能迅速切換進入高度專注活動的原因之一。就好比運動員平常的心率很慢，但需要執行高強度的身體活動時，卻能平穩地提高血流量，待活動結束，心率又快速降回最低強度的基準線。那些許諾堅守沉默的人，大腦在新陳代謝方面似乎很享受這種特徵，而他們也會變得越發平和安靜——在遭遇偶發的刺激時，在無所求的靜態下，比較不容易胡亂放大神經的反應。

※

雖然外面寒冷刺骨，但和新梅勒雷的修士聊過又讀了幾個鐘頭的書，我想趁夜色降臨前出去舒展一下筋骨。外頭悄然無聲，頭頂是鐵灰色的開闊天空，腳下是純白大地。嚴規隱修院傳統上坐落於平坦的地形，單調重複的風景據說可以讓人思索生命之有限。雖然天氣預報今晚會下雪，但至今連續幾天都沒有下雪，小徑已被踏得嚴實。深沉的寧靜霎時被靴子踩在雪上的**吱嘎**聲給打破了。「笨腳，別製造出這麼多噪音。」我心想。

結凍的小徑一路往下通往溪邊。我正要走近水邊，一隻大藍鷺倏地振翅飛起，在褐色水面激起漣漪，無聲地拍動翅膀飛越光禿的樹梢。習慣了紐約街道，看到眼前的動靜竟沒有發出半點聲響，感覺非常魔幻。我想起一位巴西朋友告訴我，在她的國家「每樣東西都在尖叫」，當她終於有機會去日本旅行，她發現那裡的都市風景就像在看一部默片。街道和建築矗立她眼前，卻沒有她平日身處這些景象中一定會聽見的噪音。

我沿著小路邊緣往前走，黑色的小路像線團慢慢解開，穿過白色大地伸向目光所及之處。灰色農場建築叢生成的迷你群落隱隱出現在遠方，穀倉長得就像教堂塔樓，只是尖頂被折掉了。我想起默觀隱修士那封寫給主教會議、為他們的天職辯護的信。修士們提到，上帝在沙漠中創造了人，在人犯下原罪以後，也把人帶入沙漠。借用先知歐瑟亞（Hosea）的話來說，目的是為了「誘引她來，與她溫柔交談」。

包括禁言、禁食乃至所有的禁慾苦行，只要投入得夠深，都可能化為不同形式的誘惑。但我們這些並不從事修行的人永遠不會知道，苦行能為追隨者展露哪些生命的可能。

二十世紀初，美國人類學家弗雷澤博士前往澳洲研究當地的某原住民部落名為「寡婦禁言」的習俗。依照習俗，女性在配偶過世後必須展開長達兩年的禁言期，以躲避及驅逐亡夫的靈魂。又因為禁言令也延伸到亡夫的母親、姊妹、女兒及岳母，因此形同部落中絕大多數女性在守喪期間都禁止交談。看在外人眼裡，這似乎代表生存受到了極大的限制，但弗雷澤注意到一個奇妙現象：很多禁言的女性在守喪期結束後，仍然選擇保持沉默，只透過手語溝通。

我一面向前走，雪白絨毛從天空中飛旋飄落。

※

嚴謹來說，嚴規隱修會的全名是「嚴守默觀熙篤隱修會」。十七世紀，嚴守默觀運動在法國塔珀修道院（La Trappe）院長杭西（Rancé）的領導下發展起來，熙篤教會的這個分支也得名於此。杭西成為修道士之前是個博聞炫學的人，熱衷狩獵，愛好奇裝異服。直到有一天他走進戀慕對象蒙巴松女爵臥病的寢室，誰知竟發現她的頭不在了！原來，女爵意外驟逝之後，缺乏耐心的入殮師竟割下屍體的頭，以便將她放入尺寸不合的棺材。

目睹這個不幸景象，讓杭西那些身穿華服閒蕩作樂、打獵嬉戲的時光畫下了句點。他變賣所有財產，帶著僕人遁入塔珀修道院，著手打造世所未見最刻苦禁欲的修道院規。他們要求絕對的安靜，教友交談只能透過手語。每半年須奉行嚴格的齋戒禁食，另外半年也必須飲食清淡，以根莖類為主。在祈禱或靜修的空檔時得下田從事農活，有時還要在木頭涼鞋內鋪上自我懲戒用的荊棘鞋墊。

嚴規隱修會希望革新舊日的克呂尼教規，在過往傳統的教規中，靜默禁言乃至於獨身禁欲，都被視為效仿天使的方法——天使只在歌頌上帝時才會張開雙唇。隱修士將靜默視為團體公約，讓八卦閒聊絕跡，也形同堵住了通往輕佻狎暱的道路。他們希望藉此提升至全神貫注的狀態，屆時所有人都能聽見上帝的犧牲與人類生命之有限。

靜默是通往莊嚴肅穆的最快途徑，這個想法被無數宗教修行奉為圭臬，也是「全國性默禱」這個概念的起源。我們不知道默禱在什麼時候成為聖俗融合的哀悼儀式的一環，但或許可以在嘉年華慶典中窺得發展交會的痕跡。

一八六八年，威尼斯嘉年華的一名現場觀眾如此記錄：當慶典來到尾聲，聖馬可廣場的大鐘在午夜敲響，樂隊停下了演奏。雖然聚集了龐大的人群，但幾乎一點聲音也聽不到！在片刻的寧靜與黑暗之後，先是出現一個小小光點，緊接著是火光炫亮的煙火蛇、羅馬蠟燭和沖天炮，火焰最後點燃了「那註定滅亡的君王像」，狂歡節國王就在震耳欲聾的爆炸聲中灰飛煙滅。午夜時分片刻的死寂，象徵著肉體支配的終結，提醒在場群眾大齋期即將來臨。

最早的全國性默禱起於何時可謂眾說紛紜。可疑的是，大部分說法——例如美國各地在鐵達尼號沉沒那年發起默哀紀念——當時文獻都不曾提及。第一個留下公眾評論的全國性默禱，似乎是英國紀念停戰日的默哀活動。這個默哀紀念陣亡將士的活動始於一九一九年，也就是一戰停戰的隔年。活動提倡者費茲派翠克爵士（Percy Fitzpatrick）是前駐南非高級專員，一戰期間，他在南非每天觀察到當地人在工作和談話中時常會停頓個三分鐘，因此深受影響。在為提倡默哀活動寫的信中，費茲派翠克宣稱，這麼做不只能紀念在這場光榮不朽戰爭中犧牲的亡者，也能在活著的人之間創造團結。

默哀儀式進行時，不光聲音，所有活動也必須中止：火車停駛、工廠停工、電話交換局暫停接線。事實證明，這兩分鐘的靜默效力非常強大，英國廣播公司開始遊說將這段靜默如實播出，而不只是在儀式期間把廣播關掉。一九二九年，這個做法正式實施，而像這樣將全國的沉默放送出來的行為本身，也成為一種奇景。

誠如英國廣播公司一名主播所言，「那種令人肅然起敬的感覺更加明顯了，因為這股寧靜不只是一片死寂，大笨鐘依然準點敲響，麻雀一樣嘰喳不休，鬆脆的落葉窸窣作響，鴿子起飛時噗噗拍翅，為突然降臨的安靜感到不安。而就在幾分鐘前，倫敦還車水馬龍，一片喧囂。」他總結，英國廣播公司的角色就是要讓人聽見這股寧靜的真貌，「這是一種摧毀個性的溶劑，容許我們在那一刻變得廣大且包容。」

我記得自己也感受過類似情緒，那是我有一次在以色列遇上為「大屠殺紀念日」所舉行的兩分鐘默哀儀式。我沒預期會發生這種事，但當警報開始鳴響，所有動靜霎時停了下來。行人原地凍結在人行道，駕駛步出車子靜靜站著，開了一半的門懸著沒關——我頓時不知所措。

我記得我盯著紅綠燈號變了又變——紅燈、綠燈、黃燈；紅燈、綠燈、黃燈——但沒有車子移動。寧靜似乎在當下鑿出了一個大洞，無法言喻的過去如洪水般湧入，吞沒每個人的生活。默哀即將結束前，環繞在那兩分鐘周圍的瑣碎聲響聽起來惱人地大聲，不知怎地，我很希望不辜負那萬事靜止的一刻。

※

變得廣大且包容的渴望，往往會因戰爭和災難而甦醒，新梅勒雷修道院最近一次變得興旺，迎接大量見習修士走入修道院的寧靜之中，背後似乎也是這個原因。由於人數激增發生在在二戰結束不久，或許有人會猜測，是因為民眾對人性等各種形式的暴力感到厭惡，所以申請者增加了。但我在修道院圖書館翻閱新梅勒里的口述歷史，卻發現真相更為複雜。

一名自軍中退伍後進入修道院的修士解釋：「才看過整條街的房子被炸成碎片，你不可能不意識到，生命除了消費和享樂外，應該還有更多意義。」對他來說，刺激他決定遁入修道院的原因，不是為了把戰爭和暴力拋諸腦後，而是歸國之後看見美國消費社會那彷若太平無事的茫然臉孔，令他厭惡作嘔。軍隊和修道院，其實各自以不同的方式，將心力投注於警醒地做好準備來面對死亡——而且往往都身處寧靜之中。

我讀到的修士訪談記錄顯示，一九四〇年代末到五〇年代初，修士人數攀上顛峰，反映的不是逃避的渴望，而是希望在一定程度上**延續**戰時生活的緊張感。

寧靜與不可說

來到修道院的隔天，我在早餐桌上和艾伯力克打了照面，他看來悶悶不樂。原來約拿弟兄明天將被授予神父聖職，他經歷迢迢長路才抵達這個里程碑，他的家人朋友原本預定從各地前來見證授職禮，現在卻因為天候關係，很多親友的來訪都取消了。我們也將無法如願前往拜訪「隱修會棺材坊」（Trappist Casket），艾伯力克原本打算帶我去那裡看看工作中也悄然無聲的修士們。

既然參觀不了棺材工廠，他改而為我安排與幾位修士聊聊他們對寧靜的追尋。「大自然在這裡可不友善。」他心有所感，眼神不時緊張地望向窗子，大雪為窗子拉上一層純白的窗簾。「她不會在乎你的死活。她是喜怒無常的母親。我心中的修士就喜歡這樣。我們活在絕境中，處於人類適應力的極限，但我的人性掙扎得很辛苦。」

當地居民也掙扎得辛苦，他們雖然沒有發誓保守沉默，但也不愛無所事事的閒聊。農耕艱苦又看不到盡頭，收益微薄，而且雖然生活在郊野，但農耕其實很傷聽力，因為使用重型農作機具，據說有百分之七十五的農工患有聽力障礙。

事實上，美國中西部傳統不苟言笑的堅忍精神，與大環境的寧靜相得益彰的景象，如今十分罕見。約拿弟兄的授職禮結束後，我在午餐認識的一位神父告訴我，他的教區居民根本沒體驗過寧靜。因此，大衛神父和一些宗教領袖經常把基本又務實的去感受寧靜這件事，加入宣道的內容中。「我們會告訴大家，每天保留一段時間，不要開電視也不要放音樂，安安靜靜地坐一會兒。結果後來就有人哪怕只坐了短短半小時，也歡天喜地的對我說：『神父，那是我有過最深刻的感受！』他們只是生活中沒有可以比較的經驗罷了。」

然後呢，他們要拿這個深刻經驗怎麼辦？我問。另一位與我們同桌、已經退休的史蒂芬神父說，依照他的經驗，問題在於，如果沒有寧靜，人們也很難有互相理解的能力。他負責監督議會開會，為不同教區制定方針，而近年來，如果遇到難以決定的議案，他不再允許大家用討論的方式做決定。

他發現，如果在討論中做決定，就代表「決定是噪音做成的」。反之，他會請每個人回去靜心思考自己在論爭中的立場，過陣子再重新聚會，這時大家的想法往往都改變了。這些人會說，「神父，我在田間散步，想到我要是他們，而事情又必須照我先前主張的方式進行，我的心情該有多麼難過。」也許這就是聖本篤（熙篤教會的守護聖人）想傳達的意思。他曾在一封信中引用以賽亞之言，大意是說：「寧靜是在正義中所造就出來的。」

艾伯力克聊起北美大平原的生活，多半圍繞著意志力非凡的工作倫理打轉，我不禁思索起修士嚴厲刻苦的生活，與我那些朋友所想像的桃花源相去甚遠。「話說，你們為什麼那麼早起？」我的疑惑脫口而出。「為什麼把一天展開的時間規定在凌晨三點十五分？」

「因為我們應當養成警醒的習慣。」艾伯力克形容「守夜」這種每天第一個祈禱儀式，是一種高度醒覺狀態，而隨時保持這種狀態是熙篤會修士的使命。對他而言，黑暗是非常安全的空間。如同誕生，如同耶誕夜，在夜色中凡事皆有可能。黑暗靜謐的地方，也是寶藏埋藏的地方。

「守夜結束之後，你們都做什麼？」我問。

「我們會回寢室讀書，修士和書本是天生一對。我們讀書、禱告和冥想。每天工作開始前我們有六個小時的自由時間。你想多少有錢人說得出這句話？我們稱這段時間是『神聖空閒』，保有這段時間對人性很有益處。」

※

尼爾弟兄個子很高，身材纖瘦，臉經常斜向一邊，淺色瞳孔的銳利雙眼周圍泛著皺紋，眼神中閃爍精光。他有自己的一套觀點。「上帝是人所無法理解的，你怎麼看待這件事？」他問我。他引述二十世紀德國神學家拉內（Karl Rahner）的說法自問自答：「歸根究柢，對於上帝唯一恰當的反應，只有沉默敬愛。」這是另一個包含眾多傳統的概念，雖然在古代信仰中發展緩慢。

在古典時代，多數時候的禱告要大聲說出來，因為在人們的想像中，天神的耳朵長得像巨大的人類耳朵，信眾必須實際發出聲音，神才能夠聽見。沉默禱告也會招來懷疑，因為禱告之所以無聲，往往是想隱瞞禱告內容——例如不倫之戀、魔法力量、盜竊犯罪等。

隨著眾神脫去了身體感官，上述態度才跟著轉變。晚期柏拉圖哲學家認為，要與一個超驗的存在溝通，禱告也須去蕪存菁，超越感官。「讓我們以合適的方式犧牲，對不同本質獻上不同的祭品。」西元三世紀的新柏拉圖主義者波菲利（Porphyry）寫道，「因為沒有哪種物質不會立刻玷汙非物質的本質……因此無論是口頭語言或內心話語，都不適用於至高無上的神……相反的，我們應該在至深的沉默中崇敬祂。」艾伯力克認為，寧靜使人想起對存在的依賴，尼爾則不同，他所謂的寧靜可以用於表現我們在某種偉大存在的面前，所有習以為常的認知皆消融殆盡。

尼爾的信仰與俗世對寧靜的諸多觀感略有相通，這些觀感往往與自然界有關。日本有首歌頌「松島」的有名俳句，僅由短短幾字組成：「松島啊，松島呀松島！」該地風景之美令詩人無言以對，他只能開口吟詠它的名字，旋即陷入沉默。❷二十世紀初，許多探討寧靜的哲學也呼應這個概念，也就是，事物的實相與我們的表達能力是不可相通的。

維根斯坦在著作結尾提出一個命題：「對不可言說者，吾人須保持沉默。」海德格也說：「重要的是，無語之時即當沉默。」法國哲學家皮卡德說：「沉默指向一個只有存在成立的狀態。」在皮卡德的看法裡，這個狀態也是「神聖的狀態」。皮卡德信奉天主教，但他的說法與禪宗佛教的基礎觀念相互呼應。我那位靜修導師魯西塔克有次和我聊天，形容靜修是為了「拔掉腦補故事的插頭」所做的努力，我們總不斷在內心向自己講述故事，拔掉插頭才能全心關注

2 譯注：原句「松島や さて松島や 松島や」，是日本江戶時代後期狂歌師田原坊所作。

當下此刻不斷開展的奧妙神奇。

阿帕契族在美洲各原住民族中以沉默聞名，社會語言研究發現，包括了求愛或長久分離後的團聚，這類受到沉默主導的對話情境，都是社會角色充滿了不確定感的情境。沉默似乎是一個承認這些不確定性的記號：對話中的長停頓，讓人有時間與彼此建立新的關係。

我們與他人的對應經常面臨類似的不確定感，但我們往往用話語掩蓋過去，原本與談話對象間可以透過沉默來了解在彼此的關係中，什麼是**不該**知道的，以此作為有意義的交流，並找到新的交流基礎，但這樣的機會被我們自己給剝奪了。

在某些民間習俗中，靜默的力量不只可以強化現有關係，還能讓人預見未來的情人。英格蘭有「啞糕」（dumb cake）的傳統，作法有各種變化，但概念都是年輕女子在絕對靜默中烘焙蛋糕，然後安靜吃下，或者有時會將一片啞糕塞進枕頭下。據說等女子就寢時，未來丈夫的相貌就會浮現在眼前。我們可在十八世紀的《少女維吉妮亞日記》（*Journal of a Young Lady of Virginia*）中看到，作者到華盛頓先生家中作客，某天晚上想方設法說服朋友陪她一起吃啞糕，但她朋友嚇得不敢嘗試。

另外還有「啞宵夜」（Dumb Supper）的習俗，同樣要在絕對靜默中享用晚點。啞宵夜有時是種占卜儀式，用來預言女性在婚姻中的命運，有時也能讓與會賓客聯繫他們剛剛過世的愛人。

在眾多傳統裡，靜默都能夠搭起一道橋樑，通往人類經驗不可知的彼端，不論追尋之人注視的是時間的前方，還是向後回望。

※

在我離開新梅勒雷之前，艾伯力克打算「稍微違反規定」，帶我去教堂地底下一間僅供修士使用的禮拜堂，他猜那裡是全修道院最安靜的地方。但他警告我，那個空間極度安靜，很可能「把我逼出舒適圈」。他聽過好幾個大都市來的人來到禮拜堂，就連待個五分鐘，身體也受不了。

我們一層層往下走，左彎右拐穿過沒有燈光的無止盡長廊，來到一座天花板很低的門廳後，艾伯力克比個手勢，要我先靠著石牆等候，他進去看看禮拜堂的狀況。一分鐘後他回來了，壓低音量悄聲說，他原想誦讀一段詩句，好讓我做好心理準備迎接寧靜，但現在沒法朗誦了，因為拜堂內還有另一位修士在。

他領著我穿過另一道門，繞過一面牆走進一間斗室，裡頭是徹底的黑暗，只有遠端一小盞放在玻璃燭杯中的蠟燭，用一條鏈子從天花板垂吊下來。蠟燭正對面有排椅子，隱約可見正中央坐著一個高大男人的身影，兩腿張得很開，雙手平放在大腿上，呼吸相當大聲。我和艾伯力克低頭彎腰坐進牆邊的椅子。

置身黑暗中，我逐漸感受一股實際的重力將我拉進修道院的寂靜。一種**無處可逃**的感覺，讓我一點一滴感受到這些人奉獻一生以待死亡是如何嚴格而刻苦。「修道士之死，」艾伯力克說，「是一場畢業典禮。還沒死之前，都不算將修士的使命堅持到底，因為死亡標誌著終點。當你終於完成契約，喪禮的氣氛明亮輕快，不無喜悅。修士下葬前一晚，我們會點亮復活節蠟燭，將遺體陳放教堂中央，並在遺體前後擺上椅子，把蠟燭置於遺體腳邊。一整晚，我們輪流在遺體身旁禱告，討論步入死亡的幽靜。」

艾伯力克搖搖頭。「你可能以為這很病態或很可怕，其實那是修道院內最輕鬆歡快的時刻，那股寧靜告訴你，死亡不是什麼可怕的事，除非你心裡很抗拒，否則你會知道一切都會沒事的。」

在小禮拜堂內，我的目光被玻璃杯中的蠟燭所吸引。雖然我坐的地方感覺不到一絲風吹，但吊著燭杯的鏈子被輕微拉動，此外絲毫察覺不到氣流的存在；杯中的燭火散發出的橘紅火光形成疊影，看上去像一對顫抖的翅膀一開一闔，彷彿撲火飛蛾實際化作了火焰。我不僅沒有被逼出舒適圈，甚至很希望留在這裡，沉入更深的寧靜。

新梅勒雷修道院的修士以各自的方式描述他們如何聆聽寂靜，以獲得對自我的認識。但歸根究柢，修道院的寂靜所促進的自我認識，不在於發現我們一般所謂「自己的真實面貌」，而在於承認我們對自身與周遭的掌握其實很有限。可以說，修士所倡導的自我認識——也就是他們相信修道院的寂靜生活向他們揭露的自我認識——是認識到這個世界上還有某個超越自我的存在。

我在修道院期間，始終想在寧靜中尋找某種透澈而精確的啟示，某種我可以帶回家的收穫，但我獲得的反而是一記後勁強大的提醒：駐留在心思不斷向外延展的地方，而不去強求知曉，也能帶來好處。

我想起先前訪問過的神經科學家梅農（Vinod Menon），他針對聽音樂的人做了大範圍的fMRI研究，並發現腦部正向活動的巔峰，其實就發生在聲響之間那個間歇安靜的時刻，此時大腦會努力預測下個音符是什麼。當聲響刺激不存在時所爆發的神經放電，促使大腦去執行最重要的工作，包括維持注意力和編碼記憶。我對梅農從這個研究結果中學到了什麼非常好奇，梅農的黑色眼睛閃爍著光芒：「沉默是金，」他說，「只要是在對的情境下。」

看來，即使只是短暫的寧靜，也能為我們注入豐饒的未知：那是一個空間，供人專注的吸收經驗，也是一個提醒：眼前的這個人仍有可能帶來驚奇。我們藉此反思某些事物即使無法付諸語言，也依然無比真實；我們也藉此重新想起，對於某些比自身更為廣大的事物，我們是何等的依賴。

※

我非常想在禮拜堂待上久一點，但艾伯力克已經站起來並示意我離開。我不理會他的呼喚，硬是拖延了一會兒才跟著起身。我不知道到底在裡面待了多久，總之不夠久，跟著他離開時我滿心傷感——我們從黑暗寂靜的地下深處往上爬，回到修道院上層的光亮和迴響的腳步聲中。

第二章　我們為何聆聽

「聽到遠處『啪嚓』一聲，你會怎麼做？」

我突然被這麼問，對方聽起來不太耐煩，讓我覺得我應該更專心才對。問我的人是芮奇・賀夫納（Ricky Heffner），托雷多大學的心理學教授。

「回頭看看聲音是從哪裡傳來的？」我試探性地回答。

「你會去找！你會想知道那個聲音是什麼東西在哪裡發出來的。你希望用視線去確定它的位置。在哺乳動物身上，耳朵是生物探測器，耳朵會告訴眼睛該去哪裡獵捕它所偵測到的獵物，所以耳朵接收範圍必須夠大，還要能聽見正確音頻，才能鎖定聲音來源。這些似乎就是驅動聽覺演化的因素。」

芮奇和她先生奉獻了四十多年的生命，產出數量龐大的研究論文，包括《嚙齒動物的聽覺：以家兔、棉鼠、野生家鼠、跳囊鼠為例》等。現存每種溫血哺乳動物的聽覺機制和聽力演化，他們似乎都研究過。我之所以連絡芮奇，是因為我在思索寧靜和噪音時意識到，如果「聆聽未知」這個概念是有意義的，那麼我也應該了解目前**已知**的部分。不先掌握人從一開始是為了什麼而聆聽，不可能理解噪音或寧靜對我們的影響。

畢竟乍聽之下，要去追尋「寧靜」的想法有點不符感官常理：誰會想追尋一種不觸摸東西的存在經驗？就像我們不會特意去尋找一個沒有味道或氣味的地方（哪怕有很多氣味我們寧可不要聞到）。為什麼有這麼多人得出結論，認為追尋讓某種感官減少運作的狀態不只使人愉悅，而且有益身心？聽覺是怎麼回事，居然讓幾乎聽不到聲音的概念如此吸引人？

芮奇打斷我蘇格拉底式的追問，宣布剛剛有一家子野鹿走進她家的落地窗，雖然明明剛好有一列火車正轟隆駛經不遠處的鐵路（我隱約聽到火車轟鳴）。她告訴我，她也常見到土撥鼠和野兔，還有古怪的狐狸、「恐怖鼹鼠」和「邪惡浣熊軍團」，這些小動物已經適應火車了，「所以即使噪音震天，也不會被嚇跑。」

生存本能

賀夫納夫婦研究探討的主題幾乎全指向一個總體論，這個理論分成兩部分：每種動物會聽見該聽的聲音以利於生存；而那些生活型態相同的動物，聽見的聲音也相同。最後得到結論：動物頭骨的大小是天生注定的，而音源定位是聽覺裝置存在的原因。

一九六〇年代，賀夫納夫婦當年還是演化神經學者馬斯特頓（R. Bruce Masterton）的學生，馬斯特頓首篇立下標竿的論文《人類聽覺演化》針對十八種哺乳動物的聽覺進行研究，就是由賀夫納夫婦協助進行統計分析。他們發現，如果能測量動物兩耳之間的距離，就能預測該種動物的高頻聽力，而且準確度極高。因為我們的腦是依據音波撞擊兩側耳朵的不同方式，描繪出音源在空間中的位置。因此，要判斷動物能利用哪些提示追蹤拍動的翅膀或爪子攻擊的方向，牠們擁有的耳間距離是主要因素。

繼那篇論文之後，賀夫納夫婦迄今研究過七十個物種，在理論上雖然有所擴充和調整，但原則性不變：如果你有一顆大頭，你的高頻聽力比起頭小的動物來說比較不敏銳。多數哺乳動物會利用「時間提示信號」和「譜相差異」（spectral differences，即聲音相繼撞擊兩耳的強度變化）來辨認音源的位置。

時間提示信號比較好解釋：兩耳之間既然存有一定的距離，那麼位於某側的聲音必然會先撞到某一邊耳朵，因此時間延遲是最明顯、也最可靠的提示信號。「不過，」芮奇強調，「不是每個人都有這種餘裕。」我發現自己一邊聽她說話，兩手一邊輕拍兩側腦袋，衡量我自己的頭寬。

「想想，如果你是一隻小老鼠，你的兩隻耳朵才距離多遠。」她說，「聲音從一耳傳到另一耳頂多三十微秒，神經系統在這麼短的時間內根本來不及計算音源在三點鐘或兩點鐘方向。」所以，小老鼠怎麼辦？「緊要關頭，當然物盡其用——牠會利用聲音的強度。當一隻小動物的優勢很多，牠會盡可能有效利用這些優勢，所以牠發展出很高頻的聽力，並盡可能善用這種強度信號。」

頭部投射的「聲影」（sound shadow）對判斷聲音位置的作用從一八七〇年代中期就被發現了。當時，英國一位發現了氬元素又解釋了網球不規則彈向的英國物理學家瑞利爵士，站在劍橋大學的草坪中央閉上眼，周圍環繞著一圈助手，每個人都揮舞著音叉。當某一名助手讓音叉震動到足夠的強度時，瑞利可準確辨認那個人在圓圈中的位置。

瑞利發現，如果音波週期夠近，在音波先撞到的那一側耳朵，聲音聽起來比較大聲，因為頭部在聲音通往另一耳的途中遮蔽了高頻音波。瑞利將這種強度差異命名為「雙耳比」，「雙耳」一詞表示牽涉到兩邊耳朵。

到了上個世紀，頭部聲影的範圍已經可以用電子儀器來計算了。音波頻率在一千週期時，靠近音源的那側耳朵所接受到的音波，比距離較遠那側耳朵所接收到的強了八分貝。音波頻率到了一萬週期，比值差異則躍升至三十分貝。

譜相差異對小頭骨的生物來說至關重要，不過時間延遲在低頻時不管用。當音波的波長夠長，整段音波可以在頭骨內「暢行無阻」，直到撞擊到另一耳以前，都完全不被遮蔽。馬斯特頓推測，動物的頭骨越小，聽力的音頻上限會越高。

頭骨大小與高頻聽力之間的相關性也有例外，最明顯的例子是一些頭顱小得像豌豆的地底生物，如囊鼠，牠們的高頻聽力就很差。但賀夫納夫婦認為，這些特例已經適應了地底棲息環境的單維世界，因此要去辨認音源，是沒有意義的行為。

綜觀動物王國，聽力所受的演化壓力與是否需要偵測遠處樹枝折斷的起因聲和出處，可謂息息相關。芮奇說，很多時候我們想利用噪音來保護或驅趕動物，卻是以人類心理作為基礎，而沒有考慮到演化的實際狀況。這方面她覺得特別離譜的產品就是超音波鹿笛和除蚤項圈：「還真有人以為把鹿笛裝在卡車上，比卡車發出的巨響更能嚇跑動物！」她嗤之以鼻。

她強調，意識到某個聲音高出我們的聽力範圍，所觸發的是**我們人類**對危險的聯想。除蚤項圈直接在貓耳朵下方發出八十分貝的轟鳴，那個頻率貓科動物會聽得非常清楚，說不定覺得超級痛苦——而且並沒有證據顯示跳蚤聽得到那個聲音，更別說被聲音給影響了。「但每分鐘就有一個除蚤項圈被生產出來，」芮奇嘆氣，「而且多數都戴到了貓脖子上。」

演化對寧靜的追尋

從耳朵的橫向剖面圖中，可以看見一組貌似不可能湊在一起的獨特配置：一把風笛、數個聖路易斯拱門❶模型、兩條斷裂的橡皮筋嫁接在一顆海螺上。直到最近，我們所知的耳朵運作方式仍遵循一個簡稱為「CBC」的聽覺模型，也就是傳送（channel）、放大（boost）與轉化（covert），這三個步驟分別對應到外耳、中耳、內耳。

外耳收集外界的聲波向內傳送，使聲波撞擊鼓膜。鼓膜接著透過鎚骨、砧骨與鐙骨這三根細小的骨頭，將聲波的機械能送入中耳。聲波通過這些易振動的聽小骨時也會隨之放大。其中位於最後方的聽小骨會下壓抵住耳蝸上的卵圓孔。

耳蝸由充滿液體的蝸圈構成，耳蝸入口是進入內耳的門檻。在鐙骨刺激卵圓孔之際，原始能量的壓力劇烈倍增，充滿能量的振動可以使耳蝸的液體泛起漣漪，觸發上千個毛細胞運動，這些細胞運動將振動轉變為電子信號傳入聽覺神經，聽覺神經再將信號送入大腦。但故事並未到此結束。

整個模型的複雜之處始於我們頭部兩側看似單純的兩片耳瓣。三十年來的研究說明了頭骨大小與高頻聽力具有相關性，這點雖然為賀夫納夫婦建立了無限信心，不料一眼就能看到的耳朵卻從中搗亂，阻撓了他們的研究。

談到這件事，芮奇的語氣浮現只有在提到鹿笛和除蚤項圈才會出現的忿忿不平。「耳廓，」她用了外耳的專業名稱，「作用就像獨立的聲音造影器，會改變頭骨投射的聲音角度。耳廓本就有直接放大聲音的功能，動物會將耳朵朝向音源，以便聽得更清楚。」

作為擴音系統的第一線，耳廓的影響程度至今仍讓研究者百思不解。「頭基本上是一個凹凸不平的球體，上面附著兩個大漏斗。當一個聲音掉進去，掉向鼓膜的時候，漏斗同時也會把聲音給放大。但我們從來沒想過測量耳廓的尺寸，因為該從何量起？理想上，你可以找幾隻動物來，抓幾個耳廓來測量它對進入耳道的聲音所施影響的物理性質，但這一點也不實際。耳廓的形狀複雜，有的比較扁，有的孔洞很大，凹折形狀也五花八門。

而且，雖然頭大的動物通常耳廓也大，但也不乏例外。目前已知外耳的凹折有助於將聲音

1 譯注：聖路易斯拱門（St. Louis Arch），位於美國密蘇里州聖路易斯的一座紀念碑，是全世界最大的拱形建築，為紀念美國西進運動而設立，被譽為通往西部之門。

放大，並且使兩耳聽見的聲音產生差異，所以假設有個聲音從右象限某處傳來，而你是一隻擁有大耳朵的小蝙蝠，耳廓的凹折錯綜迂迴，那麼傳入你耳中的聲音，跟傳入一頭乳牛耳中的聲音就會截然不同。」

內耳的謎團則更加深奧了。哈德斯佩（Jim Hudspeth）任職於洛克菲勒大學，他研究的範疇是聽覺的分子與生物物理基礎。他指出，毛細胞運動不只會把機械波轉化為腦內聽覺神經可讀取的電子信號，因為毛細胞震盪而啟動的多種反應，因此也具有放大聲音的作用。我們知道大幅度的「功率增益」會在內耳內部發生，但究竟是怎麼發生的，至今不得而知。

無論如何，我們現在知道耳朵的三段構造對放大聲音都發揮了強而有力的作用。只要聽覺機制運作正常，當我們意識到聽見一個聲響，那麼，這個音量比起剛進入耳內彈跳時就已經大上了百倍。試想，一根針掉落在地上才釋放出多少能量，那麼你就可以想像耳朵放大音量的威力。也因為耳朵費了很多工夫才將聲音放大，所以不意外的，聽力障礙代表的是無法察知聲音，而非無法放大聲音。

眼睛有蓋子，耳朵則沒有，很多人喜歡用這個說法來區別眼耳。事實上，中耳除了擴音功能，也有一系列緩和噪音影響的機制。我們的中耳骨上連接著的多束小肌肉會隨反射作用而動作，受到巨大聲響衝擊時，可以減輕耳骨振動。其中一束肌肉猛然收縮，繃緊鼓膜，使鼓膜不至於劇烈振動；另一束肌肉一個用力，從卵圓孔上將鐙骨拉回。耳咽管再透過複雜的機轉平衡內外耳氣壓。但既然最後又要減音，那麼一開始何必要擴音？

因為大自然裡沒有那麼多巨響。「只要情況許可，動物多半不會昭告自己的所在。」芮奇告訴我，「就算是遠近馳名的獅子吼，也是為了威嚇入侵者才出現的特例。」多數時候動物會在空間中悄悄移動。

現代人不平則鳴，用說話凸顯自己的重要性，但對人類先祖來說，安靜幾乎永遠是活下來的要訣。「所以現在的孩子生活在高風險之中。」芮奇補充，「我向你保證，他們未來一定難免聽力損傷，因為戴著耳機不會意識到音量。長時間的噪音會對聽覺系統造成壓力，因為中耳反射作用不斷想保護你……如果經常置身吵雜的環境，你不會聽見樹枝折斷的細響。無論你多麼專心投入，真正的巨響還是會把你嚇得跌下椅子。」

※

一九六一年，紐約耳專科醫生羅森（Dr. Samuel Rosen）想測量「尚未習慣現代機械化噪音持續轟炸」族群的聽力。他走訪位於蘇丹首都喀土穆（Kartoum）東南方六百五十英里的馬邦（Mabaan）部落，那是非洲最無噪音的地區。相較於鄰近部族，馬邦部落的著名特點是沒有鼓也沒有槍。羅森帶著一千個瓶蓋分送給部落族人，作為參與聽力測驗的謝禮，他聽說馬邦部落的婦女喜歡拿瓶蓋當耳飾或拿來串製項鍊。

羅森發現，馬邦部落族人即使高齡七十，聽力仍優於二十幾歲的美國人。約百分之五十三的馬邦村人能夠分辨只有百分之二的紐約人能聽得見的聲音。「兩名馬邦族人相隔三百英尺，約一座足球場的長度，即使背對背也能維持輕聲細語交談。」他這麼記錄。羅森認為，馬邦族人之所以能維持絕佳聽力，原因之一是採用低脂肪飲食，這除了可以防止心血管疾病發生，也讓耳蝸受到充分滋養。另外就是族人聽見的噪音很少。我們多數人並不生活在偏遠部落，噪音與安靜失衡是家常便飯，而這會急遽加速我們的聽力老化。

不過，即使不依賴馬邦族人那樣的聽力，也還是有少數族群運用耳朵的方式，跟演化對寧靜的追尋方向一致。

戰爭時刻

美軍入侵伊拉克時，艾佛曼（Jason Everman）隸屬第三步兵團的先鋒部隊，他與隊友配備了最先進的降噪耳機，附有兩套無線電裝置，一個供內部溝通，一個供外部聯繫。他始終覺得不自在，因為這些裝備也隔絕了外界的聲音，而他希望隨時能「收聽完整的環境音」。

在特種行動中，士兵聽到的任何聲響都可以是一道線索，透露他們正在接近怎樣的局面。艾佛曼不想漏掉任何線索，所以他行進時，往往只用耳機罩住一側耳朵。他對於他們駕駛的改裝豐田卡車也從來不能安心，因為「車上就像一個封閉泡泡，如果有人想開槍射殺我，我想聽到聲音。」

艾佛曼眼眸炯炯有神，一把長鬍子向下飄垂，在尾端彎成漂亮的卷。如果耶誕老公公可以把頭髮染成金紅色，手指戴異國風戒指，那麼他看上去倒是挺像衣裝筆挺的耶誕老公公。他在超脫樂團（Nirvana）的出道專輯《漂白》（*Bleach*）名列第二吉他手。（主唱柯本〔Kurt Cobain〕後來說，艾佛曼實際上在專輯中沒有演奏，列出他的名字是為了表達感謝，因為六百零六點一七美元的錄音費用是他出的。）

高中時代，艾佛曼讀到切利尼❷的自傳，下定決心要呼應文藝復興時代的全人理想，發展他人格中藝術家、戰士和哲學家的一面。淺嘗過搖滾吉他手的滋味，又效力過美國陸軍遊騎兵團以後，他進入哥倫比亞大學主修哲學。艾佛曼不是可以隨意唬弄的人，他和我約在蘇活區一家燈光昏暗的酒吧碰面，一舉一動都放得很慢，看得我緊張兮兮，好像一頭大型猛獸踱進了寵物農場，隨時可能在一眨眼間，從零加速到足以撕裂喉管的時速六十。

安靜，艾佛曼告訴我，是他在伊拉克和阿富汗所有行動的關鍵。他參與的特種行動泰半需

2　譯注：本韋努托・切利尼（Benvenuto Cellini）生於義大利文藝復興時期，兼具畫家、金匠、音樂家、戰士、雕塑家等身分。

要長途步行，因為直升機起飛與前進的消息、甚至要集合全隊的豐田車停在哪，往往遠在他們行動前就已經透過手機傳遍各個村莊。引擎發出的噪音會抹煞所有的奇襲機會，所以他們小隊幾乎只在夜間移動，也避免使用車輛運輸。即使戴上夜視鏡，聽覺仍是包圍目標時首要用上的感官，「襲擊住宅群時，每個人都會張大耳朵用力聽——同時竭盡全力保持安靜。不保持安靜，勝利的蹺蹺板就會往壞人一方傾斜。」

士兵都學過「停、看、聽、聞」四字訣。但是因為行動通常在夜間，艾佛曼說，「視線首先就受阻了。而我認為，聞其實是越戰留下的經驗，你知道吧？一聞到炊飯香就知道敵人所在。這不太適用於我的經驗。但你絕對會聽，而且絕對會安安靜靜。」

但就算再怎麼保持安靜，還是會發出聲響。他和隊友會想辦法用橡皮筋固定鬆垮的裝備，免得晃動作響。此外，他們行動所製造的聲音，往往也大到能蓋過一些重要警訊。何況不只這些「固有聲響」，他接著說，「你是在夜間移動，地勢崎嶇不平，每個人隨時會跌倒，跟電影演得可不一樣。我就栽過好幾次跟頭。」只要一有人跌倒，他們就會全員靜止，側耳細聽，確認沒有新的聲響暗示有人聽見他們的動靜。

艾佛曼小隊還有一種東西要對付，同樣是聲音的威脅，那就是狗吠。「所以游牧、牧民文化才要養狗，」他點出重點。「狗是很好的預警系統，但狗實在太會叫了。」艾佛曼補充。「在紐約已經像是警報器，在村莊裡更是，一隻狗叫起來，其他狗全都跟著狂吠……」

我以為艾佛曼的經驗裡有個面向應該會忽略安靜，就是實際對住宅群發動攻擊的時候；他們揪出「壞人」之際，槍彈齊發，想必那時震耳欲聾？沒想到，心理學和生理學在此巧妙結合，駁回了我的推測。

艾佛曼將戰鬥的奧義歸納成兩條原則：壓力管理和解決問題，而位於兩者的核心，是另一個維度的寧靜。「槍戰觸發當下，幹！有夠**大聲**。」他告訴我。「但實際的**爆裂**聲每次在前幾秒就結束了，剩下的只有——」艾佛曼把雙手舉到頭的兩側，接著手指猛然吸向耳朵：「咻——。跟《搶救雷恩大兵》開場那個畫面一樣。你的聽覺是第一個消失的！這部分是因為你的鼓膜被狂轟猛炸，但同時還發生了別的事。突然陷入寧靜的那種感覺，讓我能專注於解決問題。如果管理不住壓力，你也解決不了任何問題，而隔絕聽覺正是管理壓力的關鍵。那會讓你進入一種禪定境界。我還沒經歷過比戰鬥情境更活在當下的一刻。」

由此看來，哪怕實質的寧靜微乎其微，心靈似乎也能創造寧靜。對艾佛曼來說，切換至寧靜、進入他所形容的禪定狀態，代表了從聽見轉換成看見。「槍戰一旦展開，我注意到的都是無聲的閃光，而非聲音。」他說。

談話結束前我問艾佛曼，從軍時期對他影響最強烈的「聲音記憶」是什麼。他先是提到在阿富汗，如果把AK-47衝鋒槍和手機都拿走，當地的聲響完全像是出自《聖經》的場景。「你聽見的都是山羊、驢子、家畜。」

但他接著告訴我，的確有件事令他印象深刻：他有陣子駐紮在坎達哈的一座清真寺旁，寺院內有人飼養鴿子，並在鴿子腿上綁了小小的鈴鐺。每隔幾天，他們會帶鴿群出來放飛，「頃刻間，你只聽見數以百計的鈴鐺響徹天際！」艾佛曼說，那是他此生聽過最令他愕然呆立原地的聲音。

※

我和艾佛曼的對話突顯出一件事：在一個以掠食為基礎的生態系，安靜是存活的核心。他接觸槍戰的經驗恰好說明了安靜的兩大效用：一是讓我們得以收集重要的環境資訊（威脅與目標在空間中所處的位置），二則讓人進入沉著狀態，將我們對環境做出恰當反應的能力放到最大。但若自然界對保持安靜非常看重，那又何必演化出中耳減音功能呢？我又打了一通電話給芮奇。

她聽起來很不耐煩。我問她是不是現在不方便說話。

「你想了解音壓位準和演化心理學，昨晚真該來我家看看。」她說，「他們一直在外面修鐵軌。」我抿唇嘖了一聲。「但問題不在於鐵軌修復工程本身。」她又說。

「不是嗎？」

「不是！是那些開鐵路工程機具的人。他們有汽笛喇叭。我看他們平常八成沒機會按喇叭，因為他們昨晚用喇叭在演奏交響樂。根本無關指揮方向。他們會車也按喇叭，有時都過去兩百公尺了，也要按個喇叭。他們就非要凌晨兩點擾人清夢嗎？」

我沉默半晌表示同情，然後才硬著頭皮吐出問題。「賀夫納博士，既然聽力演化關注的好像大多是盡可能聽得見、聽得清楚，為什麼耳朵一開始又會發展出遮蔽機制呢？」

「因為動物自己的聲音太吵了啊！」芮奇氣沖沖回答。每當動物準備發出聲音，中耳往往也會啟動反射的機制，防禦動物自己製造出來的噪音。難怪當初神學對寧靜的概念會包含閉上自己的嘴。

※

我們內建聽覺保護機制，目的是為阻擋自己雙唇吐出的噪音，這個概念隱含著對稱性。以演化用語來說，我們的中耳與嘴巴曾經共事很長一段歷史。卡內基自然史博物館的古生物學家駱澤喜（Zhe-Xi Luo）博士，近年曾率考古隊前往距北京約三千公里的燕山考察，他發掘到一個珍貴遺物：一頭阿氏燕山尖齒獸（學名：*Yanoconodon allini*）完好無缺的頭骨。這是一種生存於中生代的小型哺乳動物，體長五英寸，兇悍好鬥，此前沒人知道這種生物。這塊化石的發現為聽覺演化的關鍵一步帶來了些許認識。

「我最受啟發的是，」駱博士說，「牠的中耳骨依然與頷骨相連，但是形狀卻已經很像現代鴨嘴獸的中耳骨了。」

有的人相信，貝多芬全聾以後便將鋼琴的琴腳給鋸斷，將琴身直接放在地上，如此一來，他把耳朵貼著琴蓋就能感覺到音符的震動。愛迪生從小聽力受損，日後發明了留聲機，他喜歡使勁咬住留聲機木盒，那是他聆賞音樂的方式。「我用牙齒緊緊咬住木頭，就能清清楚楚聽見聲音。」他不僅如此宣稱，甚至還說，透過頭骨和牙齒，他的聽力奇佳無比，而且還帶給他優勢，因為音波傳遞幾乎「直達我的大腦」，耳聾本身反而保護他「不用聽見那些讓正常人的聽覺變得模糊的千百萬種噪音」。貝多芬和愛迪生兩人所藉助的聽覺方式，正是一億兩千五百萬年前中耳演化以前的聽覺方式。從深海爬上陸地、頭部平貼地面的兩棲與爬蟲動物，以及早期的哺乳動物，大多是經由骨頭聽見世界。

駱博士為我說明了一段演化進程，大致是這個樣子：在骨傳導仍是主要聽覺模式的年代，燕山尖齒獸的祖先也是活用下顎骨來接收震動的動物。與現代人類不同，史前哺乳動物的下顎骨本身分成兩塊，一是齒骨（dentary，牙齒生長處），一是後齒骨（post-dentary，顎骨後方不長牙齒的區塊）。大約兩億五千萬年前，原始哺乳動物具有某種以後顎接收音波的能力，同時內耳也發生一定程度的革新。

接下來的一億兩千五百萬年，如果能以縮時影片播放，我們會看到後齒骨持續縮小，而且越來越敏感，進食的作用逐漸縮減，作為聽覺裝置的用途則日益顯著。與此同時，齒骨尺寸擴張形成新的強力鉸鏈，將自身與下顎的其餘部分連結在一起。後齒骨免除咀嚼功能後，縮得更小也更敏感，然後就在燕山尖齒獸在世界舞台登場前不久，這塊骨頭上演了驚天一躍——向上一蹬，脫離下顎，跳進了顱腔內部。

到了燕山尖齒獸身上，這塊骨頭雖然已幾乎上升到頭骨內部，在耳內聽覺構造之間找到一席之地，但它與下顎的連結仍依稀可見。但在燕山尖齒獸退出世界舞台後，這塊骨頭也旋即切斷與口腔的最後一點關聯，從此懸在顱腔內側如今中耳的位置。

我問駱博士，這些哺乳動物聽覺演化的新發現，傳達了怎樣的訊息。他說：「這表示聽覺機制花了兩億年才終於建立起來！所以你最好給我好好保養！」他大笑，「別聽太多搖滾樂！」

對駱博士乃至許多專門研究那些尚處於建立生存能力時期的哺乳動物的科學家來說，聽覺可能**正是**決定生物能否演化延續的關鍵感官因素。唯有入夜後聽覺也能有效運作，早期那些嬌小的哺乳動物在陸地上才有辦法躲避更早登陸的巨型動物掠食。

※

以上這些都指向一個疑問：如果我們獲得無比敏銳的聽覺——敏銳到可以偵測比綠光波長

中單一光子發散的能量還要再低一百倍的能量——是因為世界竭盡其所能保持安靜，那麼，現代世界到底發生了什麼事，讓我們幾乎每天都暴露在把鼓膜當成大鼓在敲的噪音之中？人類超凡敏銳的聽力，有沒有可能反而成為一個罩門？我們的敏感會不會被折騰到最後落得什麼也聽不見？人的五感之中，聽覺可能是唯一一種感官，其演化目的只為適應一種生態環境，適應單一種聲音與寧靜的比例，但這兩個詞的意思在人類歷史長河中早已改變。

我對聽覺機制認識的越多，就越難以理解：我們似乎是故意越來越吵鬧的。

第三章　喧鬧的理由

一九三八年十二月二十八日，全美國語言治療師在俄亥俄州的克里夫蘭召開年會，其中一名講者舉證歷歷指出，他們這個卑微的職業領域裡，藏有希特勒攀上權力頂峰的祕密。聽眾鴉雀無聲，佩度語言治療所（Purdue Speech Clinic）的史提爾教授（M. D. Steer）則當著這一群治療師同業的面，揭曉他對德國元首演講語言的分析。

史提爾拿出多張「希特勒聲波」分析圖，圖中線條激烈起伏，而且幾乎一直維持在偏大的音量，他以此說明希特勒的聲音能連續轟擊聽眾，將聽眾打入趨近催眠的順服狀態。「祕密就藏在音頻裡頭，」史提爾說，「典型表達憤怒的音頻是每秒振動兩百二十次，而希特勒的聲音記錄在每秒振動了兩百二十八次。沒完沒了的尖銳音高聽得群眾昏頭轉向，差不多和我們被汽車喇叭聲嚇得愣住一樣。」

這位來自印第安那州的科學家提出的看法很大膽，卻並非沒有根據。希特勒自己也說，要是沒有擴音器，他不可能征服德國。他那宏亮的聲音是納粹黨崛起的珍貴資產，對帝國的影響力甚至重要到擁有一位名叫阿道夫・華格納（Adolf Wagner）的聲音替身。要分辨兩人聲音似乎只有一個方法，就是替身的嗓音會漸漸沙啞分岔，但抑揚頓挫和希特勒一模一樣。

美國國家廣播公司曾測繪一九三九年十月六日希特勒對國會演講的音量，再比較九月三日英法對德宣戰時，英國首相張伯倫、法國總理達拉第、英王喬治、美國總統羅斯福的演講音量。法國總理雖然飆出令人佩服的高音，但論聲音的持久與響亮的程度，誰也比不上希特勒。至於張伯倫的音頻圖表，看起來就像心跳歸零的病人。

誠如修士的信仰所言，假設我們閉上嘴巴是為了接近至高真理，那麼我們高聲嘶喊，就是為了爭奪地上的權勢。

生物學觀點

達爾文將成年動物的叫聲視為一種武器。在達爾文的理論模型中，雄性動物發出聲響是為了威嚇其他雄性，並誘惑可能的配偶，而雌性動物大聲喧嘩，則為了表達對擇偶繁殖的決定。「很多動物會在繁殖季節不停叫喚彼此，」他寫道：「而且在不少例子裡，雄性會嘗試以叫聲吸引或刺激雌性。事實上，這似乎是聲音的原始用途和演化手段。」

近幾十年來，或許與人類自我印象的提升一致，動物研究的關注重點已從競爭轉向如何運用學來的發聲法來建立同盟。動物溝通研究的拓展，除了為動物締結關係的實情補充更多的知識，也引領許多演化生物學家把未知範圍擴大。其中，鳥類利用鳴聲模仿其他的鳥類和物種，這件事尤其顯得神祕莫測。「家八哥在野外都在做些什麼？」聽我問起這些羽毛團子所製造的噪音和鳴唱，威廉士學院（Williams College）的鳥類專家威廉斯（Heather Williams）反問我。「鸚鵡呢？沒有人了解野外鸚鵡發出的聲音。」

但達爾文一百二十五年前關注的動態關係依然佔據主流：刻意發出聲音，可以幫助動物在無情競爭的環境中鞏固自己的利基。而所謂的締結同盟，目的多半不脫確立在群體中的地位，以及成家育雛時確保找到一個護家的伴侶。

或許，迄今改變最大的，是我們對聲音力量的認知。雄性發出的聲音可代替其他身體動作來對抗競爭者，雌性發出的聲音，則可迴避擇偶需求，不必立即在眾多候選配偶之間做出最後決定。雄性透過展示聲音，刻意讓同類最大程度地察覺牠的其戰鬥力，雌性則利用同時暗示多重決定的聲音，蓄意混淆聆聽者。這兩種能力都被稱為「外交」，也可以視為是一種聲音的戰略部署。動物往往利用安靜來降低自己的可見度，而聲音則用於昭告背後的身體現實。

美國國家動物園的動物學家兼鳥類學家莫頓（Eugene Morton），自一九七〇年代晚期就開始致力於建構聲波圖，分析形形色色的鳥類和哺乳動物所發出的聲音。莫頓發現，聲音的音高與社會效用之間有著近乎完美的相關性。低音等同敵意，高音則與順服和友善有關。（貓是這條規則唯一令人費解的例外。）兩隻動物一來一往對叫，一方發出低吼，一方尖聲哀鳴，可能代表戰鬥至死和逃之夭夭的區別。二重唱成了另一種形式的決鬥。

早在馬斯特頓做出研究貢獻之前，商業界已經對這種動態關係有直覺的理解，並得以受惠。加拿大記者卡松（Herbert Casson）一九一〇年出版了最早一部電話史，書中提到早期的交換電話吵到令人耳聾，因為接線總機都是由男性擔任，他們多多少少會跟民眾發生火爆口角，「每個人都扯著嗓門大吼大叫」。直到有一天，有人想到要找女性來代替男性。

卡松說：「溫柔的嗓音，偏高的音調，靈巧的手指……想要和和氣氣講電話，這些正是話筒雙方需要的特質。」他認為女孩不會浪費時間爭得你死我活，而且更傾向於給予能轉移怒火的柔和答案。在男性管理下，一通電話起碼要吵鬧折騰個五分鐘，而在女性管理下，只要安安靜靜的二十秒，就能完成溝通。

※

這個現象背後隱含著基本頻率的概念。假設沒有其他緩和因素，動物的叫聲頻率與聲帶振動次數呈現負相關。即使有時音調高低跟動物體型的大小沒有關連性，但低頻率叫聲也往往代表較高的睪固酮濃度。（睪固酮可以使聲帶獨立延長，不牽動其他部位。）不論是出於身體質量或荷爾蒙分泌，動物叫聲只要越低，威脅性越高。動物可以憑藉對手發出的音頻來衡量彼此的體型，判斷是否應該戰鬥。

以黃鹿為例，公鹿只在求偶季節發出叫聲，這種特別的叫聲稱為「哼鳴」（groan）。蘇黎世大學的研究者近來指出，鹿群中地位較高的公鹿所發出的哼鳴聲最低，而且這種地位階序也是最能準確預測公鹿交配成功率的因子。公鹿用這種聲音信號表明主導地位，其他公鹿聽到會退讓，母鹿則會受到吸引。也因為這種叫聲對鹿的未來至關重要，所以每到繁殖季高峰，公鹿的哼鳴次數每小時可達三千次——叫到聲音變得比年過六十的老菸槍重音屬搖滾主唱還沙啞。在發情期巔峰，聲音沙啞實際上會提高公鹿叫聲的音高（說不定在競爭對手聽來也表示睪固酮激發的戰鬥意念下降了）。

音高較低表示繁殖成功率較高，這種動態關係雖然主宰了大半個動物王國，但人類製造的噪音也許正漸漸造成干擾。有針對特定蛙種所做的研究發現，在交通噪音明顯的地區，公蛙被迫提高叫聲的音高，好讓自己能夠被聽見。但這些蛙兒的算盤可難打得很，因為提高叫聲可聞度的代價，是對母蛙的吸引力等量下降——威嚇其他公蛙的能力也會降低。這些公蛙竟然只能靠聽起來比實際弱小，才能讓母蛙察覺牠們的存在。

加州大學柏克萊分校的語言學榮譽教授奧哈拉（John J. Ohala）將示弱臣服和較高音頻的關聯性，與微笑的聽覺起源連結在一起。微笑的表情會減少口腔共鳴空間，因而提高發出的音高。他也說明振動的膜面越大，「越可能產生二次振動」，賦予聲音一種粗糙不勻的質地。而一個聲音若包含多個二次振動，就會比較難以預測。又因為我們先天的生物本能將不可預測性與危險畫上了等號，所以低沉且粗啞的聲音最是駭人。

如此說來，世界上最古老、傳播最廣的一件宗教器物，是名為「牛吼板」（bull-roarer）的樂器，看來並非偶然。牛吼板是一片木板接著一根繩子，甩動繩子會讓木板快速旋轉而發出一種響亮詭異、類似動物吼聲的聲音。從古希臘到墨西哥、非洲、澳洲和錫蘭，世界各地都曾發現不同樣式的牛吼板，用途也從召喚神靈到驅逐邪靈不一。

我後來找上俄亥俄州州立大學認知與系統音樂學研究中心的主任休倫（David Huron），與他聊到雄性動物有發出響亮低沉叫聲的衝動。他說：「這都和啄序有關，也可以說明為什麼男人不愛哭，以及男性聲音到了青春期就變得低沉的原因。」可是，聲音威嚇顯然不保證能夠實際迴避肢體搏鬥，這又該怎麼說？「採行低風險繁殖策略的是雌性。」他回答，「雄性對基因庫做出貢獻的可能性很低。」

截至目前，我對追尋寧靜的根源已經有點概念了。我們的祖先追求安靜，希望更清楚聽見威脅或潛在食物的靠近，也因為安靜有助於專注。我也了解到發出喧鬧的叫聲，有時能驅退敵人或吸引愛侶，而且對動物兩性來說，說到聲帶，大小果然很重要。

但我還是納悶，我們對聲音的反應難道全都受到簡單的等式支配？低沉響亮的聲音就等於孔武有力，所以要曉得害怕，或準備交配；而細小柔和的聲音就等於弱小，所以請保持冷靜，準備交配，或兩個同時來？真的是這樣？除了能刺激周遭的異性和掠食者，那些能夠激起愉悅、痛苦或憤怒的聲音又怎麼說？這些聲音如何與演化心理學的概念契合？

尋找基本頻率

「聲音是一種粗野的力量。」紐約錄音博物館的館長蓋多斯表示。他將纖長的手掌平舉眼前，然後緩緩上下擺動。「這是一秒振動兩次的聲音干擾。」他說，「只不過你聽不出是一個聲音。如果你看見一座吊橋，每隔兩秒上下晃動一次，它的音高是每秒半個循環，那麼我們最多大約能看見一秒二十次的振動，再快的話，物體就會顯得模糊。」

但是，當視覺再也跟不上振動，我們會開始聽見振動。蓋多斯解釋，「人類聽力大約落在每秒二十到兩千波週期，一旦思考到聲音，你一定要常常想到『聲音是一種物理力量』這個概念：物體振動時搖晃出機械波，抓住又放鬆傳導介質的分子，不管它通過的是哪種傳導體。」

蓋多斯的身材高瘦，骨骼突出，聲音像廣播主持人一樣充滿磁性，雙眼像視力絕佳的鳥類一樣清澈，而且不知為何，我多少猜到他熱愛榮格晚期偏向神祕主義的著作。我來到紐約市的「音頻研究所」拜訪他，他是這裡的教授。我想了解聲波是什麼、對我們有何影響，即使是與動物沒有特定關聯的現象，我也想知道。

音頻研究所位於聯合廣場旁的一棟大樓，為有志投身音樂事業的學生提供一年份的學位課程。我初訪那天，門外站了一大群年輕男子在抽菸，幾乎每個人都穿著灰色連帽外套，頭戴黑毛帽，手上拿著白色iPod，腳上蹬一雙新穎到發亮的黑白帆布鞋。最靠近門口那人外套底下穿一件T恤，胸口醒目的圖案是一隻表情凶狠、毛髮蓬亂的橘色怪物戴著耳機，對著DJ唱盤張牙舞爪的唱片。

蓋多斯向我解釋，研究所近年來提供的其實有一大部分是人際交流，因為要說玩音樂嘛，幾乎所有學生都在自己房間裡用數位錄音科技玩上許多年了。「現在說到錄音工作室，以前那種社群感已經消失了。」我們經過一張張裱框的黃金和白金唱片走向他的辦公室，幾度與滑手機的學生擦肩而過。兩旁教室熱熱鬧鬧擠滿了學生，多半是男生，他們在錄音間的玻璃牆後戴著耳機，在混音教室也戴耳機，眼睛盯著螢幕。

蓋多斯告訴我，研究所的學生對於聆聽新東西的態度「開放到令人驚喜」，只要這些聲音是從耳機傳出來的就行。我後來問蓋多斯，在這些學生身上有沒有看到什麼共同點，他想了一下回答，注意力不足症似乎可以算這些學生之間的「共同語言」。

事實上研究指出，透過MP3播放器或其他裝置聽音樂會產生「白噪音」的作用，可以幫助注意力不足症的人專心。許多注意力不足過動症和自閉症患者的大腦需要噪音才能夠專心。原因眾說紛紜，但當我們思考世界為什麼越來越喧鬧，值得把這點銘記在心。

很多針對噪音問題的專業分析是去關注「訊噪比」（signal-to-noise ratio）。簡單來說，訊噪比可呈現聲音承載的重要訊息與包圍該聲音的背景噪音之間的比例。有可能當白噪音進入一個原本混亂的認知系統，可以跟系統中的重要訊息產生共鳴，放大訊息，防止這個訊息消散在眾多爭取注意力的聲音之間。

又或者，可以受個人控制的規律噪音也許能蓋掉其他新奇刺激導致的分心。不論是何者，越來越多人在環境中把音樂打開，這個趨勢反映在注意力不足過動症與自閉症類群障礙的總人口占比逐漸上升。如果這是真的，可能有越來越多依靠噪音才能維持大腦最佳運作的人會發現，他們的音量必須越調越高，否則其他人基於同樣目的產出的噪音，又會把他們個人選擇的分心方式給淹沒。

我們在一間空教室坐下，蓋多斯走到黑板前畫出許多不同音符和線譜。他說，就像古有大衛彈奏豎琴平撫狂躁的掃羅❶，他想為我介紹最能觸發和諧感受的頻率，以及其中的關聯。

古希臘時代，畢達哥拉斯學派的追隨者必須發下重誓嚴守沉默長達五年，這段時間裡他們是「聽習生」，要學習聆聽的美德和「克制言詞」。畢達哥拉斯是古代探究數字關係的著名學者，傳說畢達哥拉斯有一天從鐵匠鋪前經過，發覺鐵鎚敲出的音與鐵鎚重量成正比。他連忙趕回作坊，將四條弦掛上牆壁的木栓，對應四根弦造出四把不同重量的鐵鎚，然後在實驗中發現，音樂表現中熟悉的和聲音程背後暗藏著數學比例。

實驗過程中，他發現如果把一根振動的弦剪去一半，音高會正好上升一個八度，而若將間隔八度的兩個音彈響，那麼叫高音的振動頻率是較低音的兩倍，你就創造出希臘人理想中最悅耳的比例了，蓋多斯稱之為「感覺最舒服的和聲」。他還說，一個聲音之所以聽來如此令人滿足，可能是因為我們能實際聽見兩個音波彼此纏繞貼合為一個八度。依照比例把更多條弦裁成十五個長度，那麼畢達哥拉斯就能重現完整的音階。

畢達哥拉斯在鐵匠鋪靈光乍現的這個傳聞，現代學者專家斥為不足信，因為鐵槌敲出的聲音不同並非由重量決定，而且畢達哥拉斯也不是歷史上理解音階關係的第一人。他最受人肯定的成就是利用形上學的思考建立一個假設：音樂在比例正確時，能把宇宙的和諧秩序灌注給聆聽者，從而發揮良性的道德影響。

音樂世界的運行規則與數學驚人地一致，以至於畢達哥拉斯逐漸領略到音樂的力量之後，不禁把整個宇宙比作一件樂器，能將眾多不和諧的元素融為和諧。畢達哥拉斯相信，以地球為靜止的中心，每個行星依照它與中心的距離各自在軌道上發出一個單音，其規律與決定不同弦長相對音高的定律相同。太陽神阿波羅便是以他的七弦琴指揮星球奏出樂音。

聖奧古斯丁為「和諧樂音能引發道德共鳴」的概念加上了基督教義的框架。他寫到，人可以透過掌握神聖音樂的數學比例，靠直覺意識到上帝對宇宙的和諧安排，這為個人生命建構提供了適當的模範。所謂的「神聖幾何」就是這種和諧比例的體現，中世紀教會充分將這個精髓運用在所有的世俗建設之上。聖本篤寫道：「神為何物？祂是長、寬、高、深。」熙篤會的建築常被形容為是一種「沉靜的建築」，正是因為遵循音樂和聲的比例而衍生出視覺之美。聖本篤這樣評論：「不可有裝飾，只可有比例。」而神聖秩序的概念後來又循路回到葛利果聖歌的調式和終止式當中。

這種比例至今威力不減。二〇〇八年夏，環球唱片發行了一張聖歌錄音專輯，由全世界最古老的熙篤會修道院，亦即位於維也納近郊的聖十字修道院（Stift Heiligenkreuz）的修士演

1 譯注：典故出自《舊約聖經》撒母耳記上第十六章，現代中文版經文譯為：「每當上帝差來的邪靈附在掃羅身上，大衛就拿豎琴來彈奏，邪靈立刻離開掃羅，掃羅頓覺舒服暢快。」

唱。唱片才剛發行，銷售量扶搖直上，一度讓瑪丹娜等超級巨星黯然失色。

就在《聖歌：為靈魂譜寫的音樂》（*Chant: Music for the Soul*）專輯發行之際，倫敦國王學院的神經科學高級講師華特金斯（Alan Watkins）也發表了研究報告。他的研究發現，聖歌規律的呼吸和音樂結構對生理有正向的功效。這個結論承接自早先的一些研究，指出吟唱聖歌可降低血壓，增進荷爾蒙DHEA作用。華特金斯所描述熙篤會聖歌的生理益處和心理影響，跟我所讀過關於靜坐冥想的好處十分雷同。

實際上，蓋多斯告訴我，神聖幾何是「聲學聖經」的重要篇章，和他一樣的專業人士三不五時就會用上。「開錄音室的人多多少少曉得黃金比例，也知道後續從這些方程式推演出來的數學比例和序列。」蓋多斯認為，他們不懂不行，因為在聲音用途上，這些比例很少能被超越。

「像傳統教堂的聲音，聽起來就是美。」世上最成功的幾間錄音室都是由教堂建築改建而成，包括紐約著名的哥倫比亞錄音室和迪卡錄音室，前者原是亞美尼亞教堂，屋頂挑高一百英尺。蓋多斯認為，到了近幾年來教堂建築才拋棄畢達哥拉斯式的傳統形式，建造成如今你所熟悉的空間，「音響效果根本一塌糊塗。」他說。

宇宙就是由和諧秩序如此細緻周全的組成，並對統合與一致發出熱烈的邀請，一旦有一個音未能正確扮演在總體圖式中的角色，它所造成的干擾和破壞的威力，並不亞於合諧音所能帶來的愉悅滿足。中世紀哲學家波愛修斯（Boethius）從世界的尺度思考宇宙對和諧同步的召喚，他宣稱：「我們喜愛相似，但厭惡且憎恨相異。」

我和一位音效設計師聊過，他專門錄製幫助兒童入睡的CD，製作過程常要結合音樂鈴聲、吹泡泡聲、海浪聲、豎琴聲、心跳聲，他形容那是個把變化及和聲張力音減到最小以「符合習慣」的步驟。基於類似邏輯，蓋多斯也從聲音科學角度對噪音下了定義：「噪音包含的頻率比樂音多，而且頻率之間互不相關。」某些「不相關」——也就是不相似、不規律的頻率聚在一起並襲擊耳朵，在現實世界可能會造成可怕後果。

※

無論有機體或非有機體，每種結構都有其特有的頻率，每當受到能量的觸發運動，就會自然而依頻率振動。我們可以這樣理解：所有物體多少都偏好維持不動，也就是盡可能保持安靜，但在無法保持靜止狀態時，每種結構注定會以特定的速率振動，不管是煙灰缸、汽車方向盤、小提琴弦，還是某個小孩的聲帶，各自都有專屬於它的基本頻率。

是什麼決定物體的基本頻率？物體的質量和張力。換句話說，每個結構的核心物理性質決定了它會怎樣搖擺舞動，向宇宙振動發出聲波。一個物體的基本頻率就像一張赤裸裸的身分快照，依照定義，這張快照也會透露出這個物體最有可能與哪些結構共振共鳴。

我們的聽覺系統似乎會追蹤基本頻率，以之作為用來辨識物體的名片。小型音響礙於低音域有限，製造商只要把高位泛音音型的頻率加倍，就讓人覺得好像聽見了會隨高音域一起出現的低音基本泛音。實際上，低音增強全是腦補的作用。同理，當我們彈奏一架五英尺長的平臺鋼琴，琴鍵的最低音每秒振動了二十七點五次，那幾乎是聽不見的，所以彈出最低音A時，我們聽到的其實是與之重疊的高位泛音。不過，即使是在潛意識，我們竭力想聽見的也永遠是基本頻率。「我們永遠都在探尋事物的底。」蓋多斯說。

這麼說來，也許我們會留心基本頻率，是為了設法感知那個發出特定聲音之物的實體真貌，只有基本頻率這個隱藏在所有噪音下偷偷透露物體質量和張力的脈動，才能指示我們該如何移動身體，應對發出聲音的人事物。

那如果是聽到討厭的聲音，物理上會發生什麼事？我找上涅米克（Andy Niemiec）這位凱尼恩學院神經科學學程主任，我向他請益：例如，八度音階聽在我們耳中是如此美妙，如果違反各頻率間的音程，會有什麼影響？涅米克正在研究一個現象：和聲結構的特定變化似乎會觸發敵意。他特別深入研究了嬰兒的哭聲，認為其中的和聲關係可能有讓嬰兒遭受到肢體虐待的風險。

涅米克解釋，「一個聲音除了有基本頻率，稱為基音，還有和聲泛音，其頻率是基音的倍數。真實世界中任何複音都有這個結構。你敲擊一個鐵盤，」他對我說，「就是在對鐵盤施加壓力，這個動作會改變鐵盤和聲泛音的方式，我們演化到現在可能覺得聽了很刺耳。外界有很多東西可當作例證，來說明彼此相關的和聲階層中出現的特定變化，很可能引發我們某些生理變化。」

蓋多斯也同意。「記得嗎，地球依特定的頻率自轉，只是我們聽不出那個頻率是某個聲音。」他告訴我。「地球上的振動之間互有關聯，只是我們將它當成演化過程的一環，老早已經適應了。」蓋多斯兩手操作起Pro Tools上的聲波，那是一個用來編輯電影配樂和其他音樂的軟體程式。他畫出好幾個和聲構形與不和諧音，編上不同的色碼，青藍色、粉色、腥紅色和黑色的線條圖形，讓我聯想到地球是一塊會振動的巨大拼布。

聲音能量

近幾年來，英國醫學院有研究著眼於當人聽見不舒服的聲音——如粉筆刮黑板聲——腦內會出現什麼變化。不同的聲能帶會銘印在聽覺皮層的不同區塊，透過分析受試者的大腦把他們自稱不喜歡的聲音顯影在哪個區塊，研究者希望可以鑑定那些惹毛我們的聽覺表徵會落在哪個範圍。

二〇〇八年十二月，這個研究發表於《美國聲學學報》（*Journal of the Acoustical Society of America*），總共評量了七十五個不同聲音的影響，從最不悅到最不會感到不悅，依序排名。好在，除了在某些非不得已才會去的飲酒場所，排名前二最惱人的聲音在平常應該很少聽到，分別是「尖銳刀子刮堅硬金屬瓶」和「叉子刮玻璃」。

令人擔憂的是，女性尖叫聲和嬰兒哭聲排名很接近榜首。（嬰兒笑聲被評為最不會令人感到不悅的聲音，接著依序是「水流聲」、「小瀑布聲」、「水冒泡聲」、「自來水聲」。）研究發現，頻率介於二到五千赫茲的能量，幾乎無一例外都令人覺得厭惡——與涅米克在「嬰兒哭聲誘發敵意」的研究中所指出的範圍大抵相同。

研究者認為，我們有這樣的反應，原因可能和聽覺系統的敏感點有關。某些聲音在我們聽來不舒服，也許是因為它們的能量高度集中於一個範圍……而聽覺系統對此範圍最為敏感。換句話說，把我們逼瘋的聲音可能也是不管以任何音量去聽，幾乎都會覺得是最大聲的聲音。我們的聽覺皮層似乎原本就設定偏好與追尋寧靜方向一致的聲音。

嬰兒哭聲的音高可能經過生物演化的挑選，因為一般人實在很難無視這個聲音。我們可能會看到哭叫者和接收者雙方關注的利益截然相反：無助的寶寶必須打中我們聽覺皮層最脆弱的點，以確保我們會替寶寶解除不適；另一方面，聽見哭叫的一方必須止住寶寶的哭聲，因為哭聲有可能暴露位置，引來兇猛野獸或被傑森．艾佛曼那樣的槍手突襲。響亮的聲音，尤其在特定頻率之下，代表壞事即將降臨，或有致人於險地之虞，必須盡快將之消除。

唯一一個例外，就是噪音目的正是為了挑起敵意的時候。

同樣地，正如涅米克提醒我的，問題並不出在頻率本身。敵意興起是因為和聲發生了特定變化，我們察覺某些基本頻率受到錯誤的強調，誘發了憤怒的情緒。

談到這裡，我們又要說回希特勒的聲音每秒「振動兩百二十八次」。涅米克指出，史提爾博士的測量結果目前為止都是對的，這代表希特勒的聲音聽起來可能很像米老鼠。（通常不是會令人狂暴嗜血的頻率，不過家裡被迫整天重複播放迪士尼卡通ＤＶＤ的爸爸媽媽可能深有所感。）或者，涅米克補充，也可能很像女人的尖叫聲。

後來，我讀到另一篇記述希特勒聲音的文章，認為希特勒嗓音彷如有某種魔力，這個祕密恰恰藏在涅米克研究和聲的範疇裡。這篇記載描述希特勒在所有公開集會場合，總是劈頭就先扯開嗓門，用一種粗嘎的音調說話，絕對是走音沒錯。接著他會緩和下來，調整成悅耳的男中音。沒多久又回到偏高的音高，而後再低緩下來，就像這樣不斷反覆。因此，他煽動聽眾敵意的力量也許不是因為聲音每秒振動兩百二十八次，而源自於和聲泛音不停改變，希特勒反覆加重音調，將他悅耳的男中音往上拉到女人尖叫的音高。

希特勒的御用導演萊芬斯坦（Leni Riefenstahl）在回憶錄寫到，她第一次聽到希特勒的聲音，眼前頓時浮現好比末日災變的幻象。她回憶說，忽然間，地面在她面前綻裂，就像一個圓球突然從中裂成兩半，噴出威力巨大的水柱直衝天際，大地為之撼動，讓她嚇得動彈不得。說不定，希特勒的聲音真的創造出一種使人聯想到宇宙崩裂的噪音。

對於噪音在宇宙中的起源，眾多探索中最有趣的就屬惠透（Mark Whittle）於二〇〇五年做的一項研究。惠透是維吉尼亞大學天文學教授，他嘗試分析宇宙大霹靂本身的聲音，而分析結果透露，那個聲音絕對不會像爆炸聲。

宇宙誕生本身似乎是全然無聲的！因為宇宙初始的膨脹是由完美平衡、呈放射狀輻散的能量所構成，以惠透的話來說，「沒有哪個部分會撞上其他部分——所以沒有壓縮波，沒有聲音，只有安靜、明亮和活生生的膨脹。」不過，誕生前宇宙中的密度變化挖鑿出惠透所形容的「重力低谷和高丘」。當大霹靂產生的氣體掉進這些「凹洞」之後四處彈跳，便創造出了聲波。時間日久，更多氣體掉進更深的凹洞，製造出更長、更低的聲波。

經過初始的數萬年，重力逐漸把偏長的壓力波釋放到頻譜中，音高也跟著慢慢降低。在惠透的宇宙裡，重力扮演著鋼琴師的角色，原始地景就是它的琴鍵。他形容宇宙大霹靂從頭到尾發出的聲音是這樣的：「先是片刻寧靜，緊接著是一陣尖嘯，音高急遽下降，越來越低，直到化作一聲低吼，最後終止於震耳欲聾的嘶嘶聲。」

說不定我們對特定和聲變化的反感，正源自於宇宙誕生的陣痛。

※

聲音主要以兩種方式對我們造成負面影響。一種與我們對聲音的具體聯想有關，第二種跟某些聲音與生俱來的聲學特性有關。在諸多例子裡，這兩種引人不悅的聲音是重疊共生的。然而，不管某特定聲音是令人聯想到噪音，還是本身內含噪音，又或兩者皆是，問題在於，時間不會減弱它對我們的刺激。雷聲隆隆聽在耳裡是催促我們趕快躲起來的信號，我們的這種反應與祖先遭遇到的反應並無二致。

紐約大學腦健康中心的莉迪亞告訴我，那些令人驚慌的聲音麻煩之處在於，雖然人類很擅長心理調適，但再怎麼常聽見這些聲音，我們的生理也**永遠無法**適應。不管我們多麼清楚的意識到呼嘯而過的警笛聲不是衝著我們來的，我們依然會血壓會飆升，瞳孔放大，毛髮細胞扭轉躺平。

有兩種現象會觸發嬰兒的「驚跳反射」，那就是墜落感和巨大的聲響。這兩種狀況下，寶寶的反應都是弓起後背，雙手雙腳向前揮踢，伸出拇指和食指想抓住東西。換句話說，噪音和往下掉都會讓寶寶感覺自己忽然失去在空間中的錨點，直直下墜。難怪表示噪音的「noise」這個字是由「nausea」衍生而來，後者的具體意思是暈船，也指暈船時那種迷失方向的暈眩感。

※

關於噪音的負面後果，可資佐證的事例很多。但我了解得越深就越感到納悶，為什麼我們會刻意製造出那麼多的噪音？為了解開謎團，我走訪了幾處地點，那裡的人始終不懈地把音量越調越高。

第四章　賣場原聲帶

時間：二〇〇八年八月十一日　　地點：巴頓溪購物廣場

黑色牆面上印著灰色百葉窗，從牆上一個幽深的開口傳來持續轟擊心臟的跳動低音。我想起麥可・莫里森（Michael Morrison）說的話，我最近才跟這位行銷學教授聊過。「現在要讓走進商店的客人發出『哇』的一聲驚呼，實在很困難。」莫里森不勝感嘆，「要怎麼製造『驚呼因子』，這個難題現在正把焦點轉移到店面設計的聲音元素上，以前從來沒想過！」

我往前幾步走近入口，立刻感覺到噪音波掌控了我的身體，就好像有一個壯碩的ＤＪ剛剛用力撞進我的胸口，把持了我全身的心血管系統。「哇。」我大聲驚呼。

「感覺到了？」莉安（Leane Flask）對我點點頭。這位一頭金髮的聲音設計師在德州奧斯汀的巴頓溪購物廣場有很多客戶。「我們走吧。」她招手要我跟上。我們經過一對在聚光燈照亮的黑暗中隨音樂扭擺的青少女，走進Abercombie & Fitch服飾店的音波深淵。

※

A&F的旗艦總店開在紐約第五大道，與我的工作室只隔了幾條街。在我走訪德州前的幾個月，我三不五時會晃過店門口，聽見店內從早到晚發出咚、咚、咚的重低音。店外經常牽起紅絨繩，臉孔冷峻的高大壯漢守在一旁，用森氣逼人的眼神盯著排隊的顧客。人潮大排長龍一路繞進五十六街的日子非常多見，隊伍中滿是來自世界各地的遊客，多半是年輕人，偶爾也有長者，所有人耐心等待進店血拚那些大量生產的服飾。

好吧，我懂，這牌子很夯，很新潮，很誘人。但我不是很能理解，為什麼有這麼多不同背景的人被吸引來這裡？在一個音量終年維持在堪稱酷刑的環境裡消費。我想不通，為什麼和莫里森教授誇張強調的一樣，「大眾愛死了這種空間！」

※

從最早開始有小販叫賣貨物以來，購物便和噪音密不可分。古代每逢集市（現代有些露天市場也一樣），商販總會聲嘶力竭宣傳自家商品的種類、品質和價錢，喊得最大聲、保證價格最划算的攤位往往能吸引最多的人群聚集——這是基本的肺活量較勁。但除了少數人擁有鑑賞街頭噪音的品味（如豪伊〔Irving Howe〕在著作《我們父輩的世界》〔*World of Our Fathers*〕中，稱許傳統市場可以讓人在熟悉的聲響裡安下心來），市場的喧擾本身並非一種魅力。

二十世紀初，報紙描述到紐約的攤販業，幾乎無一例外為這種商業活動形式加上「吵鬧」這個形容詞——其他形影不離詞彙的還有「異味撲鼻」、「不甚雅觀」和「髒亂」。艾薩克．萊斯夫人創立了美國第一個噪音污染抗議團體。一九〇八年，她親赴紐約下東城考察，在聽過該區「不必要的喧嚷」之後，宣稱那是她到過最悲哀的地方。

為了終止小販叫賣的噪音，她提議讓周圍公寓的居民在窗口擺出不同顏色的色卡，來表示想向哪個小販買東西。紅卡可以招來菜販，黃卡招來果販，其他不同顏色各代表不同商販。她希望藉由這個方法把周圍的噪音降到最小，否則此地居民遲早會迫於「長日勞累」而睡眠不足。又過了幾十年，紐約市長拉瓜迪亞（Fiorello La Guardia）推行了「消滅推車商販」的行動，也受到多數人的讚揚——部分原因在於，這代表把商販活動的噪音限制在市長新建的室內市場裡頭。

不過，當一九四〇年一月《紐約時報》報導東城的推車市集總算歇業，還是不忘提到仍有多愁善感的紐約人惋惜果園街、喜士德街、里文頓街上，不再迴盪著小販聲如洪鐘的嘶吼。

然而，推車攤販的喧嚷與A&F店內的轟鳴畢竟不同。我決定聯絡A&F，探聽他們的聲響策略。只可惜，我的問題讓「企業方」突然噤聲，像結束晚禱的隱修士一樣安靜。所幸後來我找到DMX，是負責執行A&F聽覺需求的聲音設計公司。莉安正是DMX的主管，她邀我到公司總部所在的奧斯汀聊聊A&F聽覺設計背後的概念，順便帶我去賣場參觀一輪。

莉安是位打扮時髦的金髮女郎，臉上掛著善解人意的大方笑容。跟她碰面那一天，她的右手臂打上了薰衣草紫色的石膏，聽說是打排球出了點意外。我們開車前往巴頓溪購物廣場，莉安告訴我，DMX公司成立於一九七〇年代中期，專門銷售不間斷的音樂服務，經由衛星發送至店鋪。當時為店面設計音樂之舉才剛萌芽，莉安解釋，大多數服務商的作法都是把一片CD扔給店家就了事。「明明是販賣青少年芭蕾舞鞋的店，你可能會聽到經典搖滾！」產品氛圍與商店音樂之間毫無關聯。

今日，DMX官方網站自稱「建立多重感官品牌形象的國際領導者」，協助客戶傳達品牌的獨特個性，創造不會認錯的身分。莉安說，近年來建立聲音品牌形象已經不再只是幫客戶填滿iPod歌單那麼簡單，「我們親手設計每週七天、每天二十四小時，從一首歌到下首歌之間的每個音符應該如何流動。」

DMX提供客戶「氣氛、能量、質感」。以她的經驗來說，一般人很難理解，因為這些元素無關最當紅的藝人或最流行的歌曲。「那麼，和什麼有關？」我問。「重點是連結。」莉安一個迴轉把車停進購物廣場外空蕩蕩的停車場，然後伸手從乳牛紋包包裡掏出太陽眼鏡。「我一輩子活在音樂裡。我熱愛我的工作。」她抬頭看我。「這種治癒與連結的力量，讓本來不相干的人聚集在一起，只能說感覺……美妙無比。」

聽覺狂喜

莉安和我走進店裡閒逛，她扯開嗓門蓋過噪音，向我說明一些很多人信以為真的傳言。她指著一長排有點像囚室的試衣間解釋，雖然音樂在這裡聽起來好像被調得更大聲，但那只是因為試衣間區域沒有層層疊疊的衣服能提供吸音作用。我停下腳步記錄，忽然有一個年輕女孩憑空冒了出來，問我們需不需要介紹，見我們搖頭，她輕快地晃走了。

莉安手指著那女孩。「她以為我們是經理派來評鑑店面的人，快嚇死了。想折磨A&F店裡的員工，你只要拿個小記事本假裝在寫東西就行了。」我們重新邁開腳步，莉安幾次往我的方向大喊她的觀察，我只能無可奈何地比比耳朵：「我聽不見你的聲音」；她只好越吼越大聲，最後宣告放棄。

終於，我們踉踉蹌蹌走出店門，躲到一個足夠遠的地方，總算不必大吼大叫跟對方說話。她回頭望向店面，臉上閃過同情的倦容。「裡面什麼都很黑，所以他們想利用音樂讓氣氛輕快一點。」我點頭鼓勵她繼續，她深吸一口氣，「所以裡面的音樂全都很——怎麼說呢，很振奮。就像……我要開始夜店狂歡囉！」她擠出開心到五官糾結的表情。「這是他們的品牌行銷策略。」

DMX與A&F簽約合作以後，公司高層主管告訴她，店面「需要一種人人**隨時**來到這裡都能盡情享樂的氣氛。這是快樂之地，給人正向、歡樂的感覺。像派對一樣。所以我們必須很謹慎，因為客戶指定要你傳達一種感受，但他們的視覺設計不負責這件工作。我必須觀察店裡已經有什麼了，再來思考我可以怎樣提振氣氛，讓它變成一個振奮、快樂、正向的地方。因為店裡什麼都很**黑**，所以我必須帶進最極端的歡樂和活力。」她又一次回頭望向那個音頻震動的黑洞。

雖然嚴格來說，A&F的目標客群是十五歲到二十八歲，但莉安認為它真正鎖定的是大學新鮮人，以及對那些對大學生活有所憧憬的族群。他們訴求一種初次離家的心境。就像是「耶，我可以晚上出門，而且不用回家了！」的感覺。

我試探地問她，她的設計公式有多大程度必須純粹利用音量來達成。她看了我一眼，好像覺得我在取笑她。「我們必須**清楚**知道，每一個聲音實際播放的音量聽起來會是什麼樣子。」她說。「所以，如果某首歌到一定音量以上會開始爆音，我們就不能用那首歌。」她接著離題扯到冗長的技術細節，講起他們如何評估在不同音響環境條件下的爆音風險。

「可是這些和創造連結有什麼關係？」我也望向那正隆隆作響的店面。莉安愣了一下。「這跟利用音樂創造連結沒關係。」她不太情願地承認。「這是在利用音樂創造場面。」

我們的討論似乎都是為了導向一個簡單而原始的結論：A&F利用音樂巨響和僅有聚光燈照明的黑暗，來誘發一種激昂慶祝的狀態。的確，你到自家附近的A&F分店走走，可能會忽然覺得自己還在仔細盤算要不要消費未免太古板了，直接把心中「爽啦，我不用住家裡了！」的感覺釋放出來豈不更好。

以這種方式運用聲音當然不是A&F的發明，儘管如此，其實這也可以理解成一種創造連結的手段，只差在創造的不是人與人之間的連結，比較像是個人與集體狂喜狀態的連結。

※

雷茲尼科夫（Iegor Reznikoff）是巴黎大學的古音樂專家，鍾情於中世紀聖歌吟詠和洞穴探險。一九八三年，他走訪法國一處舊石器時代的岩洞「勒波泰洞穴」（Le Portel），走進洞穴時他小聲地哼唱起來。每當走進一個新空間，他都習慣這麼做，以便「感受空間的音響」。令雷茲尼科夫驚奇的是，他發現每當岩壁上出現裝飾用的彩繪動物時，他哼唱的聲音就變得比較大聲，也較集中。

他與同事杜沃（Michel Dauvois）合作投入研究，後來證明，法國庇里牛斯山區一帶岩洞內的古代彩繪壁畫，位置都與洞穴內的聲音共振增強點相符合。他開始探索法國全境的洞穴，在過程中發現，只要是舊石器時代人類居住過的岩洞，洞穴內每個共振點幾乎至少都出現一兩個彩繪記號——反過來說，有些記號的位置只能解讀成與聲音有關。雷茲尼科夫在徹底黑暗的岩洞中摸索前進，用自己的聲音當作唯一的聲響來源，每當來到一個共振特別明顯的地方，他打開燈，總是能夠發現記號，即使那個位置並不適合作畫。

雷茲尼科夫認為，彩繪壁畫與岩壁高聲響反應點的交集，透露出古代薩滿巫師可能會利用擴音和回音來強化儀式產生的情緒渲染力。而這些地點的共振效果確實也都非常強烈，當雷茲尼科夫在洞內發出聲音，共振強烈到他感覺全身都隨著壁畫一起振動。也就是說，音效增強了一種與空間和空間內所繪圖像交流融合的感覺，這種同步感也有助於薩滿嘗試化身為特定動物。雷茲尼科夫發現在動物彩繪一旁發出聲音，能讓聲音聽起來就像這些動物本身發出的叫聲。

迴響、回音、擴音、共振，全都是史前智者用來誘發高昂情緒、將理智縮減至最小狀態的錦囊妙計。在我看來，這些技巧與現代購物賣場更接近了。

能量危機

我和莉安繼續在巴頓溪購物廣場四處遊蕩了一陣子，然後走進服飾品牌「The Limited」店面，音樂同樣很大聲，節拍怦怦跳動，是個高對比的空間。在我聽來像是服用了低劑量抗憂鬱藥物的A&F。我請莉安分析這間店的音響訊息。

她低頭聽了會兒，跟著節拍輕輕點頭。「The Limited要吸引的女性消費者，年紀再大一點。上了一整天班，下班有約會，但沒時間開車回家換衣服。她可能大學畢業才剛進入職場。這不錯，很有用。」

聽完莉安在我腦中勾勒出The Limited女孩繽紛忙碌的生活以後（我有點想又不太想認識這類女孩），我拉開嗓門問她，說到底，難不成現在購物賣場的聲響策略，都和性有關？我們聽到的會不會只是不同店家各自扮演起大牛蛙的聲音角色，在春天生機盎然的池塘裡大聲鳴唱？就是交配前嘓嘓嘶鳴比賽誰——

「性占了很大的因素。」莉安打斷我，但也和能量的流轉有關，她補充。「高分貝音樂裡的能量讓你覺得格外有活力，」她把聲音拉高好幾個八度。「喬治，你看這件上衣！你有沒有看到？！」音樂提高了店內的氛圍能量令人感到興奮，並觸發一連串的反應，這是一種能量循環！音樂速度快而且大聲，這樣你在店裡就不只移動得快，也感覺不太費力。

的確，音樂對於消費者唯一反覆獲得證實的影響正與節拍有關。較快的拍子會使顧客行動速度加快，較悠緩的節奏則能放慢顧客在店內的移動速度。這個原則源自軍樂對士兵行軍速度的影響。腳步不由自主跟上鼓點的過程，可以讓行軍隊伍的步伐易於操控，也能振奮整體士氣；此外，近來有研究指出，當人的動作與節拍同步時，行為會比較順從集體意志。

這下子關連慢慢浮現了：大聲、強烈、快速的拍子，可以對任何一種環境灌注能量——同時強化社會性服從。

最早提及罐頭音樂的報導，來自於一九三九年一月《紐約時報》的一篇文章，標題是「碼頭日夜播放音樂，裝卸工人快樂上工」。經營貨輪的伊斯布蘭森—莫勒公司（Isbrandsten-Moller Co.）認為，該公司位於布魯克林三十號碼頭的工人「在悅耳樂音的薰陶下」，工作表現會更好。新技術的發明讓留聲機音樂可透過電力纜線播放，罐頭音樂品牌Muzak隨之於一九三四年誕生，並且很快轉變為旅館餐廳內提供的聽覺娛樂服務。

如今，音樂得以在工作環境不間斷播放，這為公司經營者開拓了新的視野。Muzak一名經營主管就稱讚伊斯布蘭森公司的決策，宣稱「在一個旋律洋溢熱情、激勵員工工作的氣氛中，一大袋咖啡能喚起一種新的羅曼蒂克氣氛。」這個「音樂製造系統」會為裝貨工、卸貨工，以及其他在碼頭辦公的員工播放晚宴與舞會音樂，確切內容由Muzak的曲目部門決定。曲目部門知道「配合工人浮動的情緒，何時是適合播放『輕快』音樂或其他類型音樂的心理時段」。

然而，這個措施實施後不久，雖然Muzak副總裁和伊斯布蘭森先生皆表示所有碼頭工人都欣喜若狂，但當地工會領袖卻認為，播放音樂的真正目的是為了加快員工步調。工會發動罷工，要求停止在加班時間播放音樂。

但兩年後，二次世界大戰期間，「隨節奏敲鉚釘」的概念在全國各地都流行起來。西屋電氣公司意外發現音樂能提升工作活力程度的祕密，因為紐瓦克分廠一名經理播放唱片來測試廣播接收裝置，沒想到測試完成，工廠的廣播裝置關閉以後，陸續有工人前來抱怨，之前可以邊聽《我願意，你呢？》和《讓我們遠離這一切》邊做事的時候感覺蠻輕鬆的，但現在卻很容易覺得累，希望能恢復播放音樂的措施。面對勞權倡議人士始終不斷的批評，企業主堅持自己無意「鞭笞老馬幹活兒」，而是在幫忙消除無聊。他們主張音樂是一種有益身心的消遣方式，特別是那些節拍數介於每分鐘六十五到九十下的流行歌曲。到了一九四一年，就連美國勞工聯合會主席威廉．葛林（William Green）也會說：「音樂是勞工的朋友——音樂滋潤神經，恢復精神，減輕工人的負荷。」

聽拍子吃飯

餐館評鑑公司Zagat的報告指出，「環境太吵」這個缺點始終位居全國消費者抱怨問題的第二名，領先價格昂貴，僅次於服務惡劣。二〇〇八年，紐約市有逾三分之一餐館的顧客把環境吵雜列為他們最不滿的問題，比最早有統計資料的二〇〇二年高出許多，當時只有百分之二十一的顧客把環境吵雜列於用餐不滿意經驗的首位。

十年前，《舊金山紀事報》是首見有報刊在餐廳評比制度中納入噪音評分的等級：一個鈴鐺表示音量小於六十五分貝，往上增加三個鈴鐺就進入「砲彈」等級，代表噪音增加了八十分貝。《紀事報》的資深餐酒記者鮑爾（Michael Bauer）說，他現在可能得在評分級別上多加兩個砲彈了，同時他表示，舊金山噪音級別不到四個鈴鐺的餐廳數量急遽減少——四個鈴鐺相當於工廠的巨大聲響。

※

一九八〇年代中期，第一次有人針對音樂節奏對用餐速度的影響進行了縝密的研究。那些聽到悠緩音樂的顧客在餐桌停留的時間明顯較長，平均是五十六分鐘，而對照組的顧客，則只停留在餐廳四十五分鐘。約莫同時期，費菲爾德大學（Fairfield University）進行了另一項研究，指出當顧客聆聽節奏較快、音量較大的音樂，咀嚼速度提升了近三分之一，從每分鐘咀嚼三．八三次加速到每分鐘四．四次。

這些資料對連鎖餐廳業者來說簡直如獲至寶，例如「迪克．克拉克美國音樂燒烤餐廳」就開發出電腦化的音樂播放系統，預設在每天希望提高翻桌率的時段調高音樂的節奏和音量。「不過，很多店經理會趕快去把音樂關小聲，因為他們覺得對吃東西的客人來說實在太吵了。」為餐廳研發這個系統的布蘭頓（Don Blanton）說。「所以，不如完全交給自動化系統來做。」

※

分貝音量的高低與餐飲消費收益的高低產生了關聯，這比較是直覺性的聯想，而非有確鑿證據佐證。（事實上，有研究指出，如果翻桌速度太快，每桌顧客的消費總額是下降的。）但如果是酒水消費，數據資料便證實了推測。二〇〇八年夏天，法國南布列塔尼大學研究員完成的一項研究發現，以七十二分貝播放音樂時，男性平均消費二・六杯酒精飲料，每十四・五一分鐘喝完一杯。當音量提高到八十八分貝，數字則攀升至平均消費三・四杯酒，而且每十一・四七分鐘就喝完一杯。加速原因包括環境能量上升、對話困難，也就是說，顧客會認為，與其找人聊天，不如打手勢請酒保再添一杯比較容易。此外，腦內化學作用也發生了實質上的變化。

現在已經有研究證實，聽覺刺激能強化MDMA（亞甲二氧甲基苯丙胺）的效力，也就是俗稱的「快樂丸」，而且增強幅度大到甚至會影響藥物的毒性。因為多數人服用快樂丸的環境，音量都大到使人發狂，因此這項發現令人相當擔憂。學界尚未充分了解這當中的機轉，但義大利醫學研究人員最近的一篇研究指出，即使劑量很低，本身不至於影響腦電位參數，但若與相當於迪斯可舞廳的標準音量一同使用，腦內電流活動仍會飆高到足以產生可稱為「煎到滋滋作響」的效果。而且，實驗動物若是在安靜環境中服下藥物，腦電位活動可在二十四小時內回到正常程度，但若加入高分貝聲音，大腦活動要花上整整五天才能恢復正常。

不只如此，還有個更大的重點：噪音也會強化其他形式的刺激，尤其是其他形式的過度刺激。有研究證明，高分貝聲音會讓我們渴求更多的過度刺激。這個實驗找來一群男性，提供他們口味由鹹至甜的一系列食物，結果發現，受試者一邊聽喧噪音樂一邊進食時，吃到高甜度食物的愉悅程度，遠高過於在輕音樂背景下用餐。另有研究顯示，讓實驗組戴著耳機吃薯片，耳機會放大嚼碎薯片的總體音量，比起對照組在沒有電子擴音裝置下咀嚼薯片，實驗組平均把薯片評比為更酥脆、更新鮮——換句話說，更讓人想吃。

※

所以商店調高音量，讓顧客在店裡走動得更快，在店內構築興奮的情緒。餐廳調高音量以提升翻桌率，也名副其實地堆高了餐廳裡的歡聲喧鬧。我還想到另一個環境，不久前比現在安靜得多，那就是體育場館這個現代競技場，場內的角鬥士已經日漸依賴起聽覺的類固醇。

來打噪音球

二〇〇八年十月，路易斯安那州州立大學的老虎球場暱稱「耳聾谷」，被《雅典先驅報》奉為「全美最喧噪的場所」。喬治亞大學的美式足球隊教練里希特（Mark Richt）稱這座球場是「你連自己在想什麼都聽不見的地方」。他說，「我敢問心無愧地說，那是我去過最吵的地方。」

同時，《運動畫刊》（*Sports Illustrated*）則把堪薩斯市的箭頭球場列為客場球隊「最難攻破的場地」之首——原因是主場球迷製造出的驚人噪音。效力於丹佛野馬隊的史密斯（Rod Smith）回憶他第一次在箭頭球場出賽，「差點沒把我給嚇死——而且還只是唱國歌而已……我以為他們要攻擊我們！我以為現場七萬人馬上要從看台衝下來揪住我們！」俄勒岡州尤金市的奧岑球場，球迷鼓譟的噪音曾高達一百二十七・二分貝，現場觀賽的感受形同與一架波音七四七客機一起放聲咆哮。

西雅圖的奎斯特球場完工於二〇〇二年，在美國國家美式足球大聯盟（簡稱美聯，NFL）素有「最吵的室內球場」之稱，這來自於西雅圖海鷹隊的老闆艾倫（Paul Allen）委託建築師設計一座能把觀眾噪音最大程度反射回場上的體育館。他也在看台裝設了特別座席區，座椅以金屬材料製成，取名為「鷹巢」，專供最狂熱喧鬧的球迷使用，讓球迷跺步的聲音盡可能劇烈的迴盪不已。二〇〇五年，紐約巨人隊作客奎斯特球場，總共被叫停十一次違規早動犯規——原因就出在現場觀眾噪音讓場上的球員根本無法溝通。

也難怪不同球隊的支持者老是互相指控主場敵隊利用電子裝置增強己方球迷的加油聲。華盛頓紅人隊的塞勒（Mile Seller）最近提到奎斯特球場就說：「那個地方真該被坑掉！我們上次在那裡比賽，簡直有夠扯的，我們連自己講話都聽不見。那座球場那麼小，聲音哪可能那麼大。」奎斯特球場的音訊工程師米瑟拉（Fred Micera）認為，塞勒的控訴對海鷹隊球迷是種侮辱，因為他們根本不需要人工擴音。（雖然要做也是可以：幾年前紐澤西籃網隊就被發現偷偷播放在別場比賽預錄的噪音，用以放大現場球迷的加油聲。）

除了以電子增強噪音，建築結構上也有些竅門可以把環境噪音的音量放到最大。露天球場的建築師有時會額外加裝陽台，並增加陽台突出的長度，目的是為了把聲音反射回到座席和場內。

不同建築材料也可以用來將迴響放到最大。不過，曾為美國眾多知名球場服務的聲學音響設計公司WHJW，董事長萊特森（Jack Wrightson）告訴我：「建築造就不了觀眾。你可以增強聲音，但你沒辦法單憑建築材料就把一群心不在焉的觀眾變成熱情激昂的球迷。」

丹佛市的哩高球場就是很經典的例子，萊特森說。二〇〇〇年，野馬隊球迷以史上最高分貝單次群眾喊聲登上金氏世界紀錄。球迷的喊聲被認為是在干擾四分衛向隊友嘶吼隊形，美聯一度開始在噪音超出一定分貝時判罰主場球隊。（但萊特森指出，美聯定下的噪音規範幾乎完全遭到球迷無視。「看到球隊因為自己被判罰，球迷可開心了。」）但從建築角度來看，哩高球場並無特出之處，萊特森堅持道：「一切都取決於群眾」。

但群眾的聲音不只來自於成千上萬名觀眾嚎叫、拍手、跺地、敲打，也是每個電子或非電子裝置在人們單憑肺活量能製造的聲音之外，加入了更多噪音。有些球場會分發牛鈴、沙鈴和響球給負責鼓譟、炒熱氣氛的球迷。此外還有哨子、大聲公、攜帶型警報器、汽笛喇叭、體育場喇叭、球賽喇叭，以及「超響亮空氣砲項鍊」。當然更少不了來自擴音廣播、擴音音樂、擴音廣告、擴音煙火、擴音掌聲，以及煽動群眾整體氣氛的擴音音效等無數由球場官方放大的噪音。

對運動員來說，所有噪音轟炸的目的原是為了振奮士氣，但卻也使得他們在一場約三小時的比賽中，置身於比美國職業安全衛生署規範的安全範圍不知高出幾百個百分點的環境。不只外延的陽台和包廂席把球迷發出的各種聲響全都直接反射到場上，觀眾的吼叫也像前印城小馬隊防守絆鋒崔普雷（Larry Tripplet）所形容的，「衝著你耳朵來！聲音傳進頭盔後，就在裡頭響個不停。」為應付這種狀況，美聯職業球員和大專球員現在固定會在搖滾樂放得震耳欲聾的狀態下練習，或是在邊線旁停放噪音製造機，模擬競技場內滿席嗜血的觀眾所發出的鼓譟。

這些機器的設計原是為了幫助隊伍適應現場噪音，不會因球迷而分心，但據紐約巨人隊教練考夫林（Tom Coughlin）所言，球員也會主動要求使用這些設備，因為球員相信噪音有助於維持高度活力。不難想見，當周圍不是比賽噪音，就是練習場上人工製造的噪音，現代許多職業運動員未來將為早發性聽力損失所苦。

第五章　如噪之聲

我有個德國朋友每年固定有段時間住在美國，他告訴我，當初他還在適應美國的時候，噪音是他最頭痛的問題。不是馬路上、商店內或餐廳裡的噪音，而是「噪音」（noise）這個用詞。他很不習慣美國人既用噪音指涉大聲且令人反感的聲響（例如「我受不了這裡的噪音！」），也用噪音來單純指涉某物體所發出的聲音（例如「你不喜歡瀑布的噪音嗎？」）不知情的人看見他三番兩次問對方：「你覺得我們聽到的那是噪音？」可能還以為他重聽。在德語中，「Geräusch」（聲響）和「Lärm」（噪音）有明確的區別，一個是產生聲音，另一個是發出令人不悅的響聲。

英語中用來表示噪音的「noise」一詞，源於拉丁語表示暈眩的「nausea」。暈眩的概念怎會轉變成與聲音有關？介於中間地帶的用法出現在中世紀晚期英格蘭的英語中——約莫西元一四〇〇年。從年代來看似乎挺有道理的，詞義轉變就發生在與人口爆炸同時期的聽覺經驗之下：同一時間聽到太多五花八門的聲響，從而形成了噪音的感受。

但光是這樣的解釋還不夠。像降噪耳機又怎麼說？降噪耳機的原理是分析背景噪音的波形，然後產生對應相反的音波。也就是說，主動降噪其實需要製造更多的聲音，好讓我們聽見少一點的噪音。而且就算不提科技，我們都知道，有時當我們和朋友說話，附近的某個人的聲音特別有穿透力時，比起旁邊有一群人嘰喳聊天，我們更難聽清朋友在說些什麼。

「人會習慣去辨認模式。」聲學顧問公司Head Accoustics的聲學工程師布雷（Wade Bray）告訴我。「比如你在開車，不知道哪裡忽然有小小聲的喀啦喀啦聲，即使車引擎穩定發出很大的轟隆聲，但你會去在意那個喀啦聲。如果你想蓋過那個雜音，要做的是讓它的波峰不再那麼高或那麼低。走完完整模式的波形總是會凌駕於客觀的音量，這也是人的感官印象和音量計總有出入的原因。」

為了舉例，布雷要我想像一個寧靜的社區，每十分鐘只有兩、三部汽車經過，相比另一個喧擾的社區，同樣的時間內可能有二十部車經過。「在安靜的社區，波峰的數量比較少，調變（modulation）也比較少。」也因此，那兩部車往往比二十輛車顯得更加惱人。

當然了，這並不是人腦獨有的現象。這種辨認傾向有古老的演化基礎，今日我們在紅眼樹蛙身上仍能看到生動的例子，這種生物利用辨認聲音模式的能力，展現出加速孵化以躲避死亡的不凡特長。

辨識聲音

附屬於波士頓大學的一群生物學者和工程師在巴拿馬待了好幾年，只為了研究一個現象：紅眼樹蛙正常的孵化期間是四到七天，那麼為什麼樹蛙的卵在察覺到可能遭掠食者攻擊時，會提前從果凍般的卵囊裡噴出來，開始以早產蝌蚪的型態盡力求生？這是怎麼做到的？他們發現答案就在紅眼樹蛙辨認振動或聲音模式的能力。

蛇，是蛙卵最大的威脅。當蛇襲擊一窩卵，像漣漪般輻散的振動會刺激蛙卵內的胚胎立刻噴入水中。這或許沒什麼好奇怪的，但生物學者發現，雨滴或風力造成的振動頻輻和蛇一模一樣，那麼，蛙卵是怎麼區分其中的差異？

原來，當蛇緩緩接近一顆卵，收縮身體並張口大嚼牠的「青蛙魚子醬」，然後再度往前伸展身體的這個過程，會形成一種規律的斷續模式。就是這個由振動間隙形成的模式向蛙卵通風報信：快！快按下緊急噴射按鈕逃走！至於雨水和風力等不規律的模式對蛙卵來說，則代表可以悠閒成長直到孵化。也許這種現象也暗示了為何聽到流水聲，我們往往感到撫慰。

向我解釋這個研究的是波士頓大學機械工程師麥克丹尼爾（J. Gregory McDaniel），他是個高大壯漢，笑聲足可撼動岩石，把總統雕像山的一個下巴給震落下來。目前他正在利用樹蛙卵的模式辨認能力建立模型，為美軍研發「仿生」感應器。

士兵可以像投擲尫仔標一樣，每幾公尺投放一個，把感應器散佈在伊拉克或阿富汗當地希望監測的地區，以偵測過往的振動模式。例如，在駕駛車輛經過之前，先偵測此處是否埋放過地雷。「軍方跟我說，感應器的成本每個不能超過一美元！」麥克丹尼爾重複強調了好幾次，然後放聲發出驚天動地的大笑。「我們現在正著手研發一種可以放進水裡，用來偵測水下振動模式的感應器。就和蛙卵一樣！」看來，以樹蛙胚胎為靈感研發的振動偵測裝置，也許很快就能在世界各地拯救部隊和船艦。

我們本能上容易受到突出於環境聲流的聲響所驚擾，同樣地，當人同時聽見眾多不同的聲音，可能不只是覺得較不刺耳而已，比起單獨聽見（就算是）低音量的聲音，實際上可能還讓人感覺更為平靜——與寧靜有異曲同工之妙。因此才會有「白噪音機器」把所有可聽見的頻率同時匯集在一起，製造出誘導睡眠的模式，或是以各大城市基礎設施一天二十四小時所發出的聲音做為創作基礎的音樂。

※

一九三一年，在美國科學促進會所舉辦的一場會議上，美國鋼鐵與鋼纜公司的聲學研究主任懷特博士（William Braid White）發表的內容引起全國轟動。他主張各大城市的噪音裡，其實隱含具有音樂性質的「沉音」（undertone）。

懷特博士鼓勵在座聽眾親身嘗試，登上紐約任何一棟摩天大樓的二十樓，打開窗戶將身體探出窗外。「接著請仔細聽從下方街道浮上來的噪音。」懷特博士指導大家。「一會兒之後，你會注意到路面高度發出的匡噹碰撞，如同一連串接續不斷的碎響傳入耳中，然後逐漸融合成單一持續的嗚聲。」

進入這個對聲響高度覺察的境界之後，博士要探出窗外的人更加聚精會神，直到辨認出主要的嗚聲之下有一股低音嗡嗚。這個，懷特博士認為就是紐約的「基調」，由無數微小元素構成，雖然各自扞格，但集合在一起卻形成一個真實的樂調。（博士說，紐約的調高介於低音A到降B之間。）

懷特博士主張，全世界每座城市都有獨特的基調。比方說芝加哥，雖然同樣人口眾多，喧鬧程度也不輸紐約，但在懷特博士聽來比較「無憂無慮」。市中心商業區雖然人多到窒息，但湖泊發揮了制音器的作用——尤其路面電車多噪音，高架捷運的聲音也更具滲透力，因此湖泊的作用更顯必要。總而言之，懷特博士傾向於把芝加哥的基調定為降E調。

另一方面，倫敦則是接近最低音C的沉鬱嗡鳴，因為這座城市建築高度低，鋪設木頭路磚，氣候潮溼——而且有一群奉公守法的人民，不太會表現多餘的興奮。

懷特博士承認，他的發現或許不具有重大科學實用性，但如果我們仔細聆聽個別城市以噪音調和而成的樂調的獨特個性，或許能夠更深入理解城市居民固有的心理特質與環境對居民的影響。此外他還暗示，這對聆聽的人也有好處：你只需拉開一點距離，就能獲得和演奏會聽眾類似的樂趣，不然平時這種聲響經驗聽在耳裡，只是惹人厭的喧噪罷了。

噪音的解調

我想了想樹蛙與蛇、懷特博士的實驗，以及一般聲音和刺耳聲音的區別。曾幾何時，多重噪音加在一起竟然會形成樂調，而不是令人火大的不和諧噪音？如果把購物廣場的屋頂給拆了，讓懷特博士升到賣場上空的一定高度，透過聲音他會怎麼形容那個地方的特質？

但這裡討論的現象遠不只侷限於購物賣場。聲響設計公司DMX列出的客戶有餐廳、飯店、複合式娛樂場所、健康健身中心，甚至包括不少頂尖大學。今日的超市、醫院、社區大廳、停車場、公共廁所，以及大多數機場，都有音樂流淌在走廊和等候區，就連游泳池的水底深處，有時也有音樂迴盪。

有一次，一場與噪音有關的會議帶我來到狐木賭場飯店（Foxwoods Casino），我才發現這種事。在狐木賭場，你不管轉進哪個角落都非常、非常的吵，而賭場後院綿延的樹林又禁止訪客進入。唯一容許的「逃避」方法就是賭博。我安慰自己只要潛入泳池底憋氣一會兒，多少可以偷得一點清淨。哪裡想到入水之後我才發現，水下也有喇叭在播放音樂！

罐頭音樂在最盛行的時期，主要是利用音樂來襯托視覺呈現。但今日所謂的「前景音樂」播放得比較大聲，由獨立創作音樂人擔當人聲、貝斯和打擊樂，並以完整呈現原始音質為特色，已經成為環境背景音樂的首選。

新的噪音關注重點全是為了設法「解調」（demodulate），以及對抗環境聲響中比較大的波形。這通常代表要盡量大聲，但也未必如此。如今設計師致力於運用產品本身發出的各種大小聲音喚起氛圍和情感連結。聲音商標正快速興起成為一個重要產業，而且現在有越來越多產品的聲音經過加工，以求激發消費者的購買慾望：汽車引擎的呼嚕聲或轟隆聲、高爾夫球的響音、相機快門的喀嚓聲、食物酥脆的卡滋聲、拔開唇膏管蓋、旋出口紅的聲音……這些聲音都已經過分析及強化。我們購買的各種商品都將加入這個聲學展示窗，向每一個過路客不厭其煩兜售它的聲音特徵。

話題回到懷特博士。在我跟博士的討論中，我提出一種想法：我想把人們無法拉開距離的聲音，也就是所有進入腦中以後揮之不去的聲音，定義為噪音。「超音速聲音」（Hypersonic sound）是一項相對嶄新的科技，能將一束超集中音波直接射向目標，讓擴音喇叭從此可以棄之不用。但是，這其實就是把大多數新型態噪音想做的事推向極致而已。當超音速聲音的聲學雷射光束射入耳朵，感覺就像一個聲音被發送到腦內，在聽者的頭顱裡說話。

我在麻省理工學院媒體實驗室被一道播放派對舞曲的聲學光束照射過。當對方手拿扁平漆黑、貌似平板電腦的喇叭，將聲學光束照到你身上，你會聽見聲音**穿過腦袋**，從一耳傳向另一耳。這種感受確實會令人「哇！」的一聲驚呼。關於超音速聲音，網路上有許多討論，包括妄想型思覺失調症患者寫的日誌和請願書，多半認為那是極端恐怖勢力投入大量時間、奉獻無窮心力，陰謀控制他們大腦以驅策他們自殺的又一鐵證。

對我們所有人來說，這種躲不掉的聲音造成的效果很可能名副其實地令人暈眩。一旦音量夠大，超音速聲音可能會干擾內耳前庭系統，而我們能維持平衡感正是仰賴前庭系統。就算不會實際讓人暈頭轉向，大腦被單一聲音給接管，還是有導致心理失衡的風險：我們與世界有來有往的聽覺交流消失了，我們被晃進更大的振動之中。

中央車站

某天傍晚我在尖峰時刻來到紐約中央車站。我站在車站正中央恢弘壯觀的圓頂之下，就著天窗外閃爍的星子凝神聆聽。

一九五〇年一月二日午夜，一連串史無前例的自發抗議行動，使得一個實施了十三週的方案宣告中止。這個方案原定透過八十二個揚聲喇叭在車站各處播放罐頭音樂，以及每十七小時播放兩百四十則廣告。這是一個公私企業合作營利的計畫：紐約中央鐵路公司把中央車站的音景出租給Muzak和其他配合的廣告商，每週可賺進一千八百美元（相當於今天的一萬五千美元）。

然而乘客群起反彈，堅持他們不該任企業剝削，被「綁架當聽眾」，同時主張自己有「不聽」的權利。他們沉重預言，如果這個措施被姑息容忍，列車本身就會是下一個目標。他們找來精神科醫師證明持續不斷的聲音對神經系統有害，也找來廣告業者作證，聲明這個措施會玷汙廣告業的正直誠信。他們拒絕沉默，並準備在案件上訴摘要。

沒想到，令人驚奇的事忽然發生了，鐵路公司主動讓步，取消了這個方案。「我們認輸了。」鐵路公司一位不具名的發言人宣告。車站負責人宣布終止公共廣播系統，總結時這麼說：感謝所有乘客不吝對此議題給予我們真誠寶貴的意見，不論贊成或反對，因為只有經過公開徹底的檢討，此類事務才有辦法做出決定。

※

我站了好一會兒，任憑強烈回響的陣陣音波向我沖刷而來。我聽見行李箱的滾輪轉動，地圖的皺褶攤開，鞋底在打磨光亮的地磚上吱嘎摩擦，傘尖敲擊石頭發出清脆聲響；我聽見一個破碎的句子：「總之——你來了」；一陣低沉到不能更低的模糊咆哮，宣告某班列車即將進站。

但在這一切之上，我聽見成千個聲音融合而成的不同頻率，冉冉飄向那青綠色的巨大圓頂，與金黃色的星星和沉默的星座動物共舞，彷彿化作一陣莊嚴的嗥叫，漲而又退，退而復漲。我站在那裡，閉上雙眼。在我聆聽之際，我知道全世界我只能身在這個地方。

※

走訪過中央車站，我認知到我們不能把今日所有噪音全都怪罪給特定的邪惡商家、餐廳，以及提供聲音的企業。我們應該先問自己，怎會走到這個地步，賜予聽覺突擊部隊這麼寬廣的空間發揮？我們與噪音之間有著什麼樣的共謀關係？正如中央車站的通勤乘客曾經宣示的，**生活大可不必聽起來像這樣**。

為了更加了解我們何以放任事情發展至這種態勢，我仍必須往最大聲的盡頭前進，走向一群特別的人。這群人不只用聲音重擊，甚至選擇用聲音來輾壓——用噪音把自己和他人從裡到外給掏空！因為就算我現在明白了放大音量的某些原動力，我也還沒能掌握單純為了噪音而追求噪音那背後的理由。我懷疑在我們每天日常會聽見的聲音中，有非常多都以這原則為出發點。噪音成為我們向很多很多人事物「說不」的方式。我想集中火力探討是什麼樣的文化和科技發展，驅使我們把對聽覺的懲罰當作自由的表徵。

不過首先，我需要喘口氣。我覺得從我踏上這趟累人的旅程以來，好像去了不少不算很宜人的地方。回頭想想，確實也是。此刻我就像所有的疲倦旅人那樣，我想先暫時放下旅行指南，脫掉鞋子。我需要提神醒腦的東西：某一間遠離塵囂的咖啡館，有陽傘遮蔭座位，提供檸檬冰沙；一個曠人心神的春日在柳樹下乘涼；一座秘密花園，妝點著古舊的灰色雕像和裹覆青苔的石頭長凳。我渴望一丁點兒寧靜的時光。

第六章　寧靜插曲

因為既沒錢也沒時間逃到外地度假，我決定在我市中心的辦公室附近，巡禮周圍的綠洲。原則上，追尋寧靜應該愜意愉快，像尋找珍貴的野菇，或在和煦的海邊日光浴，不應該自尋煩惱，像是拼命想要瘦小腹，或是精打細算錙銖必較。

不論你住在哪裡，一定都有辦法找到寧靜——只是這些辦法往往不如理想中討喜。寧靜還在附近，只是往往被排擠到邊緣，以至於有點太過明顯地預言著永恆沉默的未來。鐵絲圍籬後方散落碎玻璃的廢棄空地、荒棄的大樓和太平間雖然安靜，但要付出什麼代價？

話雖如此，要尋找你的住家附近僅存的安靜場所，基本策略是把那裡想像成西班牙太陽海岸。海邊自然是想都不用想。所有人群會為了工作、休閒、購物而自然被吸引過去的地方，絕對都會吵到超乎想像。但只要切入內陸一小段距離，人潮就會減少到只剩下三三兩兩的地方居民，剎那之間，你會發覺自己彷彿真的置身異地。所以不妨問問自己：從我住的地方再往內陸有什麼？浪花和沙灘停在哪裡？哪一條路誰也懶得開進去？哪一張長椅向來沒有人坐？

在很多城市，舊橋拱樑下方橋墩打入地基的那片空地，是躲避塵囂的好去處，或者不知名的高樓屋頂也是一個選擇。如果是小城鎮，網路連線不佳的地方史館和圖書館，幾乎總是門可羅雀。小眾主題的陳列館也值得押寶（像醫學院附設的收藏館，向來幾乎靜到一根針落地都聽得見）。不論你住在哪裡，非假日的墓園都是平凡但可靠的僻靜之地。只要記得常常問自己：大眾文化都把大家拉向什麼地方？想到以後，現在轉身往相反方向走。一直走就對了。

曼哈頓這個地方，乍看之下也許不像很有希望能尋得兩個小時的寧靜，但我特別幸運，身在一個正好適合發掘聽覺松露的區域。我的繞行範圍很小，比起很多看似更安靜的社區，可能也比較不費力。

袖珍公園

從我工作的地方走路不到十分鐘就有三座袖珍公園可當範本，其中兩個令人驚嘆，另一個聊勝於無。袖珍公園也稱「迷你公園」或「口袋公園」，指的是一小塊經人工美化後的自然景觀，通常建於都市的工程空地或畸零地，座落在不動產房屋的夾縫之間。

我一早從佩利公園（Paley Park）展開我對適度寧靜的追尋。佩利公園位於東五十三街，就在當代藝術博物館越過第五大道的正對面，它開設於一九六七年春天，是美國最老的一座袖珍公園。

佩利這個名字來自美國哥倫比亞廣播公司前董事長威廉．佩利（William Paley），他除了出資贊助，還監督公園在「鸛鳥夜總會」原本所在的位置從設計到完工的整個過程。最初宣布興建公園的計畫時，佩利形容這裡將是個休息空間，也是「在都市中心享受戶外的嶄新實驗」。結果證明，公園一開幕便大獲好評，此後一直廣受喜愛。《紐約時報》譽之為「紛擾都市中一個安靜愉快的角落」，而早期的遊客也熱烈讚美佩利公園在熙來攘往的街道上給人帶來安慰，更稱公園內的瀑布是「聽覺的香水」。

從五十三街拾階而上走進高樓間的狹縫，你就進入了佩利公園。左右兩側的圍牆爬滿常春藤。（公園的景觀設計師齊翁〔Robert Zion〕）形容那是「垂直草坪」。）幾乎是一走進去，公園最內側那座二十英尺高、每秒水流量一千八百加侖的瀑布水牆，頃刻間就將街道噪音悉數淹沒。

我來的那天早上，公園裡高瘦嶙峋的皂莢樹還光禿禿的，不過散置在公園內的灰色花盆已經開滿一簇簇鮮黃明亮的鬱金香。從入口望去，白色的瀑布水流淌瀉在公園最內側那一整面長方形的棕色石牆上，彷彿電影銀幕。但走近會發現，背牆是由無數不規則狀的灰棕色石頭所構成，時而緩阻、時而增強流水的波形，非常漂亮。與我社區裡另外兩座袖珍公園一樣，這裡其實沒有真正的寧靜，只是水聲蓋過了城市的刺耳噪音，鎮靜心靈的效果與寧靜一樣管用。

據說「袖珍公園」的概念是瑞斯（Jacob Riis）在一八九七年所發明。當時他在紐約市小型公園委員會擔任秘書，而該委員會發布聲明，宣布「凡是別無用途的角落空地、三角空地或因訴訟或其他原因而無法交易的閒置用地，皆可作為公園使用。

世紀之交的紐約充滿無限可能，然而瑞斯的主意多半未能實現。公園的概念真正大量實施起來是在戰後的歐洲，尤其是倫敦和阿姆斯特丹，炸毀的建築遺址數量龐大，為興建大量小公園提供了機會，因為公園比原址重建要來得節省成本，這讓袖珍公園名副其實地在城市拼圖的狹縫中有了容身之地。

在紐約，袖珍公園大量增生於一九六〇年代末林賽（John Lindsay）市長執政時期。當時的主事者是公園委員侯文（Thomas Hoving），他注意到市區充斥著小塊空地——單單貝福德－斯泰維森（Bedford-Stuyvesant）一區就有三百七十八塊空地，另外還有三百四十六棟空屋。就算只動用一小部分經費，不到年度預算的一成，便足夠在市內各處購置並開發兩百座袖珍公園。

侯文清楚認知到，這些小小綠洲能讓所在社區的生活大為不同。這些小公園不只是城市的

「肺」，也不只可讓人在喧囂中暫獲喘息，更為周圍社區提供了集體行動的機會。因此侯文號召周圍住戶共同來開墾這片地，也親眼見證這個將這些空間打造成安靜場所的行動，如何地增進了社區的和睦。

下一處，我走到位於五十一街，第二和第三大道之間的綠畝公園（Greenacre Park）。綠畝公園比佩利公園大，但感覺卻更加精巧。從五十一街入口進來以後，在公園最內側有一座更高的瀑布從凹凸不平、大斧劈鑿的棕色花崗岩塊上傾瀉而下。公園的空間分為三個段差，通往每一層的台階兩旁都有流水在不規則形狀的石頭上徐徐流動，而日本木蘭樹灰白纖巧的樹枝在瀑布西緣搖曳掩映。恰恰就在這個午後，上方一株高大的花梨樹開了滿樹白花，燦若結綵，美得不可思議。

我在公園最低層靠近瀑布的位置找了一張白鐵椅坐下。袖珍公園用的不是長凳，而是一張張分開的椅子，這也是袖珍公園新奇且成功的原因之一。佩利公園開幕後在幾年內做了多項調查，了解民眾在公共廣場和都市裡其他公共空間的使用習慣。結果發現，公共空間的實用性與「能不能坐」直接相關——能不能坐的定義又包含了是否有可用的座位，以及座位能不夠隨意願自由移動。能不能隨心所欲在空間裡自在地駐足停頓，決定了我們對一個空間是否寧靜的感受。

眼前的木蘭樹開花瓣瘦長、微微下垂的白花，像用沾附溼氣的夏季襯裙裁成的海星。距離上次我真正仔細觀察一棵樹，已經是一個月前的事了。我去加州探望弟弟，他帶我去洛磯山脈健行。那個時候我才注意到，在狹窄山徑上某些陡斜的位置，我們的腳步不小心踢動碎石，小石子像一支迷你遊行隊伍滾動起來的時候，森林的樹幹和樹根似乎直接把聲音給覆蓋掉了。

古代觀念認為，樹能讓人心中自我執迷的噪音安靜下來，幫助我們與外在世界交流。十七世紀英國園藝家兼日記作家伊夫林（John Evelyn）長期投身於保衛英格蘭森林不受砍伐的倡議行動。他在一封慷慨激昂的呼籲書裡，回憶起在法國走在「暴露的」路邊是何等令人不悅。沒有綠樹遮蔭，也沒有樹的存在為道路分界，他感慨地說，旅人只能與自己和他人**惡言相向**。

我在綠畝公園坐得越久，就想起越多曾置身大自然的時刻。回憶這個舉動本身就能創造更大的寧靜，讓人沉浸在聲音穿透不了的層層往事之中。

最後我終於起身走向美洲大道一二二一號。這裡有一座袖珍公園，可以讓人穿過一條塑膠管隧道走入「瀑布之下」。呃，噱頭有點多了，但仍不失為暫時躲避馬路喧囂的好去處。

沉靜的繪畫

我現在距離當代藝術博物館很近，但今天週五博物館一定人滿為患，所以我改變策略，在附近隨機找了一個門廊階梯就一屁股坐下來，從口袋抽出我散步時帶在身上的明信片：喬托、維梅爾、夏丹，以及霍普的袖珍公園風小複製畫。我凝神盯著這些圖像，過了一會兒，除了藝術家眼中的具體景物，藝術作品也傳達出它本身的沉靜。我周圍馬路上的喧囂雜音漸漸消退。我不是一個能堅定冥想的人，很容易被外在的事物驚嚇到，但是除了刻板印象中的閉眼打坐，還有很多方式可以實現類似的頭腦寧靜狀態。

啟蒙時代的法國哲學家狄德羅（Denis Diderot）曾經針對人在觀賞畫作時發生的事，做出獨到而迷人的觀察。他說觀賞一幅畫的人，就像一名聾人看到手語比出自己熟知的事物，這個比喻暗示，仔細觀看一幅畫，能使我們置身於沉默的交流之中。（但不是所有藝術作品都有這種撩撥效果。狄德羅也是第一個關注視覺噪音問題的思想家，他形容布雪〔François Boucher〕特別擅長的浮佻繪畫，「對眼睛造成難以容忍的喧嘩」。狄德羅說，「這些畫是寧靜的最大死敵」。）

某些繪畫和雕塑能讓人絲毫不覺時間的流逝。如果我們凝視藝術作品而進入渾然忘我的狀態，說不定也能尋見一絲濟慈在希臘古甕前所體會到的感受：「你那靜默的形體，反而引人遐思／如同引人揣想的永恆。」❶

我們都喜歡進一步認識自己觀看的事物，但上一次你有耐心在一幅名畫前靜立片刻，不戴

1 譯注：出自濟慈（John Keats，1795-1821）詩作《希臘古甕頌》（*Ode on a Grecian Urn*）。

語音導覽耳機，周圍也沒有其他遊客的電子導覽裝置如昆蟲般窸窣作響，是什麼時候的事了？聽語音導覽或許能學到很多知識，但你無從認識濟慈筆下所形容的「寂靜與悠遠歲月育養的孩子」。

「神經美學」這個新興領域的研究學者甚至提出更加令人憂心的認知問題。

我們知道，人的大腦迴路結構會因為經驗一再重複而產生巨大的變化。視覺訊號的處理路徑主要有兩種模式，分別是發生於大腦皮質背流的所謂「動作視覺路徑」，以及經過腹流的「感知視覺路徑」。電腦和主機遊戲、乃至其他以電視格式呈現的畫面，幾乎只會觸發前者。粗略來說，這代表你看見的景象觸發的是一種直覺反應（例如操控搖桿的身體動作），而非有意識的思考。如果過度刺激背流路徑，則代表視覺到最後必須要有一個動態目標，才有辦法專心聚焦。

這麼說吧，近來有篇研究指出，如果孩童累積了無數次「與動態圖像的細微圖畫互動」，神經系統可能會失去探索靜態繪畫的能力。一個人如果沒機會反覆接觸靜止不動的藝術作品，也將無法察覺那種靜止不動之中所傳達的內在寧靜。不曾被聽見的音樂，往後也不會被聽見。

敬拜的場所

我終於從門廊台階起身，將明信片收回口袋，往教堂走去。現今有不少人抱怨在現代西方大城市，無論是否身為信徒，都可能公開譴責上帝。但有件事你不得不承認，說到庇佑禮神空間的寧靜，祂依然保有至高無上的力量。在紐約這樣的大都市，絕大多數教堂通常空蕩無人。信仰從當代都市的禮拜堂撤出之後留下了不少漆黑幽深的空洞，充滿壯觀且無處不在的靜默。

我決定走一趟公園大道與五十一街口的聖巴多羅買教堂（St. Bartholomew's Church），這個禮拜堂宛如洞穴般美麗深邃，祭壇上方有長格子的彩色玻璃。除了微乎其微的管風琴聲，整個空間靜靜悄悄，近乎全暗，放眼所有長椅座位也不見人影。接著，我往北橫越幾條街，走進第五大道上的聖多默教堂（St. Thomas）。哦，果真莊嚴雄偉！祭壇後方是那扇著名的八十呎高雕花屏風，聚光燈照亮了上面的使徒雕像。周圍很安靜，只有約莫五、六個人待在這個可容納逾百人的空間。我在一張豎背長椅上坐了下來，感謝上帝，或感謝祂不在，留下如此高品質的寧靜。荒棄廟堂的寧靜之於上帝，就像柔軟床榻留下的睡痕之於原在此做夢的人。

※

走出聖多默教堂，我也該回去工作了。但至少我已經注射了最低劑量的寧靜，我覺得心情平靜許多，精神也不那麼萎靡不振了。我準備好面對接下來的旅程，走進噪音的中心。

第七章　音殺

佛羅里達州，距離卡納維爾角（Cape Canaveral）一百三十英里，就在馬丁路德金大道旁，塞夫納區和曼果區的交界附近有一條狹長土地，星星點點布滿了平價購物賣場，柏油路面壓印出像鬆餅機烤出的格子。

爆炸音效與音響會場（Explosive Sound and Video）就座落在這裡，這是人稱「低音王」湯米的地盤。陣亡將士紀念日前的週日，號稱擁有全世界音樂播放最大聲之可駕駛車輛的湯米，在他的停車場舉辦了一場雙冠賽：分貝競速賽和低音車賽。

湯米一年只主辦一到兩場賽事。罕見的盛會加上距離他上次震破擋風玻璃已有好一段時間了，這次的活動吸引了踴躍的人潮。「他今天一定會讓它爆。」網路論壇佛羅里達SPL（sound pressure level，聲壓級的縮寫）這個「南方**最大聲**網站」的一名成員信心滿滿地對我說，他揚起下巴示意現場聚在不同車輛旁圍觀的人群。所有車輛分散停在停車場內，有三、四輛已經發出振動星際的低鳴。「人潮很像樣，時機也正好，狀態都在他的掌控——我是說，我看不出他今天有什麼理由不把擋風玻璃給震破？」

我點點頭表示理解。「他一定會讓它爆。」我舉起手上的啤酒，那是我看完MP3痞子向一位長髮正妹表演他的得意技後從大紅的冷藏箱拿來的。「他會宰了那片擋風玻璃。」

各式勁爆音響車在湯米的店前排開陣仗，輻散能量。我在迷陣之間穿梭，沼澤的熱氣和低音揉合成一股轟鳴把頭腦也轟得癱軟無力，我的思緒轉向了他們同樣熱愛噪音的先祖：義大利未來主義藝術家。

※

「我們正傾聽古老的運河喃喃念著有氣無力的祈禱詞，聽潮濕的綠苔鬚上方孱弱的宮殿骨頭嘎吱作響。忽然間，窗下傳來汽車飢餓的吼聲。『我們走！』我說。『朋友們，走吧！我們走！』」一九〇九年，詩人兼造反運動領袖馬里內蒂（F. T. Marinetti）在宣言如此表示，並宣布他所命名的「未來主義」新藝術運動就此展開。未來主義藝術家頌揚速度、機器和噪音，致力於消滅對舊有文化的所有紀念——事實上也等於消滅過去本身。

與馬里內蒂同聲擁護噪音的同志魯索洛（Luigi Russolo），幾年後也寫下名為「噪音的藝術」宣言。魯索洛宣稱噪音是在十九世紀隨機器發明一同誕生的東西，「今日噪音已然獲勝，凌駕於人的感性之上。」他不勝歡喜地以此為傲。

未來主義

在未來主義藝術家出現之前也曾有不少人刻意製造噪音，但還從來沒有人為噪音建構出如此周詳且挑釁的哲學論述。未來主義藝術家宣稱，噪音是自由的配樂。從此以後，我們就一直在為生活配上這曲配樂，並以造反為由替自己開脫。

未來主義藝術家渴求噪音，這種心態的反面正是憎惡寧靜。魯索洛抱怨，古代生活別無其他，**就只剩**寧靜。他哀嘆除了地球表面偶發的活動如颶風、風暴、雪崩、瀑布以外，大自然悄靜無聲。馬里內蒂把寧靜貶為一種了無生氣、對耗盡和休息的理想化概念，並斥之為腐臭的浪漫主義，這也促使他在一九一〇年七月一個恬靜的週日午後首度展開公開行動。

馬里內蒂和他的一幫快閃團爬上威尼斯聖馬可廣場的鐘樓頂層。他們選擇在此發起運動並非偶然，威尼斯是當時全世界數一數二以寧靜著稱的城市。馬里內蒂的門徒把身子探出鐘樓天臺，將八十萬份名為《反對沉湎舊情的威尼斯》的小冊子拋向底下滿頭霧水的民眾，同時他自己拿著大聲公高喊：「夠了！威尼斯，別再見人路過就低語淫猥的邀請，你這個老鴇！」小冊內容變本加厲地呼籲威尼斯人把他們的城市改造成一座商業與軍事之都：「燒毀貢多拉船，那是愚人的玩具！向天豎立起鋼鐵巨橋的剛硬線條，豎立起排煙如髮絲搖曳的工廠吧！」不得不承認，他們的做法派頭十足。

當然，未來主義藝術家不是憑空出現的。頌揚人類在將地球「去自然化」時製造的噪音，這種論調早在文明之初即已存在。一八一九年，英格蘭農夫佛克斯（William Faux）遊歷美國評估移民定居的好處，他留下的文字就是很典型的例子。佛克斯提到「白獵人」焚燒森林以助於瞄準射擊動物：「樹木傾倒的聲音不絕於耳……日以繼夜，產生如同擊發大砲般巨大震耳的聲響，令人感到寬心。這片陰沉死寂的荒野只有偶爾才有斧頭聲、槍聲或野獸的咆哮打破寂靜。」人造噪音往往象徵著戰勝自然。未來主義藝術家的行動正是把哲學上更深一層對寧靜的不信任，與這個概念串聯在一起。

首部未來主義宣言問世的二十年前，尼采在《偶像的黃昏》（*Twilight of the Idols*）中自言，他要用哲學詰問當作「錘子」，來「試探偶像的聲音」。尼采指的偶像包含了所有心靈雞湯般的偽善幻想，人用這些幻想哄騙自己說，世界具有某些特性，使得人類心智本有的健康活力因而噤聲。尼采預期會聽到的答覆是「那出名的空心聲說明了其人肚腹膨風……正是在這樣的人面前，慣於沉默者應當發出聲音**為人聽見**。」

尼采支持「慣於沉默者」發聲，這呼應了日後無數的致力於向不公義的權力關係發出不平之鳴的自由運動，把聲音還給那些遭受箝制打壓的人。我們之所以愛上大鳴大放，部分原因就在於安靜與「保持沉默」和「受到沉默的對待」畫上了等號。

這個等式注定引發爆炸。第一次世界大戰之初，未來主義藝術家成為鼓動義大利參戰的先鋒。馬里內蒂在他日後最懊悔的立論中，宣稱戰爭是世界洗淨汙垢的唯一方法，同時寫了一封信描述自己的戰場經驗，信中洋溢著狂喜，興奮到連標點符號都顧不得加上：「砲彈咻——碰——碰的和弦劃破空間五百叛兵呼喊回音粉碎散落至無限遠處……暴力殘暴規律這股低沉聲音橫掃戰鬥中古怪嘶吼狂亂人群復仇女神不得喘息耳朵眼睛鼻孔全開！裝彈！開火！聽見嗅到機關槍完整射發一輪答啦答答答多麼喜悅在刺痛的轟轟咻啪乒乓碰咚怪異拍擊下尖叫著不能呼吸……」

馬里內蒂的戰爭交響樂，聽起來就像幫派饒舌歌曲的誕生。

※

未來主義藝術家盛讚的各種聲音中，汽車加速的噪音奪得最高榮譽。馬里內蒂最早的宣言記錄了未來主義運動覺醒的時刻：「我們走向三隻鼾聲大作的野獸（汽車），柔情款款地將雙手放上牠們炙熱的胸脯。」未來主義藝術家投入運動正與義大利汽車製造業蓬勃發展發生在同個時期。在飛雅特領軍之下，義大利汽車產業博得一定程度的魅力和商業地位，成為歐洲工業主力。

未來主義藝術家嶄露頭角的同時，有部分人士預測羅馬正在發展成歐洲最吵的城市——原因正是汽車交通。馬里內蒂把汽車當偶像崇拜，認為汽車無異於為未來報喜的金屬天使：「看那飛馳的汽車，車篷裝飾華麗的排氣管如同毒蛇噴吐著烈焰——彷彿乘坐在葡萄彈❶上呼嘯的汽車，比薩摩色雷斯的勝利女神更加美麗。」

速度，噪音……噪音，速度。未來主義藝術家醉心的這兩者之間原本就充滿關聯，畢竟運動要能形成聲響，正是因為物體振動得夠快。快速行進的生活也代表了喧嚷的生活。威力強大的機器理當發出巨大的噪音。加快速度與放大聲音的固有關聯，始終在勁爆音響車現象的引擎蓋底下空轉。

勁爆音響車尚未誕生前，老早就有直線競速的賽車活動。一九八九年，加州長堤市一名叫羅培茲（Eddie Lopez）的二十二歲大塊頭垃圾清運員，可能是歷來第一個勁爆音響車駕駛，他為競速釋放的能量與「音爆」發出的能量建立起直接的關聯。他不只為升級車輛音響設備砸下五千美元，還先後遭警察開罰一千兩百美元噪音罰單。不過即便不甘心，他也得乖乖領罰，他為自己辯解，問《洛杉磯時報》的記者說：「車都改了，你不會想飆一下嗎？」

改裝車沒有死，只是今日多得是不可飆速的路段，當然，無法可管、讓你可以大玩音爆的路段也多不可數。而當人感覺視域受限，往往會想在聽覺上擴張地盤。二十世紀初期，歐洲作家兼哲學家萊辛（Theodor Lessing）是提倡寧靜的健將，他當時已注意到這種現象：「馬車夫驟然揮鞭，女傭甩抖床單，鼓手重擊鼓面，從他們發出的噪音裡可以察覺一種他們個人樂在其中的活動，他們自身的影響力範圍彷彿能因此放大。」

現在，讓我們去瞧瞧那些改車的人。

※

大型手提音響（boom box）的歷史先例雖可追溯到一九二〇年代，但響亮的可攜式廣播音響，也就是可帶著走的噪音，初次盛大登場是在一九七〇年代末到八〇年代初。也是在這個時期，嘻哈樂與手提音響一起風靡起來。在史派克．李（Spike Lee）導演的電影《為所應為》（*Do the Right Thing*）中，手提音響在劇中角色「電台拉希姆」（Radio Raheem）手上化為不朽的象徵（在電影的高潮，拉希姆那臺吵死人的手提音響不斷放送全民公敵樂團名曲《對抗權力》，在薩爾的比薩店觸發了種族衝突），手提音響成為反抗體制的武器。它的作用就像課本

1 譯注：葡萄彈（Grapeshot）是歐洲十八至十九世紀常見的砲彈武器，每一發由多枚鐵丸組成，裝填於加農砲中發射，近距離威力類似霰彈，常用於海戰。

插圖那樣，可以具體呈現出自我表達若以噪音的形式來展現，有望轉化成一種自我主張，並進一步威脅所有權的邊界。你所發出的聲音越大，佔領的地盤就越多。

勁爆音響車在一九八〇年代末首度受到媒體關注，雖然這個現象已經流行好幾年了。汽車音響製造商贊助舉辦「音震」、「輪上雷電」等名稱的比賽，希望推銷自家轟天動地的產品，吸引像艾迪．羅培茲那樣剛起步的改裝音響玩家，激起他們的狂熱，順便打開他們的荷包。這股風潮雖然起於加州南岸，但很快就向東席捲，幾乎在一夕之間成了多個州重罰的對象。勁爆音響車打從一開始不是令人瘋狂，就是逼人抓狂。

但也有可能，勁爆音響車的車主其實一直在對自己的挫折感做出反應。同樣在一九八〇年代，根據德州政策研究與環境保護中心統計，美國都會區車流量明顯超出道路的可承載量。從一九八〇年代初到二〇〇三年，約與勁爆音響車流行的時期相同，全美二十六座大城市塞車的現象上升到驚人的百分之六百五十五。這個數字不禁讓我想到萊辛的看法：當人感覺受限，就會想提高音量。勁爆音響車熱潮正好對應了全國交通逐漸壅塞的時期。

這幾個月來，我一直在讀「無噪音美國」（Noise Free America）的電子信文章。無噪音美國是個反聲音汙染組織，勁爆音響車在他們的認知裡是絕對的邪惡！每隔幾天，無噪音美國就會寄出一封砲火猛烈的電子信，附上某則民眾抱怨車輛太吵，結果遭車主施暴的連結新聞；或是某篇警察攔停音樂太大聲的車輛，車主竟然反嗆攻擊警察的文章。又或是宣稱在勁爆音響車和毒販之間發現關聯；或是詳細描述在勁爆音響車內搜到槍械。

在文章底下的留言串，改裝勁爆音響車的車主無一例外被指為流氓，或音爆流氓——而且文章中往往充滿酸言酸語。在我前往坦帕市前一週刊出的文章就是個典型例子：「這些罪犯一個個都是人間敗類，勁爆音響車這種瘟疫會存在，他們是罪魁禍首。」文中如此控訴。「可惜法律不允許把他們全部槍斃，腐爛的屍體拖去餵狼。這樣多好，一點也不浪費，狼有得吃，我們則能享受平靜安寧。」

好吧……如果是幾個大男人對一名女性施暴，那不用說絕對很可惡。但這些所謂犯罪的「人間敗類」，真的是勁爆音響車這種「瘟疫」的罪魁禍首？我一點也不喜歡我家街巷附近的音響車噪音，也討厭他們轟隆隆地經過，害我的窗戶嘎吱搖晃。迄今為止，我讀過海量的文章，我知道勁爆音響車的噪音帶給別人的痛苦有時遠比我更大，我很能同理他們的感受。但在電子信同溫層目睹那股逾矩的怒火，我還是不禁覺得鬱悶心煩。

※

相比之下，勁爆音響車同好的網路論壇相對安靜很多。佛羅里達SPL論壇上，當然一定有人對立法反噪音的訴求表達憤慨，但他們最不滿的是所有勁爆音響車主都被混為一談。網站上甚至偶爾會出現形而上的討論，令人眼睛為之一亮。例如，在「抱怨文」的分類下，一個名為

「卡盧薩習俗觀」的帳號發布了一則貼文，標題是「誰還在乎言詞？」，開頭寫道：「言詞有意義嗎？我們用的言詞重要嗎？到底什麼是言詞？言詞不是由我們想像的概念轉化而來的嗎？既然言詞是概念轉化成具有特定意義的聲音，那麼言詞就是思想的表達。」

我怎麼可能不被吸引？我聯絡上佛羅里達SPL的論壇管理員蘇利文（Casey Sullivan），希望聽聽他們那一方的說法。對於陣亡將士紀念日那天在爆炸音效與音響會場所舉辦的活動，蘇利文的宣傳主打這是眼見為憑的絕佳機會，他特地安排讓我在競賽前夜和幾名論壇成員「開車去轉一轉」，讓我能跟著他們平常兜圈的習慣體驗一下勁爆音響車。

於是，就在春末一個週六晚上九點，我發現自己佇立在坦帕市郊的一座停車場，呆望著鐵絲網圍籬後方的一片高高的蘆葦草像節拍器似地前後擺盪，一邊聽遠處車流經過七十五號州際公路的嗡嗡低鳴，一邊等MP3痞子電話聯絡我。電話來了，我一個箭步跳上車，開向附近一家有呼拉圈辣妹表演的連鎖餐廳，隔著馬路對面是殼牌加油站，我要到加油站找一輛擋風玻璃有裂痕的橘色汽車。

音爆迴力鏢

當我抵達加油站認出那部橘色汽車時，我心想肯定是哪裡搞錯了。那部車簡直沒比火柴盒小汽車大多少，這怎麼可能是改裝流氓的傢私！車子水箱還插著軟管，方向盤後方也沒看到人。我下車走近細瞧。沒錯，擋風玻璃上有多處細微裂痕，在頭頂螢光燈照射下所產生的效果有如纖細的水晶冰裂花紋。沒多久，一個身穿長版短袖上衣的高大男子從加油站的雜貨店推門走出來，若有所思地吸著大罐汽水。

人稱「MP3痞子」的巴特勒（Robin Butler）是個身材厚實的男人，年紀約二十四、五歲，蜂蜜色皮膚，淡色瞳孔，蓄著柔軟捲曲的鬍子。他看起來就像《聖經》裡的族長，只是比較和善，也比較有自覺。我們握手打了招呼，他邀請我上車。我拉開副駕駛座車門（車門是壞的）側身坐進車裡的那一瞬間，才發現我進到了一個全新疆域。

這部車內不論從哪方面來看，都不是我體驗過的汽車內裝。所有東西都從它原本所在的結構上被剝除下來，依照科學怪人的風格重新拼裝——泡綿、玻璃纖維、黑色喇叭、繽紛的彩色電線，東一團西一塊地向外突出。車子整個後半側被巨大黑色音響設備給遮住，儀表板乍看下是由一個烏黑的金屬凹洞、盤線和突出物所構成，正中央有個小小的數位顯示框，活像是復古科幻座艙內的控制面板。MP3痞子發動了引擎。我伸手到身體另一邊找安全帶。

「沒有安全帶。」MP3痞子幽幽地說了句。我低頭一看，屁股旁的安全帶插銷已經被扯下來了，我們就這樣倒車開上公路。

車子一邊走，MP3痞子不時伸出兩根手指把擋風玻璃上面的膠帶黏回去。擋風玻璃上好幾個區塊都靠膠帶撐著，才沒碎掉、掉到我們腿上。我問他是什麼原因觸發他投入汽車音響這一行。

「就是聽到有人車上開著重低音四處兜風——我記得我第一次聽到那聲音，就讓我有感覺。我從十七歲開始產生興趣，到現在九年了。但搞成現在這麼誇張……大概兩年吧。」

「你的擋風玻璃真的是被聲音震裂的嗎？」，我問。

「對。」他點頭。「今年第四片擋風玻璃。你有看到金屬上這些凹痕嗎？」他往上指著車頂。「也和音響有關。」

警察的反應是什麼？我小心翼翼地打聽。

他聳了聳肩。「他們其實不太會來煩你，只要你懂得尊重。如果你開著音樂遇到條子，你看到他就把音樂關小聲，他知道是你，但你表現出尊重。他們可能會攔你下來，檢查你的行照，確定一切都守規矩，但只要你表現出尊重，基本上不會有事。」他告訴我，會報名參加活動的很少是妨害公共秩序的人。

「所以惹麻煩的人只是少數人？」我冒險試探。

「呃……其實呢，」MP3痞子支吾片刻，「也不算少數啦，會參加活動的人——我們這些人大多都曉得尊重。他們管這叫『嗨也要負責任』。但也有些屁孩，車上有好音響卻怕人家不知道，隨時隨地都放得超大聲。很不幸，這種人占了大多數，因為很多有汽車音響的人不會來參加活動，他們甚至不知道有這種活動。有些人單純是為了好玩而來。有些人跟我一樣只是喜歡大聲。也有些人是為了炫耀，比如用來把妹之類的。有的人什麼都玩到過火。」

所以，薩拉索塔一帶最近採行了更嚴格的反噪音條例，會不會影響坦帕市周邊警察對勁爆音響車的態度？

「你知道，一旦有法律看著你，一切都會不一樣。」他轉頭看了我一眼。「尤其當你做的又是會犯法的事。」

我一邊點頭一邊思考他的話。

他再度看我。「你什麼時候要我開音樂，跟我說一聲。」

「開吧。」我說。畢竟聲音才是我來這的目的。

MP3痞子向前彎下腰，在月光面板上按起按鈕。幾個數字和文字的光亮了起來，復又消失。

※

音樂剛響起的那幾秒，我覺得很暢快。是很大聲沒錯，但我還受得了，而且這首饒舌歌的低音線我喜歡。這下子我懂了，確實很好玩！MP3痞子還在撥弄按鈕。幾秒鐘後，整個音響系統忽然全數打開。我覺得整個人像被噴射座椅發射到雷雲和火焰裡，五臟六腑垮成一團。我聽不見聲音，只感覺骨頭和心臟幾乎要穿過皮膚蹦出來了。我忍不住弓起身體，兩手猛力摀住頭部兩側，隱隱約約感覺到MP3痞子的手指戳了一下我太陽穴附近的按鈕。音量降了下來。

「我不想害你難受。」他說。

「謝謝。」我好不容易擠出兩個字。我想起那位嚴肅的聽力學專家前一陣子才告訴我，單次暴露在一百四十分貝音量下，也有可能造成永久的聽力損傷。我挺直背脊靠回座椅。「剛才那有多大聲？」我終於開口問。

「那個哦，還可以更大聲喔。」MP3痞子咯咯笑著。

「多大聲？」

「我也不清楚。我聽過最大聲的是一五八．六，持續五十秒，但這還算在平均值內。你剛才聽到的大概是一四一、一四二吧。的確很大聲，但還可以更大聲。」

方便你想像這些數值：距離四英尺遠的氣動釘槍發出的聲音是一二五分貝。分貝制是採對數上升，每提高十分貝，代表聲音增強十倍。如果一把步槍開火時，你人在三英尺外，聽到的音量約是一四〇分貝。在噴射機起飛的七十五英尺外，聽到一五〇分貝。距噴射機起飛三十英尺，則是一六〇分貝。喀啦喀托火山爆發，位於火山上空一百英里處，或距離噴射機引擎僅一英尺時，聽到的是一八〇分貝。

「有些團體把所有勁爆音響車都說得很邪惡，你怎麼看？」我忍不住問。「老實說，那些論壇我一個也沒看過。我是收過幾封電郵，八成是論壇裡某些人寄的，我覺得有點好笑，因為他們搞不清楚自己在攻擊什麼。」他說。「他們根本沒搞清楚是在對誰宣戰。」我問他什麼意思。「只因為某個人有槍，比方說是獵人吧，不代表他就會對人開槍。所以，只因為我車上有立體音響，不代表我會每晚開車經過你家故意煩你。他們那種批評就好像在批評每個聽饒舌樂的都是混混，但我把這看成一種運動。很顯然不是體育運動，不過也是將業餘嗜好提升成一種運動，讓我在工作和家庭之外有事做，也能得到樂趣。」

我們停在一處卡車停靠站等待另一名佛羅里達SPL論壇成員加入。警方直升機從上空飛過，頭燈光束向下探照掃過我們，螺旋槳劈破空氣的聲音淹沒了公路車聲。「他們在找人，」MP3痞子說。「**哪個人**又惹麻煩了。」他嘆了口氣。「反正還有得等，我替你介紹一下這部車吧。」

他指了指車門內側。「原裝面板都拆了拿去做其他用途。拿玻璃纖維重新模造，後置物板用角磨機切掉。我們每個地方都大量用到噴霧式發泡膠跟其他有的沒的材料……縫隙都要盡可能封住，讓所有壓力向前集中。然後呢……」我們繞到車尾，他打開後車廂。那有限的空間裡硬是塞進了五個以紅藍電線串接的車用電池。

「哇。」

「引擎蓋底下還有一個，副駕駛座椅角也有一個，所以總共七個電池。每個大概四十磅重，其實很重，把車子壓得很低。所有東西都低了大約四吋。我把車窗全部塗黑，讓外面的光照不進來，裡面的光透不出去。這樣誰也看不到車子內部。」

※

大紅（Big Red）從一輛紅色卡車的駕駛座上現身，那宛如巨人的高底盤卡車看上去是每個小男孩的夢想。他身材魁梧，壯得像巨人，頭很小，頭髮剃平，上唇蓄小鬍子，臉上有些小小凹窩，看起來就像MP3痞子車頂的凹痕一樣，說不定也和「音響有關」。

他穿著一件寬大黑色T恤，胸口噴繪著一顆骷髏頭。駕駛席另一側跳下一個嬌小的女人，有一頭豐盈紅髮與輕佻柔軟的南方口音。「那是大紅夫人。」MP3痞子一邊打趣地說，一邊有些難為情地解釋他們彼此都用綽號相稱。

大紅聞言旋即講起一件趣事，聲音令人意外地像小鳥嘰喳那般盈滿笑意。「都是她看著我在擋風玻璃上貼膠帶。」

「在車裡？」MP3痞子問。

「沒啦，不是在車裡。車裡太吵了，她不喜歡。她會頭痛。」

「只要大聲到太誇張，我就會躲得遠遠的。」大紅夫人說。「我有偏頭痛。一天裡有些時刻我還是喜歡能聽到自己說話，做自己的事。」

我們移動到焗烤通心粉餐館，俗濫的輕音樂轉眼間包圍我們。

大夥兒一邊入座，大紅一邊故作正經宣布：「科學證明，人會離婚百分之百可歸咎於結了婚。」MP3痞子問他和大紅夫人結婚了沒有。

「沒的事，呵呵。」大紅說。

「他結過兩次婚。」大紅夫人說。「我結過一次婚，都不是和對方。你看過我們有時候會帶個寶寶吧？那是他第二次婚姻的孩子。他第一次婚姻的孩子十七歲了。我自己有三個孩子，分別已經二十四歲、二十歲和十七歲。」

「所以你們有五個孩子、三次失敗的婚姻、一段交往關係。」MP3痞子用驚人的速度細數出來。「不錯啊，很厲害。」

「少算到一個喜歡男人的前夫。」大紅夫人補了一句。全桌一時沉默下來。「我知道……不要想歪。」

「沒有。」大紅立刻接腔。「你們如果要想歪，要想得非常歪才行。她前夫現在和一個男室友住一起，室友另外又有男友。我們偶爾會順路去他們家拜訪。」大紅笑得樂不可支。

「沒錯。」大紅夫人點頭。「我們其實還會拗他的男室友幫忙，因為他很懂電腦。」

MP3痞子說起稍早和我聊到的內容，勾起了另兩人的興致。「我剛才在向喬治解釋，不是每個玩汽車音響的人都是混帳。」

大紅率先發難。「提案立法什麼的，這我雙手贊成。你儘管制定罰金，處罰那些凌晨三點還在住宅區開車大放音響的人。他們活該吃罰單，罰兩倍都不為過。但若是星期日下午三點正要下州際公路時，在二十五英尺外聽到某人車上的音樂，如果只因為這樣就要扣押那人的車，就有點太苛刻了。」

有很短一陣子薩拉索塔是全美違反噪音自治條例罰金最重的城市。如果警察在二十五英尺外聽見車上的音樂，初犯車子會被暫時扣押，車主則吃上七十四美元罰金，外加一百二十五美元拖吊費。二犯時，罰金躍升至兩百五十美元外加拖吊費。第三次再犯是五百美元，車子還會被扣押十天。

「我真正不爽的是，這明明屬於輕罪！」大紅說。「是非行進間違規的輕罪。好，既然要以輕罪為由扣押車輛，為什麼遇救護車不讓道就不扣押？或是下高速公路邊開車邊講手機也不扣押？那才會出人命吧？音響轟炸不會害死別人。很吵很煩，這我明白，但我的意思是，我都四十三歲了，有自己的事業。我喜歡開車上公路，時不時開個音樂嗨一下不可以嗎？我周圍的人會被我打擾？對，可能會。但你知道嗎？如果有人過來告訴我：『你能不能小聲一點？』或『我不太喜歡你的選歌，你能不能換一首？』我完全可以配合，沒有問題。」（問題是大紅氣勢洶洶地開下公路時，到底有誰能走向他而不被壓成煎餅，他沒有直接說明。）

「我做這件事起碼二十五、六年了。」大紅繼續說。「我以前住馬里蘭州，有一次星期六開車經過當地收音機店，他們店外停了幾輛展示車。我忍不住想著，這聲音還真響亮，設備又那麼漂亮，我從此就給迷住了。從那之後我有過七輛車，每輛多多少少都改裝過。」他指指女友。「像她每天開的那輛雪佛蘭，你看不出有動過手腳，全都隱藏起來了。但音響一打開——原來真有一回事。」

「帥！」大紅夫人說。

「但就像我說的，我們都四十多歲的人了，那些跟我們較勁的人，有些三十五、六歲就開始這麼做了。」

「對啊，年齡層可廣了。」大紅夫人點頭。「有十八歲小伙子，也有老爹——老爹幾歲了？五十四、五十五？六十幾歲的我們也看過。」

「而且什麼樣的背景來頭都有。我們圈子裡有退休海軍將官。有個小子還是律師。」大紅夫人補充，「我們圈子裡還有律師。我自己是從屋頂修建業投入這個運動。我們有人是郡政府職員——公務員也參與這個圈子。也有人在連鎖超市朝九晚五上班存錢。」

「我們需要好的曝光，才可能反轉立法的方向，但我們得不到這種機會。」MP3痞子說。

大紅夫人點頭表示認同。「因為民眾能看到的曝光都和毒販有關。大家不會看到新聞報導：尋常的星期六午後，約翰帶老婆出門兜風，車窗搖下，開著音響，只是剛好從一個警察旁邊經過。」

大紅彈了一下手指，湊近桌邊。「也不會報導轟天雷為了保養他的車，維持車子還能跑，甘願一星期工作六十個小時。」

別的不說，我很喜歡他們那帶了點《仲夏夜之夢》氣息的綽號。我問在座，圈子裡的人大部分都是多早就投入這項運動——問的同時我不禁思忖，從什麼時候開始，「運動」一詞竟也能套用於坐在靜止車輛的方向盤後方、伸手調整汽車音響旋鈕的人。

「他們通常都是高中剛畢業的小朋友。」大紅夫人開口。「不對——其實呢——我們有神童泰克，他才四歲。」

「對。」大紅點頭。「我們有個人目前在伊拉克報效國家，是我們分貝單位隊的一員，他兒子今年四歲還是五歲，他有一輛兒童電動車，也裝了重低音系統。」大紅竊笑。「神童泰克的電動車能飆到一三六分貝——比你在二十五英尺外能聽到的都要大聲。」

「一個車廂裝一顆電池就有一三六分貝。」大紅夫人點頭，「他那輛車叫什麼——掘墓者？」

「對，掘墓者號兒童電動車，標配前車廂和一顆電池。他們還真的用麥克風測過神童泰克的兒童電動車，看它能多大聲。」

聊到神童泰克靠他的掘墓者號飆到一三六分貝，話題自然而然又接到了汽車音響音量逐年提升這個更大的主題。大紅解釋，好幾年前他剛開始投身這項運動時，音量能破一三〇分貝「你就是神人了」，然而昨晚論壇才有人上傳了一支影片：某個人飆到了一八一．六分貝。

「一切都越來越大聲了。」大紅興高采烈地讚嘆。我咕噥說了幾句科技潛力日新月異之類無關緊要的話，但同桌三人都指出，汽車音響技術近來突飛猛進不乏一些特定原因。其中最重要的因素，他們斷言就是網路，因為有了網路，零件和方法可以在諸如佛羅里達SPL等論壇成員之間來回交流，自然也能大幅提升技術演進的速度。

大紅不是唯一這麼主張的人，很多愛好者都提醒我，汽車音響競賽的極端環境持續把每個人的眼界向外推展，看見更多的可能性。汽車音響推動了整個音響產業，而用於立體聲競賽的汽車音響，則推動了汽車音響的演進。

音樂關掉！

爆炸音效與音響商店所在的停車場周圍有一家美髮沙龍、一家冰淇淋店，以及一間輪胎王國連鎖分店。週日上午十點半當我抵達時，現場已經萬分熱絡了。兩頂藍色帳篷搭設起來，為五花八門的高精密度聲音測量儀器和筆記型電腦遮蔭陽光。接下來的兩個小時，參賽車輛陸續隆隆駛進停車場，觀賽民眾團團包圍幾輛冠軍車，等待音響展示開場，一邊鍥而不捨地盯著塗黑的車窗玻璃猛瞧，希望窺見藏在每輛車裡的獨門「奧祕」。

在場男性手上要不抓著大塑膠杯冷飲，要不握著深棕色啤酒瓶，看上去可以歸類為兩種類型，不是脖子短兼禿頭（僅有的毛髮都留給幾撮鬍鬚），就是肌肉發達且金髮蓬鬆。現場也有不少女性，但除了一兩個例外，其他不外乎是某某人的女友、老婆，或一律統稱「某某夫人」。隨處可見刺青和燙印各種骷髏頭或單十字架圖案的T恤。

到了中午，參賽車輛絕大多數都已抵達會場。我四處蹓躂找到了MP3痞子，他正準備表演所謂的「噴髮把戲」。噴髮把戲需要現場徵求一位長髮女性，請她在將要展示音響的車內從車窗裡探出頭。我過去看的時候，正好有一個長髮飄逸的紅髮妹子，面朝外弓身坐在MP3痞子車上的副駕駛座。他打開音響，只見她的橘紅色秀髮倏地飛向空中，好似一團自由飛舞的野火。

「我喜歡！」他熄火以後那女生尖叫著說。「那是全世界最棒的感覺！」

「怎麼說？」我問她。

「因為你整個頭都會刺刺麻麻的，所有頭髮都在動，而且你看得到頭髮全都在動！」

「而且你頭髮留這麼長，終於找到用途了。」旁邊一名觀眾妙語評論。

「我頭髮留這麼長終於有用了！」她笑著附和。

※

分貝競速資格賽終於開始了。對圍觀群眾來說，比賽過程主要只會看到一個蓄著細碎褐色山羊鬍的高大光頭男，身穿無袖背心上衣，上面印著重量級大猩猩字樣，依序走向數十來部車，把連著長軟管的音量計逐一塞進車窗，一副輸血前先吊上點滴的樣子。等重量級大猩猩放好管線，車窗會從內部搖上，裁判在監控分貝的筆電上方伸出手指倒數，一數到零，漆黑車窗內的音響就會打開並響起單音，從車外幾乎聽不見。

我看了一會兒比賽（資格賽會持續四個半小時），不經意瞄到一個男人，我忽然覺得那一定就是「低音王」湯米．麥基尼（Tommy McKinnie）。他剛從爆炸音效與音響商店的車庫出來，走向一輛閃亮的黑銀雙色低底盤卡車。卡車停在自己專屬的遮棚下，前擋風玻璃印著「HO PROBLEMS」一行字，車身兩側則印著「低音王」，KING OF BASS。

即使只是遠遠看著低音王湯米走路，也能意識到此人是某個領域的大師。他相貌堂堂，身材微胖，年紀約三十來歲，身上套著爆炸音效與音響會場自家設計的黑色T恤，反戴一頂相襯的黑色棒球帽。舉手投足間有一種獵人的姿態，一種蓄勢待發的平衡感——既保持充分的警醒，又能全然地放鬆。那是傑出職業運動員身上常能見到的自信銳氣，知道自己的身體能在必要時機做出必要的動作。只是在這個例子裡，那個身體算是義肢，是一九九五年份低底盤五十鈴卡車的車底盤，車上裝載的音響配備單憑聲音就足以獵殺。

麥基尼已經有十年的參賽經歷，據說在大小汽車音響賽事中戰無不勝。他帶著他的卡車走遍美國各地，而且從二〇〇五年到二〇〇八年的世界級賽事中，連續四年勝出。二〇〇七那年，決賽首度透過網路舉行，美國有三個地點（佛羅里達州、印第安那州、加州）在線上直播與對手「面對面」一決高下，看誰擁有地球上最大聲的車輛，對手有法國、希臘，以及令人詫異的挪威。賽果揭曉，冠軍就是低音王湯米。

麥基尼告訴我，「很多時候他們都暱稱我為『大全套』，因為我什麼都有二十四個。二十四個中型組合音響。二十四個高音揚聲器。二十四個低音喇叭，二十四個擴大機。」他的卡車被叫做「尼斯湖水怪」，「因為你總會聽到各種傳聞，卻從沒見過它。」一年到頭，尼斯湖水怪九成時間都躲在湯米的車庫深處。湯米從不會開它出去或晾在室外，除非是要開上拖車前往展示表演。我看向車裡，彷彿望進阿里巴巴的山洞──有個黑色渦卷，上面有無數銀錐熠熠生輝；有發光的圓板、蛇髮女妖般盤繞的電線，以及漆黑的金屬板。

這輛卡車可以飆到一六〇分貝以上，並持續一分鐘。但技術上沒有那麼高的裁判量級，所以他會停在一五〇到一五九分貝的量級，「我們管這叫『催到底』。」麥基尼揚了揚下巴。「你懂意思吧：有什麼招儘管使出來，希望你的招夠多。」一個漂亮女人走了過來，身穿明亮的白T恤，墨鏡反射亮光，看起來像沒那麼豐潤的史嘉蕾．喬韓森，手上拿著一頂鑲嵌七彩水鑽的黑天鵝絨王冠。後來我才知道她是麥基尼的女友。她把王冠遞給麥基尼，他隨手擱在卡車的引擎蓋上。

「我踏入這項運動應該是中學的時候，那時第一部車都還沒有。」麥基尼提到。「有些人自稱是社區裡最響亮的車，或者自誇跑在路上多響亮，每次他們開車經過，我就跑到門口去看，我爸媽都覺得我瘋了。我跟自己說，總有一天會換成我開著車到處轉，撼動每個人的房子和所有餐館。我就是一直想擁有響亮的立體聲音響。」他補充說，在擁有人生第一部附有音響系統的車以後，他做的第一件事就是把音響開到超大聲，把店家玻璃都給震碎，鬧到鎮上每家餐館都禁止他去——包括漢堡王、麥當勞、塔可鐘（Taco Bell）。就連洗車行也不准他光顧，因為他有次開車經過，光是音量的威力就把洗車行的玻璃給震破了。

※

麥基尼的故事，與我前晚聽MP3痞子和大紅說的不謀而合，也與這整個下午其他十多位參賽者告訴我的相同，不管是老鳥或初來乍到的新手。基本上，這裡每個人打從有記憶以來想擁有某樣東西開始，他們全天下最想要的東西就是響亮的立體聲音響。他們有的人買下人生第一部汽車音響時連車都不會開，遑論擁有自己的車。

在場這大群人並不特別像流氓混混，從很多層面來看稱得上組成多元——更意外的是，種族組成尤其多元。不論哪個族群，多多少少間雜著比較爭強鬥狠的一類人，大多介於二十歲到三十歲（年紀再往上或往下也有少數例外），賺得錢也有多有少（雖然賺得少的肯定是大宗）。

湯米回過身，小心維護尼斯湖水怪不被一票仰慕者靠近包圍。恰好此時佛羅里達SPL論壇管理員蘇利文與他的合作夥伴湯普森（Buzz Thompson）過來自我介紹。蘇利文身材瘦高，親切和善，外表看來頂多十六歲；湯普森則很像電影《現代啟示錄》裡丹尼斯．哈普（Dennis

Hopper）飾演的攝影師，只是個子矮了點，也沒那麼健談，但說話明顯有條理很多。他們向我說起MP3痞子和大紅從前晚就開始替我惡補的「汽車音響史」，這一次，我聽到的是他們的版本。

他們解釋說，汽車音響競賽始於一九八〇年代初，比賽現場即興「爆音」，也有例如「警報器會戰」等圈內玩家限定的競賽項目，參賽者分組配對一較高下，看誰車上的警報配件最大聲、最響亮。

往後十年發生了兩件事。首先，坊間陸續出現新一代的喇叭及擴大機技術，威力夠強，可以承受多次高音量播音——而且夠大聲，能夠多方面激起現場觀眾情緒，這點單憑音質永遠難以做到。這些新型重低音喇叭的幕後功臣，往往是在家中車庫自己動手改造的玩家，他們從來不會把祕訣記錄下來，而是如湯普森所形容，只憑「弄髒手，砸大錢，花時間」逐漸打響名號。夠幸運的話，他們最後會被主流製造商招募吸收，協助幾家美國公司打造汽車音響界的頂尖標準。

第二件事始於一九九〇年代某個時期，中國製造的一系列新強力重低音喇叭開始叩關市場。這些喇叭強韌耐操——而且與高品質設備相比，價錢非常低廉——音響競賽因此逐漸朝向「比賽誰大聲」的方向傾斜。極致重低音技術變得容易取得且價格不貴，為分貝競速賽的到來鋪好了舞台。

一九九四年的某一天，梅奈（Tim Maynor）拉著狄穆斯（Jonathan Demuth）一起在一場低音車賽報名上場。在當時，活動參賽者必須播放賽事贊助商選定的歌曲進行較量。那天下午的指定曲是電影《閃舞》（*Flashdance*）原聲帶的第一首歌，梅奈和狄穆斯事先已經一拍一拍分析過這首歌，找出波峰的頻率及波峰出現的位置。他們拋下所有掩飾，不再管播放片段聽不聽得出是那首歌，改而在歌曲最大聲的那一秒按下按鈕，而且就只播放那個單音，他們的分貝瞬間飆上三位數。狄穆斯告訴我，當時破千人的現場群眾都興奮到瘋了。

他們的發現就像開了一扇門，人人爭相把車改造成「單音奇蹟」，或所謂的「打嗝車」。此後分貝競速賽就失控了，大家不再管水準，不管漂不漂亮，外觀美不美都不在乎了，一心就只關注能把車改得多大聲。

後來的分貝競速賽甚至不能播放音樂，因為一播出來喇叭就會壞掉。（破壞喇叭有時更成為一個目標。世界決賽偶爾有殊死戰的級別，參賽者一對一較量五分鐘，能撐到最後喇叭不壞的車就是贏家，雙方的車往往被音響內部烤焦冒出的濃煙給淹沒。事實上，別說音響系統，車輛本身也常常承受不住爆音按鈕施放的壓力。梅奈和狄穆斯也是第一個把原廠擋風玻璃改成鐵板的團隊，這顯然不是巧合。

不過，狄穆斯向我坦承，加入太多「科學元素」難免剝奪了樂趣，而且也漸漸流失了贊助商。各家車會便是在這個時候找上麥基尼，表示他們想出了新的比賽形式，也就是低音車賽，希望麥基尼能領銜出賽。比賽中不會再有「單爆音」，參賽者必須播放三十秒的音樂，而且全程維持在指定的分貝範圍內。

雖然以音樂性為號召，但低音賽的音量明顯不比音壓競賽小聲多少，光是去年麥基尼就震破了三十片擋風玻璃。（他懊惱地告訴我，佛州保險一年最多只給付三片擋風玻璃。）

事實上，雖然現行低音賽的音量峰值接近一六一分貝，分貝競速賽的高分則落在一八一分貝以上，但低音賽帶給所有參與者的體感其實比較大聲。這是因為分貝競速賽的改裝車裡，三到六吋厚的擋風玻璃和特殊反射面板等材料，會把能量波恰恰引導到儀表板上裁判放置麥克風的那個點。

近年來修訂規則，開始把汽車音響對決對與會者聽力所造成的損害納入考慮。一四〇分貝量級以上的分貝競速賽會要求車主須在車外遙控操作，至於較低分貝量級的比賽，車主若要留在車內，也須遵守「聽力保護適當措施」。相同規則也逐漸應用在低音賽。然而我在爆炸音效與音響會場那一天，沒見有哪個低音賽參賽者會留在車外，但他們的音量卻一個個催到誇張高的數字。車窗和車門全都敞開，讓那些毫無防護措施的觀眾可以「感受脈動」，融入音量全開的炸裂音浪。

※

我們聊過不久，低音王湯米終於讓尼斯湖水怪上陣表演，播出他的招牌曲，菲爾．柯林斯（Phil Collins）的《山雨欲來》（*In the Air Tonight*）。當時我人約在二十五英尺外，音樂播出的頭幾秒，我感受到一種不可思議的體驗，明知聽到的是音樂，卻沒辦法把那聲音**聽成**音樂，除了純粹的振動，什麼也感受不到！我心想，難不成這就是耳聾聽音樂的感覺？我的褲管和上衣忽然之間感覺鬆鬆垮垮的猛烈翻飛，想脫離我的身體——彷彿振動是從我體內發出。我的牛仔褲口袋一邊放了手機，另一邊是我的錄音機，兩者此刻都像迷你震動器一樣按摩起我的大腿。

這種難以言喻的驚奇感不能說耳目一新，但的確像電流通過，讓人精神一振。我看到美髮沙龍店面不透明的窗玻璃上印滿燙髮、染髮、日曬妝等字樣，突然像一張黑色薄紙般前後拍動起來。有人指著頭頂上方二十呎高柱子上的泛光燈——上面的燈泡似乎正徐徐轉動脫離燈座。此時此刻，感覺就像末日即將降臨。

表演結束後，湯普森笑著告訴我，附近逾五十碼外的麥當勞得來速員工全部氣沖沖地殺到停車場，抱怨湯米的卡車聲害他們完全聽不見客人點單。我問他，科技自然發展加上網路的力量推波助瀾，是不是代表參賽者未來可達到的分貝等級只會越來越高？

湯普森提醒我，汽車音響圈夢想的無限進化下，其實有個問題，因為現行的發展正逐步邁向一個聲學物理漸漸對自身形成閾限的境界。當你坐在任一部車裡，把音量開到一六三分貝以上，車內的壓力已經大到使空氣分子不再遵守空氣的運動方式。空氣會變得非常滯重，你會覺得彷彿在水底下移動。回頭想想，我在這裡聽到的很多音樂，聽起來的確像喇叭浸在水裡。

基本上，湯普森說，到達一六三分貝以上，空氣就不再是空氣了。今日參賽者已經可達到一八〇分貝出頭，然而一旦上達約一九四分貝，聲音將不再是聲音。聲音行進時基本上會擠壓空氣，然後再放開。但在大約一九四分貝時，擠壓的力量是大氣壓力的兩倍。意思是，不再有空氣分子可以舒張，不再有一收一放的循環週期，所以也不再有聲音，只有一股能量不斷持續向前擠壓。如果SPL或低音賽選手哪一天真的催出一九四分貝，他們將成功創造出一道震波。那已經是音爆和地震的領域了。

※

即使聽了這麼多人解釋自己被純粹熱愛噪音的運動吸引的原因，我還是覺得少了些什麼。我現在已經知道汽車音響競賽的規則和規範，我做夢都沒想過有這麼多，也知道競賽——無論「競賽」一詞的含意是深是淺，都會促使音量不斷放大。但我仍催促著湯普森告訴我他的觀點，到底是什麼存在於這股狂熱的核心。

「因為感官上就是享受啊！」他哀聲抱怨，要我饒了他似地。「因為這些聲音！因為這種感覺！因為能獲得關注！在車上加裝一個重低壓喇叭，你做的事忽然就多了好多意義。你發現某人有擴音喇叭，你會想，哇，那個擴音喇叭比我的好。這裡每一個人都希望比別人更大聲。這裡沒有人會說：『哇，這個就夠大聲了。』」

有道理。但這種感官享受，像「噴髮把戲」或「催到底」帶來的感官享受，婉轉一點說，並非人人都樂在其中。而且湯普森的分析某種程度上等同於說：「這些人生來就是如此。」也許是吧，但我盼望有一個能生成更多殘響的答案。我站在湯普森身旁，吮著大紅夫人給我的啤酒默默思考，如果科學家鑑識出「迷戀噪音」的基因標記，如果真有意義可言，那會代表什麼意義。

原本還在喋喋不休，說著坐在一五〇分貝的車裡有什麼感覺的湯普森，這時突然大聲說道：「佛羅里達這整個州的設計就是要人開車移動！走路哪裡也去不了！你在這裡需要一部車來指揮你的生活。佛羅里達州每個十六歲青少年最期待的，就是得到一部車！車，就是你的**生命**。」

忽然間我茅塞頓開。那個十六歲青少年坐進他第一部勁爆音響汽車前，聽的是什麼？我是說，當他摘掉耳機，耳朵赤裸暴露在靜止空氣裡的時候。

容我先離開這片熱到能煎蛋的停車場，讓勁爆音響汽車車主繼續表演他們的得意技，我需要找個安靜的地方用力思考這個問題。湯普森最後拋出的幾句話直指我們這個年代的聲音意義，一路指向聲學武器的領域，甚至也指向純白iPod庇護的心靈聖域。

我們今日所製造的噪音，就像是我們為了讓自己對噪音免疫而做的努力，反正我們勢必得忍受噪音之苦。因此，這個時代新興的噪音，從另一個角度來看，就像全球為了阻隔噪音而倡行的多樣化行動。

第八章　奔向噪音

歐洲環境署近年一份報告估計，單在歐盟境內，交通噪音就使得六千七百萬的人口經常暴露在超出聽力與心血管健康建議安全值的分貝音量之下。（美國對此問題的追蹤一直比較慢。）交通是目前地表上最無所不在的噪音，我們的心智或許習慣了噪音蹂躪，但我們在生理上永遠不會適應噪音——不論有意識與否，我們的行為會反映出身體的適應不良。

每當回想起我在佛州的那幾天，我總會想到交通和噪音。不管是待在旅館聽見窗外那有如絲帶盤繞的州際公路上發出的車流呼嘯，或是無數次車程迢迢外出考察（因為不開車哪裡也去不了），我聽見的都是交通噪音。對了，還有走進任何一處室內，不是音樂放得特大聲，就是有電視新聞疲勞轟炸。生活在這樣一個聲音永不停歇的環境，也難怪這裡的人會想用勁爆音響來對抗！至少這麼一來，你承受的噪音——從你的獨門配備咚咚發出的振動筋骨的低頻率重低音震波——就可以蓋過周圍的環境噪音。

事實上，人們製造「不必要」的噪音，很多都是為了應付既存的聲音所造成的不適。我們直覺想要扭轉局勢，抵銷破壞我們自身平衡狀態而引起混亂的聲音。蚊音（MosquitoTM）的發展史就是個很好的例子。

蚊音

幾年前，英格蘭一位惡魔發明家史達普頓（Howard Stapleton）開發出一款名為「蚊音青少年驅逐器」的產品，用於驅趕忙著進行反社會行為的青少年。這款裝置會發出逼近人類聽力範圍最高音的聲音——頻率約每秒一萬八千週期，二十歲以上的人幾乎都已喪失聽見這個音高的能力。

蚊音的宣傳文案形容這款產品能「永久解決年輕人和青少年群聚在購物賣場、商店周圍，或在任何可能滋事的地方製造引人反感的問題。」歐洲和北美各地至今訂購並安裝了數千個蚊音驅逐器，需求似乎還在上揚，同時也令許多公民自由團體義憤填膺，希望推動制定相關法律，防止驅逐器侵害青少年人權，何況無辜的孩童也會在不經意間遭音波驅逐器轟炸。

音訊所導致的疼痛是具有選擇性的，原因或許出在音高，但是疼痛本身反映了一個事實，這個聲音的播放音量達九十分貝——比站在空轉的推土機旁還要大聲。史達普頓表示，這個音量還不至於造成聽力損傷，不如將之比喻成「受歡迎的警報器」。但問題來了：蚊音一流行起來以後，這種高頻率音調幾乎立刻就被英國青少年給吸收應用，做成青少年專用的手機鈴聲「Teen Buzz」，老師或其他年紀大到非目標族群的人都聽不見鈴聲。結果，音波武器成為又一個聲學裝置，供青少年摀住耳朵不理會那些想讓他們噤聲的人。

如果你已經習慣那些折磨耳朵的聲音，覺得那是件好事，你很自然也會開始想怎麼樣可以分享這種快感。我和勁爆汽車音響迷聊天時，有個名字在對話中屢屢出現，那就是湯姆．丹利（Tom Danley）。他基本上算是汽車音響競賽界的偶像，每個人說到他總伴隨一種滿懷敬畏的表情，據大家的描述，他是把重低音喇叭狂熱推展到極致的人。丹利是馬特峰超級重低音喇叭的發明人，那是世界上最大的重低音喇叭。「你一定聽說過馬特峰喇叭！」湯普森對我說。

丹利經營的公司叫「丹利聲響實驗室」，總部設在喬治亞州。該公司的官網引用了聖經的「每日一句」，我第一次進入網站時，網頁上的每日一句經文出自《撒母耳記．下》：「主耶和華啊，你本為大！照我們耳中聽見，沒有可與你相比的，除你以外再無上帝。」❶

丹利回想自己著迷於低頻率聲音，可以追溯到他九歲那年，他的祖父允許他登上教堂的管

1　譯注：聖經《撒母耳記下》第七章第二十二節，中譯參考新標點和合本經文。

風琴閣樓。「我不知道應該跑掉還是待著——但我選擇了待著！」他回憶。就在那之後不久，他開始自己製造喇叭。

他的同事賀登（Michael Heddon）告訴我，丹利自一九八〇年代中期至一九九〇年代這段輝煌時期以來，便一直被重低音喇叭玩家奉為「那個人物」。「旅行者樂團、U2、邦喬飛——這些大咖全都用湯姆的重低音喇叭。」賀登說。「麥可・傑克森《顫慄》專輯的巡迴演唱會，重音也都仰賴湯姆的重低音喇叭。」太陽馬戲團在拉斯維加斯多個場地演出都用他的產品，IMAX也是他的客戶，丹利還為比爾・蓋茲和名導演喬治・盧卡斯的家庭劇院，以及許多教堂打造揚聲器。

因此，當軍方希望研發一件以巨大重低音喇叭構成的新武器，丹利不意外地自然成為不二人選。從賀登那裡聽到這些事，我努力回想這整條食物鏈：汽車音響競賽激勵了個人音響往更震撼的方向發展，而更震撼的音響又鼓勵音樂以更震撼的聽覺感作為創作的基礎。到最後我們才意識到，我們用以折磨自己的聲音已經無異於一件武器，從這個環節往下推展，的確可能發展出**真的**武器。

馬特峰超級重低音喇叭號稱有四十個重低音喇叭單體，再經功率四千瓦的擴大機強化。軍方部署了這款喇叭後可以創造出音波，用來隱藏隱形戰機升空的噪音。

另一個用途，賀登告訴我，是將超級重低音喇叭架設在山洞的入口。「我向你保證，沒有人能繼續躲在那座山洞裡，因為誰也受不了！」這件武器發出的音波和能量如同怪物般，即使向前轟鳴了一大段距離，能量也幾乎分毫未損。「聖經上說萬物皆可歌唱，其實是萬物皆會**振動**。」賀登指出。「這樣的聲音，姑且假設在山洞口音量是一五〇分貝，頻率十或十五赫茲好了，它會擾亂你的咽鼓管，所以你會暈頭轉向——各種怪事都可能發生。」

他沒說錯。以色列理工學院的神經生物學教授普拉特（Hillel Pratt）曾指出，低於人類可聞範圍的頻率對於前庭器官的刺激，可能導致視覺系統與其他感覺處理系統產生分歧，包括從體溫、姿勢到觸覺，乃至心臟律動。眼前的世界若是一部電影，現在受到暴力的重擊，配樂和畫面便不再同步了。

我們又一次回到未來主義藝術家的領地。前庭器官遭受強烈低頻率噪音攻擊，將發出感受到劇烈加速——也就是速度——的信號。受到馬特峰超級重低音喇叭轟擊的人，即使站著不動，也會被動暈症的感覺給狠狠吞沒。

「大自然說實在沒有什麼東西能像這樣。」賀登說。「沒有哪樣東西會持續發出龐大的低頻能量。如果要探討低頻率且連續不斷的巨大振幅，就等於慢慢探討到恐怖的東西了。我用音波轟擊你，能讓你停住不動，因為你被擊中後，心跳拍子會亂掉。假設用超級重低音喇叭轟擊山洞，甚至能使洞穴崩塌。」

說到這裡，賀登突然頓住。他一開始就說，關於馬特峰超級重低音喇叭的資料大部分都是機密；現在他似乎才忽然聽見自己剛才都說了些什麼，於是也顧不得連不連貫，硬是岔開了話題。「其實我們只是讓大家看IMAX電影時有美好的體驗。」他說。「我們做的事令大家嘆為觀止。我們很幸運。我們只是承蒙眷顧罷了。」

※

我掛斷電話後，覺得自己也頭昏眼花。方才在聽賀登說話時，我想起以前讀過一篇噪音經放大後被應用在關塔那摩灣監獄的報導。報導中的一些細節很有意思，比方說，獄方依照尼米克（Andy Niemiec）作品（這裡說的是替嬰兒哭聲配上喵喵混音廣告配樂）的旋律線，做出不和諧的和聲變動。

其中有段記錄特別醒目：當重金屬樂團「金屬製品」（Metallica）的創團元老海特菲德（James Hetfield）聽說美軍訊問人員在關塔那摩灣監獄用了他們樂團的名曲《沙人來了》（*Enter Sandman*）作為刑求的工具時，他笑了：「我們也一直用這種音樂沒完沒了地折磨爸媽、老婆和我們所愛的人。對伊拉克人又何必有所不同？」

音樂止痛法

提到iPod，我總會想到Audiac。

一九六〇年，麻州劍橋一位牙醫嘉德納（Wallace Gardner）與他的一名病患合作，對方是聲學專家李克萊德（J. C. R. Licklider）。兩人研發出一種疼痛管理的新技術，那是一種聲音止痛法，專利商標名為Audiac，意在透過高音量的聲音，把看牙科變成一種放鬆的體驗。

接受Audiac的牙科病患須戴上大而厚重的耳罩式耳機，接著躺上診療椅，在八首歌曲選單裡挑選一首歌（《Bali Hai》很受歡迎），這些歌曲中也混入了類似瀑布水聲的「掩蔽音」。每當牙醫師觸碰到敏感痛點，病患就轉動旋鈕提高音量。病患越覺得痛，噪音就越大。根據嘉德納的研究，九成病患表示Audiac將填補蛀牙的疼痛降到了彷彿蚊子咬的程度。嘉德納取得專利還不到一年，已經有兩千部裝置為全國各地牙醫診所採用。不久Audiac被引進醫院，用於分娩及小手術。

其實Audiac的發明原本是用來緩解噪音本身所導致的疼痛。嘉德納醫生本身因為患有鼓膜穿孔，飽受自己牙科鑽孔器械的噪音折磨。李克萊德於是發明了一個方法，就是創造更大聲的掩蔽音來降低不適感；他發覺Audiac「可控制的聲音」能「蓋過傳向大腦的疼痛訊號」，不論疼痛的源頭是什麼。

我不太清楚是什麼原因半途扼殺了Audiac的光明未來。美國牙科麻醉學會滿懷敵意地群起發動抵制這項產品——不知道是真心擔憂裝置的副作用（除了有可能造成聽力損傷，也有病患使用後陷入催眠狀態的紀錄），還是想挽救他們對以藥物為本的麻醉學的投資，兩者都很難說。很顯然，要用Audiac止痛不無代價，但目前至少已有一間名為Sound Pain Relief的公司正設法復興聲音止痛法，並訴諸更新潮的語彙來解釋其作用，例如交叉感覺掩蔽。

戀上隨身聽

一九七九年，索尼Walkman隨身聽問世，堪稱iPod的老前輩。回顧當年新聞報紙對大眾反應的報導，引人注目的是這些隨身聽愛用者往往讚嘆Walkman有如一道聲音的屏障，將惱人的噪音和現代生活普遍的煩擾阻絕在外。隨身聽的這項特點所受到的關注，絲毫不亞於索尼當初主打的「隨時隨地如你所願」提供音樂的功能。使用者宣稱，Walkman隨身聽讓上班通勤變得比較好受，也提供了喘息空間，躲避都市的可怕噪音。

一九八一年《時代》雜誌採訪了紐約電視製作人佩恩（Anthony Payne），他表示：「外面有公車，有飛機，有警笛……你必須用更大的聲音取代它們，把你自己選擇的聲音強迫餵給你的耳朵。」曼哈頓一名電腦公司主管稱Walkman隨身聽是「冷落這世界的絕佳方法」。

我們再一次遇上聲音與速度的關聯。Walkman隨身聽的命名本身就含有移動的概念，但兩者的關聯不只限於走路，還包含所有能增強個人自由自在感覺的動作。《時代》雜誌採訪過一名木匠博格茲（Howard Bogaz）。採訪當時，他正在加州威尼斯海灘溜滑輪，他總結了隨身聽的魅力：「我出來溜滑輪或長途開車的時候會帶著它。我沉醉於我的音樂！陽光露臉，微風吹拂，你掌控著輪子自在逍遙！」

索尼最早在東京推出Walkman隨身聽時，上市宣傳也聚焦於展現人們一邊聽音樂，一邊溜冰、慢跑、騎單車。產品當時很紅的一支電視廣告，將Walkman隨身聽呈現為一件能讓你的身體變得「敏捷」的工具。廣告中，一名女子身穿緊身連身衣，在明亮寬敞的空間裡做著有如舞者般優雅的伸展動作；幾秒鐘後，男性旁白聲音宣告：「你的腰圍現在輕輕鬆鬆就能瘦下幾吋。」——女子停下動作，把腰際的卡帶隨身聽換成更小的機種——「這都要感謝新的索尼超級Walkman，全球最小的卡帶隨身聽！」女子接著恢復原本的律動。

索尼Walkman隨身聽以「終極隨身音樂裝置」的名號銷售，但它也用聲音改變了運動的經驗。

※

iPod把Walkman隨身聽紅極一時的現象推向更高峰，甚至有了「i世代」之稱。iPod在二〇〇一年問世，到了二〇〇九年秋季，蘋果公司宣布全球各地共售出兩億兩千萬部。相比之下，索尼自產品推出後的十六年間，總共也才製造一億五千萬部Walkman隨身聽。

iPod能有如此可觀的成功，部分原因或許在於它放大了原有的概念，突顯個人選擇的聲音可以代替實際的舉動。iPod的儲存容量龐大，能把音樂帶去任何地方已不再是重點；如今的重點是，透過裝置輸出的聲音，音樂能帶你去任何地方。

iPod漸漸風靡各地，我們開始看到越來越多耳朵上垂掛著耳機線，彷彿腦內線路有幾根鬆脫掉了出來，同樣在那幾年間，我自己走路的習慣也改變了。

我的辦公室與中央公園只相隔了五個街區。一九九〇年代末，我剛來到市中心工作時，走路到中央公園只要六、七分鐘，如今，每當碰上午休或下班時段等交通壅塞的尖峰時刻，同樣的距離我恐怕得走上十五分鐘。中央公園不再是從市區棋盤路網輕鬆快速就能抵達的散心去處，現在我過去一趟必須下定決心，來回花個三十分鐘。因此從前，我散步過去的次數少多了。

大城市的人行動線越來越壅塞，這方面的統計資料不易取得，但在全世界任何一座大城市行走，無疑已成為一件窒礙難行之事。紐約市人口成長率從一九六〇年代開始下滑，一九七〇年到八〇年之間降幅最大的一次，一口氣掉了百分之十點四。然而在這之後，從一九九〇年到二〇〇〇年，紐約人口驚人地成長了百分之九點四——要回溯到二戰以前才有差可比擬的數字。倫敦中心區人口衰退與恢復成長的幅度雖沒有那麼大，但曲線軌跡與紐約很相近。東京人口也經歷了數十年的驟減，但自一九九七年以後亦年年成長。

也許iPod風靡全球正是人們的實際行動自由受到限縮的時候，而且限縮的程度可謂前所未見。我們或許可以斗膽進一步推論，龐大的人口超載，這個持續攀升累積的環境刺激，也許驅策著我們設法透過聲音，奪回自己失去的無拘無束的速度感。

即使不確定能否在兩者之間確切劃上關聯，但我認為理當可以推論，iPod有一部分魅力就在於它讓人能在耳機裡建立起一種速度和運動感，而這兩者在外在世界多多少少是受到阻塞的。

※

iPod愛用者無不樂於歌頌這個裝置。而且，他們的熱情感言不約而同都很相像。

當這些冷靜自持的「重度使用者」被問到：是什麼原因讓iPod如此令你沉迷，他們往往會先提到裝置裡可以儲存聽不完的好歌，但很快會轉向別的論點。似乎對很多人來說，iPod的迷人之處不在於可以供人聆聽一首首歌曲，而更在於它整體編織出的聲響——它打開了一條聽覺的超級高速公路。受訪的人經常提到iPod用聲音創造了連貫性，透過音樂把經驗縫串在一起。

一遍又一遍，人們形容iPod為他們的生活提供了配樂：「它讓一切變得和諧。」一名十五歲青少年說。「所有令人茫然的事，因為有它而連接在一起，變得平順流動。它為你的生活締造完美的配樂，它讓一切變得清晰。」

將散碎的經驗和感受縫合在一起，隨身聽為我們做的每件事注入了一股新的流動感，推動我們前進。歷史上從來沒有過任何東西像iPod一樣能弭平空隙，填滿我們日復一日生命裡那些無聲的空洞。隨身聽提供使用者全天候不間斷的**聲音止痛療程**。

根據我自己跟人聊天的經驗，以及所有我看過人們為什麼喜歡iPod的採訪中，現在已經不像Walkman隨身聽那個年代常會聽到需要阻絕城市的可怕噪音。反而一再聽到有人說，iPod有「過濾焦躁雜音」的能力。這些雜音包括旁人講手機、打遊戲、用個人裝置放音樂放得太大聲——以及網路雜音對使用者本身的磁吸力。

iPod受人青睞的特點，不在於有能力遮蓋往日的建築設施噪音，而在於它能進一步阻擋那層塗覆在舊噪音表面的個人自主選擇的喧囂，進而定義了數位時代的新噪音。從人們談論自己iPod的方式來看，今日噪音令人頭疼的核心，不太是單一的巨大聲響，更像是我們會在連續「爆音」所造成的多重刺激之間偏離原徑。與其氣沖沖指責「i世代的疏離」，我們應該問問自己，我們都做了些什麼，讓大環境音景變得如此不值一顧，用過即可丟棄，有如聽覺版的速食。

此外，就像設法透過升高噪音來減緩牙科疼痛的Audiac療法一樣，到頭來，解方的副作用也許比病症本身還嚴重。

耳機族的代價

網路上到處晃晃，就可以找到無數行人或腳踏車騎士遭汽車撞到的報導，據文章所稱，很多是因為這些人正在聽iPod而聽不見車輛接近。英國一間大型保險公司史雲頓保險（Swinton Insurance）近年公布，現今小車禍事故每十件就有一件與「耳機族」有關，即一邊走路一邊聽個人音樂裝置的行人。史雲頓保險指出，很多時候耳機族自己本身並未受傷，卻引起汽車追撞，因為最前面的車為了閃避聽耳機的行人急踩剎車。

人類尚未進化到可以不必藉助聽覺來判斷周圍的環境。美國高立德大學[2]聾人文化研究教授包曼（Dirksen Bauman）對我說起有一群人頓失聽力的時候，我猜到他會接著描述頓時陷入寂靜之人的心理經驗。事實上，這群人回憶自己耳聾之後最先感到震撼的事，並不是抱怨「太慘了——我什麼都聽不見了！」反而體會到一種「**我在哪裡？**」的深刻感受。「他們的整個空

2 譯注：高立德大學（Gallaudet University）一八五七年創立於美國華盛頓州，時稱全國聾人學院，是全世界第一所為聾人與弱聽學生服務的大學。

間意識、慣用的判斷線索、用以在周圍環境裡定位自己的基礎，全都消失了。而且在那一刻之前，他們甚至從未意識到那個基礎依賴的是什麼。」包曼說。

我們的耳朵也許在隨身聽裝置剛開始流行的時候，就已經比意識更敏銳地適應了這個問題。Walkman隨身聽發行後不久，阻絕周遭音景的危險曾經引起一些立法倡議，希望限制民眾盲目的使用隨身聽。Walkman隨身聽上市後不到兩年，美國已有九個州禁止開車配戴耳機；紐澤西州木橋鎮更進一步通過法令，從踏上馬路起，就禁止行人聽耳機，違法可處五十美元罰鍰或拘留十五天。紐約市議會一名議員也嘗試在紐約通過類似的法案。

看起來，立法運動似乎頗有進展，但沒過多久便銷聲匿跡了。因為強制執法太難，而移動時聽音樂的吸引力也太大。有些人會說，不聽周圍環境的聲音，我們反而更能靈敏估量自己在空間中的位置，但我懷疑我們只是習慣了比以前更笨手笨腳、更易於互相衝撞的舉動。

※

但喪失聽力呢，這個更直觀的問題又該怎麼說？目前已有多篇研究指出，在相當音量下使用個人音樂裝置，確有導致聽力喪失的風險。但實際有多少人固定以有損聽力的音量聆聽MP3隨身聽，這個數字相對很難查證。

總體來說，研究至今能夠表明的是，確實有些年輕族群經常以過大的音量聽iPod，但人數雖然顯著，卻還不到亟需擔憂的程度。當然，這要看你對「亟需擔憂」的定義是什麼。近年最具公信力的相關研究是由科羅拉多大學波德分校與波士頓兒童醫院合作進行的，結果推定，以危險音量聆聽iPod的青少年人口比，約介於百分之七到二十四之間。

比起揭示各種高音量使用iPod的統計數據，更有趣的是年輕人在得知此類危害之後出現了什麼反應。科大波德分校與波士頓兒童醫院的合作研究發現，如果有同儕或其他人大力強調高音量的風險，青少年的反應是……把iPod的音量調得更高！越去提醒這些青少年他們正在對自己造成危害，他們越會做出更大的危害。

這是個令人無奈的發現。青少年的反應指出了反噪音運動固有的侷限。到了某個節骨眼，不論是出於演化的侵略性，或是我們的整體文化偏好反抗任何威脅我們發聲的人事物，聽到有人要我們降低音量，我們的反應總是唱反調。

所以說，我們該怎麼辦？盡量減少去教育別人噪音產生的危害，一旦他們不覺得發聲的權利受到威脅，從此就會自願把音量放低？也許對某些青少年來說確實可行，這和支持毒品合法化的論點很像。但是，噪音問題可能比毒品問題更複雜——在很多方面都是。

一來，我們還未真正摸透新型態噪音是如何損害聽力。二來，關於音量安全層級的爭論，也許從本質上來說毫無意義。洛克菲勒大學的哈德斯佩教授專門研究聽覺的生物物理及分子基礎，據他所言，即使是音量較低、短時間可忍受的聲音，倘若長期持續放送，也可能對聽力造成損害。「我們生活在紐約市，對生活周遭的噪音甚有所感，這些噪音不會馬上令你痛苦難當，但問題是，如果在這些噪音下待上好幾個鐘頭，會不會形成永久的傷害？」哈德斯佩說。「還記得Walkman隨身聽一上市就蔚為風潮嗎？現在我們有了iPod隨身聽，而且放眼望去隨處可見，大家耳朵裡整天都塞著耳機——上班聽、通勤聽，就連運動和吃飯，耳機也照樣塞在耳朵裡。即使播放音量適中，我們也不清楚如果暴露時間夠長，會不會造成實質的傷害。」

再一次，問題也許不太在於實質音量，而更在於聲音持續氾濫。也許哪天事實會證明，每天僅僅只是短短幾個小時暴露於不請自來但不刺耳的音量，長久下來也足以大幅減損聽力。如果你覺得很難要求家中青少年把隨身裝置的音樂關小聲，不如試試叫他們乾脆關掉。「每天至少關掉iPod八個小時，否則十年後，所有高頻率的聲音你都聽不到了！」我現在就能想像音量鈕滑順地往右轉了更多圈，將剛才**那句**警告的聲音迅速淹沒。

第九章　家園防線

截至此刻，對於我們的世界聽來何以是現在的樣子，我想我又更了解一點。綜合演化、商業、基礎建設、社會文化的原因，現今長久持續且無處可逃的噪音比過去都要多，而這種把我們漸漸推向喧囂之境邊緣的新型態噪音，可能也是最難消滅的噪音。為什麼？因為我們自己渴望有這種噪音，好讓我們維持活力、年輕、專心、自由、敏捷的感覺——同時屏蔽掉其他所有無法控制的噪音。

但對寧靜的需求，並不會因此就比較少。我們該怎麼做，才能主動退出噪音的世界？從實務上來說，我們有什麼方法能替生活降噪，而不是乾脆製造更多噪音來遮蔽呢？

※

二〇〇八年夏天下了上千場低音隆隆的雷雨，我遠赴密西根州的迪爾伯恩，參加「噪音防治年度研討會」，該會議自詡是促進噪音防治各界專業人士互動的盛會。我聽了多篇冗長的論文發表，有些主題我從沒想過竟然有人花腦筋去思考，例如「磨耗估算與預測方法對行星齒輪製程噪音的作用」和「體腔聲學模式對加速期間嗡鳴噪音的影響」。

有些論文聽起來彷如摘自艾希伯里（John Ashbery）的詩句，例如有篇美國太空總署的論文題為「硬化鋁板經振盪器激發後的振動反應模式」，也有些論文遣辭用句奇特得很，穿插著彷彿出自一九五〇年代禮儀書的語句：「不允許觸碰，則天花板性能表現最佳。」有篇論文主題在討論如何緩減私人賽車場的噪音。這篇文章的作者告訴我，他最近剛為大型主題樂園的營運商做了一篇關於雲霄飛車噪音的研究，以回應周邊住戶的抱怨。結果發現，大型遊樂園截至目前最惱人的噪音不是雲霄飛車，而是來自音樂劇的表演。

這個研討會引以為傲的還有許許多多關於飛機、機場、車輛、道路噪音的論文，以及由一個名為「噪音管制基金會」的神祕單位所主持的特別講座。我受益良多，但我最感興趣的不是這些論文，而是會場的展售攤商——這個研討會幾乎聚集了來自隔音降噪產業的每家大廠商。

我想了解產業最尖端的趨勢，但這次來我只準備了一個簡單問題：我們可以怎麼做——更確切來說，是**我**可以怎麼做——好把世界關在門外，合理創造一個接近完全寧靜的空間？

※

這天，迪爾伯恩凱悅飯店的宴客廳化為一個大型展場，數十多家攤商在此雲集。很多人來往寒暄，杯觥交錯，似乎很享受這種吵嚷的聊天對話，讓我覺得現場若改名為「噪音支持大會」也同樣合適。許多身穿花俏西裝的銷售員在展間裡施展三寸不爛之舌，推銷隔音材料。展位琳琅滿目陳列著特殊多層材料製成的地磚和厚板、大大小小的噴霧和泡沫罐、奇特的金屬鑽頭、橡膠軟墊、門板；至於海報板則印著放大過度到畫質模糊的相片，介紹多功能場地、房屋建設計畫、水泥磚、樹木，一旁有漂亮的馬尾女孩圖像印在「**安靜**」兩個斗大字體的上方，手指抵著嘴唇，比出「噓」的手勢。

這裡的男男女女看上去，就像自家產品被深夜電視購物頻道推選為重點商品似地推來擠去，難掩興奮的神情；旁邊是滿臉誠懇的北歐人，衣著像是事業有成的建築師，站在向外延伸灰色天線的黑盒子前。也有些人頭戴耳機，面無表情，或是將筆記型電腦擺在手提箱裡，螢幕上展示著陡升陡降的綠色線條和複雜的頻譜網格。

雖然偶有例外，但大體上看來，美國人似乎專門製造可以實際黏著、鎚打、注射到牆壁上、地板下、裂縫裡以阻隔聲音的東西，而歐洲人則是聲音測量高手——他們設計出超靈敏的分貝計量器、振動分析儀和軟體程式系統，用來釐清你所面對的究竟是哪一種噪音問題。

我在國際纖維素公司的展間前駐足了幾秒，展位整齊地排放著灰白粗糙的磁磚。一名小麥膚色的光頭男子彎腰探頭，看了一眼我的識別證。

「你好嗎？喬治對吧？」他問。

「謝謝關心。」我說。「你好嗎？」

「我好極了。」他說。「要是能更好，這裡就會有兩個我了，你可不會希望那樣。就連我自己也只受得了一個我。」

「呃，是這樣，」我說。「我家到處都有噪音問題。你們有什麼辦法？」

「喬治，」他不勝惋惜地說，「我們只透過有執照的施作商、建築師和音響工程師銷售。不過呢……你聽過我們的新產品SonaKrete嗎？」我搖頭。「這是我們最新的頂級濾音塗料，也是我們目前最得意的產品，效果超乎想像！現在到處都用得到它，像法庭啦，餐廳啦，連自由塔也正在裝設呢！它的市場利基介於纖維噴塗和歐洲式的濾音膠泥之間，後者施作一呎可能要三十五美元，這個東西一呎只要八到十二美元。」

所以，這個SonaKrete到底是什麼？我問。它是一種極度平滑、「建築結構也可接受」的隔音塗層，他回答。「因為可以客製化調色，顏色能直接吸入材料，現在越來越受歡迎。」聽起來還不錯，而且當下我就能想像廣告詞會怎麼寫：「Sonakrete：讓自由塔也沉默！」

我繼續前進，來到「材料科學公司」（縮寫為MSC）的攤位。這間公司的文宣上頭寫著：「不論汽車、洗碗機或電腦，在我們生活的社會，安靜在消費者心目中就等於品質。」真的嗎？不也有報導說，市場推出比較安靜的吸塵器，顧客卻不買單，因為覺得聲音太小聲，代表吸力薄弱。

「簡單來說，」宣傳文案總結說，「在MSC，我們生產安靜。」我還在努力思索我對「生產安靜」這個概念的想法，展位銷售團隊已經向我走來，表示樂意向我介紹無聲鋼材Quiet SteelTM屋頂材料。

Quiet Steel在汽車製造界已熱銷多年，據稱是該公司NVH抗阻產品「家族」的一員。（NVH代表噪音、振動、剛硬，那麼反過來，應該可以稱之為「QSC」的產品將會提供安靜、平穩，以及溫柔。）MSC公司的攤位上用鍊條串著小片鋼板，吊掛在橫豎排列的架子上展示，樣子很像中國銅鑼。銷售員解釋，這種材料基本上是疊層鋼片，有兩層，中間填充聚合物。他說，這可以用於任何會發出噪音的物品，包括汽車、洗衣機、烘乾機和吸塵器，到了現在，連屋頂也可以用了！

他給我一把小木槌，要我敲敲未加工的鋼板，然後再給Quiet Steel一槌做個比較。我照做了，結果第一片常規鋼板發出了像鈸一樣清脆宏亮的響聲，而Quiet Steel只發出小小一聲悶哼，不太引人注意。聽它發出這麼有禮貌的小哼聲，我有點期待它會開口說：「啊，不好意思。」

銷售員熱情地告訴我，他家有一台洗衣機改裝了Quiet Steel之後，有次他將硬幣忘在褲袋裡就把衣服拿去洗，「我太太幾乎聽不出硬幣在洗衣機裡噹啷滾動！」他發自內心的驚嘆。

能如此有效抗阻噪音、振動和剛硬，當然也有危險性，你可能會聽不見聲音暗示你：你正在毀壞自己的物品。我在研討會上就聽聞了另一段故事，當初美國「強鹿牌」（John Deere）滿心自豪地為自家農耕機具引進了隔音駕駛艙，希望能解決農夫因機具噪音導致聽力受損的問題。隔音農耕機的確風行一時——直到農夫發現，他們坐在有空調有音響的座艙裡，有可能開過了一整片田地，都沒發現哪裡不對勁，直到整輛農機都毀了，才發現一堆引擎零件早就沿路脫落了。此後，重型農業機具不再敢把安靜當成一個賣點。

在3M公司展位上，一個聲如洪鐘的大個子告訴我，現在降噪界最夯的新產品是「微型孔洞薄膜」。那是一種新型薄膜，上方有很多細小孔洞可以「調節」吸音能力，他說，不出兩年，應該就能在商業上大量應用了（「就像為汽車引擎蓋底下的所有系統都鋪上滿滿一層」）。我問他，微型孔洞薄膜能應用在哪方面？他告訴我，「你應該要問，哪裡用不到這東西？你不管放在哪裡，它都能吸收所有的聲音，你還可以在上面印刷呢！」它的功用到底是什麼？我問。

他向我說明，目前的吸音材料多是以纖維當基底，例如以玻璃纖維、聚合泡棉或聚氨酯和隔音磚為底的材料，但這些物質都有環境疑慮，因為會在空氣中揮發特定的物質。相較之下，微型孔洞薄膜只是一層輕薄而有彈性的膜層，可以延展包覆住任何物品，而且不會揮發物質。音波一旦撞上這些微型孔洞，不想聽到的頻率就會被吸收，其他頻率則在孔洞裡振動。３Ｍ展銷人員告訴我，有這種微型孔洞薄膜有望和幾年前的奈米纖維一樣大紅大紫！

但是還有個關鍵字，我在凱悅飯店展廳一再聽到有人談論不休：「綠膠」。雖然噪音防治研討大會上有各式各樣的高科技產品在行銷業配，但若說到人盡皆知，誰也比不上這種「黏彈性材料」（一種黏黏稠稠的綠色糊漿，有如蘇斯博士傑作《巴塞洛繆與毆不裂》〔*Bartholomew and the Oobleck*〕故事中那種黏稠物質的翻版）。

綠膠多以管裝或桶裝型態販售，可以直接擠在幾乎任何兩種表面之間，形成「毆不裂」的隔音三明治。噪音音波通過第一層物質，撞上毆不裂層，旋即就像該公司的圖解所示的：化為一連串倒楣的紅線往四面八方蠕動亂鑽，試圖逃離毆不裂膠層。然後，就如綠膠的文宣上所述：「振動能量逸散消失了！」綠膠可能是全球今日銷售量最高的隔音產品，去年更被法國建築材料業的跨國企業鉅子聖戈班（Saint-Gobain）收購。綠膠的例子告訴我們，隔音不必一定要講究先端技術，也能有相當令人折服的功效。

事實上，隔音技術發展到今日，即使是最尖端精密的型態，基本上都可以歸結為幾個法則：以質量或距離阻隔聲音；以某種材料吸收音波，例如厚重窗簾，以此減低或抑制聲音；或是從音源減震，使其不會發散出音波。隔音產業人士可能會抱怨問題才沒這麼簡單，但以終端用戶的角度來看，基本上你不是設法擋掉噪音，就是設法將它吸收。

蓋多斯形容聲音是一種「粗野的力量」，也許就取自隔音的語彙；很多基本隔音手法聽起來都像軍事用語，例如隔音界會說「孤立噪音」、「包抄噪音路線」，或在噪音入侵你家之前就「抵消或攔截聲音振動」。至少這些原則大抵為人所知已經有很長一段時間了。

拔掉耳塞

我們學會隔音，是從堵住聲音進入頭部的通道開始的。最早關於隔音的文學記載大概出現在奧德修斯的船即將遇上賽倫女妖的時候，奧德修斯下令船員用蜂蠟把耳朵塞住。動聽的聲音與不受歡迎的聲音向來如銜尾蛇般具有相生相剋的關係，史詩忠實地反映了這點。

這個史上第一場大規模的隔音行動，目的不是要護衛船員免於聽見令人厭惡的噪音，而是因為那些聲音實在太過迷人，很可能把人誘上冥途，所以必須保護他們。奧德修斯自己則以靜止不動代替靜默——他命人用繩子把他綁在船桅上，但耳朵沒有塞住，以享受那畢生難逢的美妙夜曲。

古希臘人在解決露天劇場音響問題的過程中，逐漸成為各種聲學技術的行家。我們至今仍未充分理解在古希臘的建築結構中，聲音與安靜是如何交互作用的。就以厄比達魯斯

（Epidaurus）圓形劇場令人稱奇的聲學效果來說，劇場內沒有半個重低音喇叭，但滿座一萬五千名觀眾，卻能清楚聽見演員的對白。

研究近來發現，石階座椅其實部分發揮了**阻擋**聲音的功用。科學家追蹤音波是如何從舞臺中心向上通過一層層的石灰岩階梯座席，結果發現岩石的天然皺褶會過濾低頻率的聲音（例如觀眾窸窸窣窣發出的干擾噪音），同時把偏高頻率給反彈出去，一路回彈到空間的最後方，而人的話音大多就落在偏高頻率。可以說，隔音降噪的早期實踐，重點不在於製造安靜，比較在於確保想聽見的聲音不會散失在人群之中。

往後數百年間，隔音的方法當然經過諸多改良，但真正奠定了一種可以讓全室靜音的能力，是在十九世紀的減音室內裝潢。隔音這行業到了一八〇〇年代初已經充分發展，有了業內專門術語。也是在這個時期，「deafening」（原意是震耳欲聾）一詞逐漸多了新的定義，意思是透過「填塞」（用泥土木屑乃至於頭髮和扇貝殼等材料塞滿空隙），讓聲音穿不透一層樓面或一個隔間。可以確定的是，當時的隔音技術必定還有許多關鍵必須克服，作家卡萊爾（Thomas Carlyle）試圖在家裡打造一間安靜的書房，就發現了許多問題令他懊惱到扯頭髮。

卡萊爾是維多利亞時代為求寧靜而不惜大聲疾呼的作家，每次論及這個主題，他往往情不自禁激動起來。例如一八四〇年他在一封信中寫著：「**安靜，安靜**——我在千百種意義上宣告安靜有著不可或缺的價值，安靜是吾人唯一安全的居所，但往往……這個膚淺的世代對安靜一無所知，甚至對安靜構成**病害**，倘若不治癒，終將使安靜亡歿。『克己自制』，也是安靜的意義之一。」

對於噪音的話題，他則沒那麼振奮。在一篇抗議「下流黃皮膚義大利人」鼓風琴手日日來往於街道，結果毀了他一整個夏天的激昂陳詞中，卡萊爾寫道：「問題來了，我是該出去外面，因為受不了而刺殺他，叫警察收拾他，還是該自己躲進浴缸或房子的另一頭。」

卡萊爾不是苦求寧靜的特例。在維多利亞時代的倫敦，知識專業工作者激增，而他正是這股潮流中的一份子。這些知識份子把「家」當作主要工作場所，因此對於牆外的安靜也有新的標準。街頭樂手往往是他們抱怨最凶的對象。有的樂手深知某些人痛恨他們的樂音，確實會故意駐紮在這些人家門前，不打賞就不離開；但他們很多也是貧困的移民，不擇手段只想掙點錢，不是特意為了噪音而製造噪音。

這些街頭樂手是異國人的身分也引來不少醜惡的種族描繪。《城市報》（*City Press*）形容街頭樂手鬼吼鬼叫，「像動物園逃出來的人猿和狒狒，他們連長相也神似這些生物。」數學家兼發明家巴貝奇（Charles Babbage）一心想讓街頭音樂停擺——他稱那為「刑求樂器」，更為此煽動群眾示威抗議。鄰居對他大聲疾呼「還我寧靜」的行為逐漸感到厭煩，開始砸他家窗戶、糾眾尾隨對他叫嚷、扔死貓屍體在他家門階，甚至威脅要取他性命。

可能是鑑於巴貝奇的遭遇，也可能卡萊爾只是特別謹慎，他開始減少公開倡言反對意見，而是專心在自家追尋寧靜。卡萊爾聲稱，流動的街頭樂手（以及某個鄰居飼養的「魔禽」——多隻九斤公雞的啼音）有將他逼瘋之虞，他決定替位於家中頂樓的書房加裝隔音。剛開始他滿心期待的告訴朋友：我們切恩街的房子又重新**施工**了：這次要打造一個完美隔音的房間，就算在旁邊開砲也絕對聽不見，而且通風良好。這就是我的工程規劃，我這經過深思熟慮的規劃，勢必會讓周圍那些火大的樂手嫉恨不已，如果成功，將從此帶給我無比珍貴的征服感！

當然，前提是「如果成功」。隔音工程本身的噪音，很快就化為令人難受的騷動喧囂：「愛爾蘭工人搬東扛西，時而扯破這個，時而撕裂那個，我們的房子又一次化為塵霧，混亂再度降臨。」為了躲避施工，卡萊爾逃離家中，把家裡和工程雙雙留給妻子監管。難得脫離丈夫對噪音的叨念關注，他太太鬆了一口氣。「我終於用自己的感官，而不是透過他的感官，感受到這些噪音、塵埃和混亂，沒想到的是，我其實不怎麼在意。」她寫道。

結果塵埃尚未落定，事實就證明，雖然當時用的減噪方法絕對值得今日敬重（例如雙層牆和特殊設計的石板瓦屋頂，屋頂下方有隔音氣室），但這整個工程一敗塗地。卡萊爾形容投入的心力「血本無歸」，最後更宣布該書房是目前整間屋內最吵的地方。就連他曾經自豪的絕佳通風也淪為笑話。就在完工後不久的某一天，卡萊爾上樓把自己關在書房裡抽煙斗，哀悼自己美夢幻滅。幸好沒過多久，家中就有人發覺他不見蹤影。一名女傭在書房找到他，發現卡萊爾呈大字形昏倒在地上，被吞雲吐霧的煙給嗆暈了。

最慘的是，這整個經驗使得他對人性的看法蒙上陰影。卡萊爾如今意識到，他對隔音書房的幻想，「是缺錢的精明工匠用來討好蒙騙我的幻覺」。除了工程拙劣且花費甚鉅，他這些隔音師傅明顯表現在工作上的道德墮落，更讓這間書房對他來說「猶如地獄行使的奇蹟」，他「第一次目睹撒旦無形的控制在這方面勝出」。他的遭遇很適合當作希臘神話的結局。擁有一間隔音書房的幻夢，為卡萊爾換來全屋最吵的房間，以及無比苦澀的認知：原來就連在人最高貴的衝動核心，就連追尋的對象是寧靜的時候，道德墮落也有隙可乘。

※

不過，雖然卡萊爾的嘗試失敗了，但隔音技術改良仍與所謂腦力工作的興起攜手共進。就連耳塞也越做越好。早年使用蜂蠟容易刺激過敏和羊脂容易餿臭變質的問題，已經由複合材料混合棉絨製作的耳塞克服。像卡夫卡（Franz Kafka）就日漸依賴一種新款的棉絨耳塞，用來阻隔白天的噪音，還特別請人從柏林寄來——但他也向未婚妻哀嘆，這些耳塞還是有點麻煩，如果像史特林堡劇作中主角塞進自己耳裡的那種鋼製迷你「睡眠球」，並不只是作者的想像，現實中也存在就好了。到了二十世紀初，卡萊爾幻想中就算在外開砲也不受影響的書房，總算接近成為現實。

一九二二年，佛洛德．華森（Floyd Watson）在他以隔音技術為題的開創性著作中，記載第一次世界大戰期間，曾經為了測試機槍而專門建造了一個隔音空間。其實算是一個房間裡的房間：木造牆壁上成排嵌滿四吋厚的軟木塞，天花板以雙層亞麻木板填襯。子彈會射進具有吸音效果的沙子所堆成的大土堆。如此的隔音效果非常好，對街的鄰居一直不曉得這棟屋子裡頭的事，直到有一名機槍手開窗搧走火藥燃燒的滾滾濃煙後，忘記把雙格窗戶關上，這個機槍房才被人發現。

新奇的隔音技術在世界各地發展。荷蘭烏德勒茲的科學家宣稱建造出低噪音空間，噪音小到人在裡頭能聽見自己的心跳。喬治華盛頓大學政府精神病醫院的心理學家法蘭茲（Shepherd Ivory Franz）前往視察（心理學研究和其他一些實驗將在該處進行）後，興奮不已。法蘭茲在《科學》（*Science*）期刊上發表了空間示意圖，圖中呈方格狀的房間，是由立於一塊厚木板上的多層框架組成。從方格正中央所列的材料清單向外拉出一條條線，標示出每一層框架代表的內牆隔音層材料：軟木磚❶、木頭、鉛、某種編織馬毛、多孔石材，以及空氣層。這可還不包含埋在地板下的鉛片和絨毯。

1 譯注：軟木磚（德語：korkstein）是一種融和軟木、黏土、輕石灰製成的建材，於一八八〇年代在德國發明並取得專利。

法蘭茲證實，雖然在某些**不太吵**的房間裡，確實也聽得見自己的心跳聲，但僅在「很激烈運動後」才可能發生，但在烏德勒茲這個隔音室裡，只需要「輕揮幾下手腳」就能「很清楚聽見心跳」。他還寫道，該房間靜到「能聽見一種主觀感受上的嗡鳴聲，很像注射高劑量奎寧後產生的耳鳴聲，只是強度較弱」。（他寫的這種嗡鳴聲，大概和四十多年後，音樂家約翰・凱吉造訪哈佛大學無響室，誤認成自己神經系統運作聲的那種聲音，是同一種耳鳴噪音。哈佛大學無響室是一間經過特殊設計的隔音室，能抑制所有回響。凱吉在這一段有名的經驗後寫下：「無論去到哪裡，永遠有景物可以看見，有聲音可以聽見。」）烏德勒茲隔音室帶來的啟示看來簡單易懂：只要有充足的夾層和距離，就能隔絕任何聲音。但藉由隔絕噪音來追求寧靜，除了層層堆疊消音材料以外，其實還包含追求一種理想萬用的隔音技術，讓聲音消失的萬靈丹。

十九世紀末，波士頓一名製造商卡伯特（Samuel Cabot）發現，將曬乾的鰻草填塞在兩張厚紙之間，形成一道厚而有彈性且不具傳導力的緩衝層，有阻隔聲音的能力。他替此材料註冊商標，名為「卡伯特襯墊」（Cabot's Quilt），旋即為這種物質大肆宣傳，號稱是當時代的綠膠。「每間旅館、樓房、宿舍、醫院、學校、禮堂或類似建築，都應該裝設隔音。」一九一八年，卡伯特刊登於《西方建築與工程》（*Western Architect & Engineer*）期刊的一篇廣告如此宣稱。「沒有隔音，堪稱失敗。卡伯特襯墊讓更多建築真正做到隔音，其他所有隔音材料加總也比不上。」

一九二九年，英國有幾名工程師重新發現卡伯特的產品，將其納為自己的發明。（隔音歷史上處處可見這種便宜行事，佯裝忘記起源的例子。）隸屬於倫敦領土防空旅（London Territorial Air Defence Brigades）負責聲音定位的一名上尉獲《倫敦泰晤士報》表彰，稱其實現了這種防火且不生蟲的海草的隔音潛力。鰻草以草蓆型態從加拿大新斯科細亞省進口到英國，變身為可靠的吸音材料裝填在天花板和牆壁裡，為一間典型講求寧靜的機構使用，那就是英格蘭銀行。

一九三〇年，在倫敦一場貿易展銷會上，市鎮規劃師兼建築評論家愛德華茲（Trystan Edwards）展示了一間完全寧靜的「靜音屋」模型，號稱就連屋門也很神奇，能「用力甩上也悄然無聲」。（令人不禁好奇，少了吵架時砰一聲甩上門終止對話的快感，會不會反而引起危險的怒氣。）皇家建築師學會主席佛萊契爵士（Banister Fletcher）盛讚了這個構想，甚至召集建築師，請他們在倫敦吵擾擁擠的大道旁蓋屋時可納入考慮。

跨大西洋兩岸，對都會人口爆炸的焦慮帶動了隔音復興。就連向來反應遲鈍的美國國家標準局（National Bureau of Standards），也因為多篇研究預測都市居住人口密度將攀上高峰，在擔憂之下投身隔音實驗的潮流，希望研發出真正靜音的住房。經國家標準局詳盡測試過各種建材的聲學特性之後，官方公布，夾在兩層合成材料隔板之間的空氣層，是世界上最有效的減音裝置。

除了私人住家和金融機構，法庭、醫院、監獄是隔音技術進步之下早先的受惠者。特別在後者，隔音技術被當作仁慈的表現引進監獄，用來保護那些比較安靜的獄友，與比較喧鬧的獄友隔開，同時也用來培育信仰。不過，不是透過寧靜來建立信仰。例如新新懲教所（Sing Sing Correctional Facility）新建了小禮拜堂，特色是首開先驅的拉門式隔音隔間，讓禮拜堂內可同時舉行兩種宗教儀禮，一邊是天主教，另一邊是長老會基督教。

從二十世紀初直至第二次世界大戰，樂觀的想法四處蔓延，認為隔音技術必當有能力應付新時代機械噪音的考驗。某一年生意盎然的春天，《紐約時報》甚至將對嶄新隔音空間的憧憬與愛的歡愉劃上關聯：「我們往後不需要更多辦理離婚的機構了。我們需要的是幾間廢棄電話亭，空間夠大可容納兩人，加裝隔音和鄉村風木椅，讓都市的戀人有地方坐下來，不被打擾，讓不管什麼年紀都無法免除的古老故事得以重演。」比較冷靜持重的官方人士，例如紐約市噪音防治委員會，一九二九年由紐約市衛生專員創立，是美國第一個類似組織。該委員會的聲學工程師帕森斯（R. V. Parsons）即宣告：「從源頭防範噪音和後續隔絕噪音，現在兩者都做得到了——不再只是幻想的烏托邦未來。」

防治委員會內有幾名倒楣的成員，受命前往測量一間隔音室的效能。那是與貝爾實驗室合作研發的隔音室，用以阻隔都市裡肆虐的各種噪音，噪音清單長得嚇人。日復一日，專家一整天圍聚在這個特殊打造的房間裡，接連遭受一種又一種的噪音轟炸，估測隔音室的表現如何。

其中最令人神經衰弱的一種聲音，複製了車流繁忙時的車聲轟鳴，「穿插著尖厲警笛和汽車喇叭的不和諧音」。衛生專員謝利・韋恩（Shirley Wynne）後來前往視察該隔音室——在場一名人員直言不諱地稱之為「刑求室」。謝利出來時，明顯全身發抖，自言答應參與這項研究實在是「為人類殉難」。

興建隔音建築的作法在邏輯上逐漸可行，與此同時，隔音建築對身心健康的效益也在世界各地相繼受到研究。研究結果有時候相當出人意表。最令人費解的發現，出自東京衛生實驗室的科學家做的一次實驗。該實驗始於一九三〇年，藤牧博士與有本博士比較了多組白鼠的生理狀態，這些白鼠半數飼養在隔絕巨大噪音的房間，半數則飼養在吵雜的環境。第一次實驗包含兩組共二十隻白鼠，他們發現，飼養在高架鐵路下方，每日聽見一千兩百八十三班列車通過的白鼠，行為比較緊張、發育比較遲緩、幼鼠死亡率較高、繁殖率低，而且相較於處於隔音環境的白鼠弟兄，進食頻率更頻繁。

然而，還有一個意想不到的轉折：這些飽受噪音摧殘的白鼠，鼠生確實活得悲慘又難受——但牠們的壽命沒有特別短。至少以白鼠的標準來看不算短。事實上，比起隔音環境的白鼠，飼養在高架鐵路下方的白鼠總計**多活了**整整五十三天。想想白鼠平均壽命頂多三到四年，多活五十三天應該已經無可抱怨了。

藤牧和有本博士對此非常驚訝，於是又用其他組白鼠重做實驗，同時嘗試把噪音飼育組置於多種不同的喧囂聲音中。他們把其中一組二十隻白鼠飼養在《東京日日新聞報》的印刷機房，另一組則飼養在隔音房。另外一次，是讓噪音組白鼠的房間裡長時間鈴聲大作。每一次的對照結果都一樣：飼養在噪音下的白鼠總是神經衰弱，伴隨各種健康問題──但也明顯比養育在安靜中的親族活得更久。

這代表什麼？難道真如現代某些治療師所宣稱，音波具有振動回春的效力？天曉得呢，只是這個實驗結果喚起一個古老的問題：人願為長壽付出什麼代價？多活五十三天，或是一輩子每天頭頂上方有一千兩百八十三輛列車經過？我可能會選提早登出人生。不過話說回來，東京的白鼠實驗也讓研究者面臨一個窘境。也許真的有隔音過頭這麼一回事。

※

這個問題在近來年更形明顯。雖然我在二〇〇八年噪音防治研討會看到的，絕大多數可算是二十世紀初即已研發的材料和技術的變體，但新產品也不斷推陳出新，就像總是會有更厲害的捕鼠器出現在市面上。

就連卡萊爾痛恨的魔禽九斤雞，換作今日可能也失去了警報的能力，我閱讀超級隔音社群論壇（Super Soundproofing Community Forum）上面的討論串，就注意到這件事。這個論壇是隔音公司贊助的眾多網誌之一。我讀到一名論壇成員提出疑問，他住在隔音良好的公寓，但他自己養的一隻玄鳳鸚鵡很吵，令他大為苦惱，但又不想拿隔音毯悶住鸚鵡。我心想，這個傢伙肯定在劫難逃了。沒想到不然。論壇另一名成員告訴這位仁兄，有一家鳥籠公司已推出可完全與外隔絕、阻絕聲音的透明鳥籠。原來市場上早就有數十種近乎完全隔音的壓克力製產品，而且號稱可減少過敏原。

鄰家的噪音仍是比較大的問題。基本上往往只有你們其中一個同意被關進牢籠裡，才有辦法解決。但沒想到這方面也有新的解決可能。超級隔音社群論壇列出後院隔音的建議作法，除了沿著院子搭建特殊加工的高牆，如果想讓隔壁吠叫不停的狗安靜下來，還可以播放「笑狗錄音帶」——聲音據說相當於犬科動物的笑聲，經證明可以安撫狗的情緒。我讀到最悲傷的一則貼文是有個人問，有沒有人知道哪裡能買到隔音面罩或隔音頭盔。但就連這個絕望的人也獲得了幫助，論壇一名管理員告訴他：「你可以DIY超級隔音墊，超級隔音墊的原料是閉孔乙烯基腈吸音泡棉。做法有點像製作『警察帽』——包住整個頭部，只在嘴巴和眼睛處挖洞。」網站管理員後來又發文補充說，超級隔音技術正在「祕密研發類似頭套」，如果原PO是認真的，公司歡迎他來協助測試「我們的某些發明」。

※

不只相關產品激增，有幾項新技術也正在改變隔音可能性的變數。主動降噪是目前與商業最相關的一項技術。同時，研究人員也正努力拓展降噪技術的應用範圍，讓它除了耳機，還能用於其他裝置，例如已經取得專利的「靜音機」（Silent Machine），就專門用於對付棘手的噪音源頭，如建築工地或夜店。靜音機可發出與輸入的噪音完全異相的對應音波，為使用者創造「個人聲音屏障」。在追求寧靜的科技最尖端，科學家甚至正致力於利用「聲子晶體」（sonic crystal，人工合成的「超材料」）開發「聲學斗篷」。聲子晶體的作用有如一簇簇密集的極細小圓柱體，能使物體周圍所有的音波折射偏向，科學家形容就像「河流的水繞過岩石」。

但就算真有一天聲學斗篷做得出來，我們真的會想蜷伏在這件外衣裡嗎？但凡想到靜音斗篷，我總不禁想到一九六〇年代電視喜劇《糊塗情報員》（*Get Smart*）裡的錐形隔音罩（Cone of Silence）。每當史馬特探員有最高機密情報要向他的上司局長稟報，史馬特都會堅持進了隔音罩再說。但這玩意兒有個缺點。錐形隔音罩唯一的功用，就是讓史馬特和局長完全聽不見彼此說話，可外頭的人卻都能把他們的每個字聽得一清二楚。

倘若要說我們在追求徹底隔音的過程中有學到什麼，那就是不論實現了多大程度的寧靜喜悅，我們都不會因此滿足。

這讓我想起不久之前聽到的一個故事。

全世界最安靜的房子

有天下午，我在我家街尾的公園跟我的摯友安迪・波拉克（Andy Pollack）站在一旁，看著我們各自的孩子一邊興奮大叫，一邊把自己拋向爛泥堆。安迪是建築師，這個親切的大個子總是帶著大大的笑容，彷彿心胸寬大到身體都容納不下那樣。為了轉移注意力，不去想我們兒子臉朝下俯衝吃進的泥土微粒裡可能有哪些成分，他和我說起他以建築師身分參與隔音工程的經驗。

有一個故事聽起來像打仗般刺激，當事人是一位闊綽的客戶，想在長島精華地段的制高點蓋一棟「非常、非常、非常大的豪宅」（一萬四千平方英尺），預算沒有上限。

那棟豪宅不只空間要大，還必須是棟建造精良的房子，而且這位客戶格外講究安靜。這位客戶跟波拉克說，不管你需要聘用幾位顧問，需要採購哪些建材，我希望盡你最大本事去找來，「給我一個全世界**最安靜**的房子。」波拉克和他的承包商接下挑戰，開始動手打造世界上最安靜的房子。

他們聘來一位頂尖顧問，在他們本來就知道的概念外給予具體的建議。他們採取眾多作法，讓房子一步步靜音，很難決定該從哪兒講起。波拉克的公司採用的所有嚴格抗噪方法外加隔音措施，最終花費了超過十萬美元。為了不讓聲音在牆與牆之間傳播，波拉克與工班動用特殊的工法，每根立柱的兩側都不與牆面相連，每間隔一根立柱，才與牆的對邊連接，這樣一來，每面牆都是獨立的。

這種方法並非前所未聞，但此外，他們還在每根立柱上釘上橡膠隔音毯，進一步抑制音波。砌到立柱上的每塊水泥板都經過隔音加工，並塗覆了特殊礦物纖維。另外，在地下室，客戶希望能設置一間視聽室。於是他們打造出一個房間內的房間，與支撐房屋的結構完全分離，不只沒接觸天花板，甚至也沒接觸**地板**，因為底下是一個個小隔音橡膠腳墊。「你就算坐在裡面用THX環繞音響看《星際大戰》，樓上廚房也完全聽不見。」波拉克說。

這種房子另一常見問題是管線，管線會傳導聲音。所以除了為每條管線安裝特殊的隔音材料，他們甚至做到讓這麼一個巨大的複合結構中，沒有任何房間的管線與其他房間相連。此外，他們還加裝特製的「門邊」，讓聲音無法從門縫下方滲透。所有窗戶，他說，「都做了雙層隔音，這些客製化窗戶的做工異常精緻——完全隔音。」當然，還有更多努力，等到終於完工時，「這個房子已經不可能更安靜了。」波拉克說。「待在屋裡的感覺，幾乎就像從耳朵裡把所有聲音給抽走一樣。」

大日子來了，客戶首度通過前門，走進他那絕對隔音的家。前門好巧不巧通向一個封閉式門廊，當客戶走進前門——忽然間就僵住了。「安迪，我聽見嗡嗡聲。」他說。「我聽見嗡嗡聲！我記得我說過不要有噪音！」波拉克告訴我，那是極其微弱的嗡鳴聲，正常來說，當你完全走進屋內以後，就會將它拋諸腦後了。然而客戶堅持己見。「是前門，我聽到有聲音。」

這棟房子的地下深處有間機房。因為全屋使用地熱暖氣系統，總面積一萬四千平方英尺的室內空調全都有賴於從地下抽取冷水、加熱，再循環回到地下，代表有幾千加侖的水持續上下循環——這可是個大工程！

波拉克透過為房間加裝隔音石膏板天花板等方法，把原本可能是低沉的轟鳴聲，成功削減為幾乎察覺不到的嗡嗡聲。但為了保持室內通風，還是必須有一部馬達從室外把空氣給抽出去，因此，當你走進前門，難免會從通風孔隱約聽見那個聲音。

癥結在於，這棟房子位在一座以多風聞名的岩崖上，幾乎終年強風吹拂。即使只是輕柔微風，波拉克說，也足以蓋過馬達的細微嗡鳴聲。不過，偏偏因為沒有半點聲音能從戶外進入屋內，所以也沒有自然的空氣環境音能蓋過哪怕是最細小的聲響。

「現在我們碰上一個問題。」波拉克接著說。「四周圍都這麼安靜，一根針掉在地上都顯得吵。在絕對的死寂中，**任何聲音**你都聽得到。」有次，某客人帶著小寶寶來訪。屋主讓他們住進側屋、離主臥室最遠的一端，但因為整間屋子實在太安靜，即使遠隔千呎，他還是能聽見小寶寶的哭聲。他猛地打電話給波拉克抱怨。波拉克向客戶解釋，他之所以聽得見，不光因為寶寶哇哇大哭本來就很有穿透力，更是因為屋裡**別無其他的聲音可聽**。

最沒轍的一次，是這位客戶打電話來，抱怨他在自己辦公室聽見嗡嗡低鳴。辦公室可是客戶指定的「內堂聖殿」，極盡安靜之能事，這間房的位置離機房極遠，而且做了一切可行措施，確保至少在這個自成一格的空間，屋內其他地方的聲音都不至於滲透進來。

「你確定聽到嗡嗡聲？」波拉克問。

「我人就坐在辦公室，」客戶說，「現在就在聽。」

「確定不是你的電腦風扇？」波拉克又問。

「不是，」客戶說，「不可能。」他的電腦——不用說，當然是市場上最安靜的型號，而且完全安置在獨立空間。「這是刻意弄出來的那種嗡嗡聲。」客戶不耐煩的總結，「你一定得過來想想辦法。」

波拉克終於被打敗了，悶悶不樂地驅車前往長島。他抵達那棟房子，經過一間又一間的房間，來到內堂聖殿。一關上身後的門，他就聽見了嗡嗡聲。電腦當時沒在使用，四周也沒看見電腦的中央處理器（CPU）。客戶宣稱電腦主機「完全獨立置放」，但那個嗡嗡聲聽起來就像主機風扇的聲音，絕對是風扇沒錯！

波拉克走近一張巨大厚重的古典書桌，主機就藏匿在書桌裡。他一把拉開書桌櫃門，他回憶：「那台主機簡直就是在哭號！」它被嚴密封在一大件厚重傢俱裡，完全無法呼吸，風扇無時無刻不在拼命運轉。不僅如此，客戶以前習慣的辦公空間有尋常的背景雜音可掩蓋電腦本身努力換氣的聲音，現在，他第一次聽見了自己整天使用的裝置所發出的聲音。

※

波拉克客戶書桌裡那台可憐小電腦氣喘吁吁的硬碟，恰恰可當作一個比喻，說明如果我們千方百計創造出完全隔音的空間，那會發生什麼事：最後一定有人會悶死！他們掙扎呼吸的喘氣聲會越來越大，直到我們宣告投降，放棄全面控制噪音的幻想。

因為說到底，在我們誕生於世時，也是扯著我們小小的肺用盡力氣哭吼的，但同時我們又害怕巨大聲響，需要安靜方能入睡。因為我們是人，我們最深層的爬蟲腦先天便設定能夠偵測噪音，也有可能偵測失敗、漏接訊號，卻把聽見的無論哪種聲音都稱之為「噪音」。事實上，如果別無其他聲音可聽，到了某種程度，我們的耳朵往往會開始自己製造聲音。

我和哈德斯佩聊到耳朵內建的放大功能在聽覺過程中扮演的重要角色，他提到，正常耳朵有百分之八十五在安靜環境中會持續製造單一音調或多音調的聲音。「我們的耳朵會自己製造噪音？」我不敢置信。「沒錯。」他用不慌不忙的語調說，「那個聲音一般可以持續好幾個月，或者好幾年。那聲音不會中斷，訊號也不會隨時間改變。」

這種名為「自發性耳聲傳射」的聲音（可能是我們身體所發出最浮誇的聲音），是哈德斯佩目前正在研究的重要領域，因為耳聲傳射有助於解釋耳朵放大聲音的作用。很多脊椎動物的耳朵在安靜的地方會變得不穩定，乃至開始發出音調。並不是這些音調本身有何用處，它們反映的情況很像一個視聽會場具備的擴音系統。

正常來說，擴音系統會開得恰到好處，既能擴大聲音，但又不至於大聲到聲音開始振盪。耳朵的擴音功能也一樣，會不斷配合環境聲響自我調節，遇到安靜的環境就打開。「但在非常安靜的環境，」哈德斯佩說，「因為輸入訊號不足，擴音系統會越開越強，直到失去穩定，產生振盪，進而自己發出聲音。」如果我們真能在生活中做到徹底隔音，接下來可能就得應付自己耳朵的擴音機制固定反饋回來的噪音，因為擴音機制會越調越強，設法弄出一些聲音來聽。

不過，以現行聽覺環境來看，還不必輾轉反側去擔心自發性耳聲傳射會大規模發生。大多數人更有可能遭遇的情境是嘈雜環境下過度刺激，對毛細胞造成損害，以至於毛細胞無法再於聽覺程序中有效的發揮功能。「簡單來講，就是我們正在燒毀自己的擴大機啦！小子。」哈德斯佩這麼解釋。

精品級寧靜

終於，與大量隔音從業人員談過，探索過數十種不同產品之後，我意識到：沒錯，只要你有錢也有時間——最重要的還是有錢——你一定能找到隔音方法去應付幾乎任何噪音。但安靜變成一種消費商品的概念，讓我不太舒坦。

什曼斯基（Jeff Szymanski）是出席噪音管制基金會座談會的一位聲學顧問，說到他最近想添購一台洗碗機，結果情不自禁陷入比較不同洗碗機所產生噪音大小的僵局，最後他買的並非最安靜的產品，他說，關鍵在於「最安靜的產品通常也是最貴的。也就是說，安靜被視為一種頂級服務，就好像如果你負擔得起奢侈品，你就能買到噪音管控。」寧靜成為有錢人才能獲得的犒賞，我對這個想法耿耿於懷。

還有個問題，那就是，即使有一天尖端隔音技術也能和重低音喇叭一樣價廉，那麼這個問題也依舊存在。我絕對認為每個人生活中多少都需要一些隔音措施，但誠如本書開頭所言，我其實不認為聽到的聲音越少越好。恰恰相反！我希望能聽到**越多**不同的聲音。但是，什麼樣的隔音技術能幫助我做到這點？

再說一遍，新的噪音之所以造成問題，既是因為它破壞了寧靜，也是因為它剝奪了其他所有忽隱忽現的聲音。我越深入調查，越發現自己被迫承認，我其實也喜歡聽人們做日常瑣事所發出的聲音，而且程度往往不亞於我喜歡聆聽鳥兒鳴叫。

我喜歡玻璃杯和餐具發出的清脆叮噹聲、人聲交談混成的曲音、門板咿呀擺動，還有百葉窗簾被「唰」一聲拉開。我喜歡聽見有人練習樂器，雖然彈奏技巧不怎麼厲害。我也喜歡頑皮的孩子興奮得嘰哩呱啦，一連串童言童語蓋過我的思緒，哪怕我正在進行最嚴肅的思考……這些種種未經加工的聲音輪番上陣，無從預測何時會出現——前提是不至於太大聲，而且**偶爾**會被如安靜等事物中斷——是我選擇繼續生活在都市的原因之一。

但既然今日的噪音多半都是出於個人意願而產生，給每個人發一套自動靜音配備，讓人人都能按照意願製造出自己想要的寧靜，不是最好的解決方法嗎？給每個人裝備一台靜音機，讓我們四處移動，轟毀周遭各種討人厭的噪音，在自己周邊創造一種「個人聲音屏障」，不必再擔心身處的環境正在製造多少噪音。要靜要吵，自由選擇！

話是沒錯，但……我必須坦承一件事。當我仔細思考這種可能，人人擁有自己的靜音機，將自己封閉在私人的靜音罩裡，這樣的世界與路上人人戴著耳機、將隨身聽開得很大聲的世界相比，我並不覺得有比較好。隔音做到一個程度，無非也就是另一種將自己與外界隔離的方式，但是我並不想感覺與外界隔離。不只如此，我也不認為自己有**想要**跟外界隔離的念頭。不只如此，我也不希望有人企圖與外界隔離，畢竟我們都一起身在這裡。

隔音是了不起的技術，就像防彈背心也是很了不起的發明。但如果從來就不必擔心遭到槍擊，難道不是更好嗎？

如果這間氣派的宴會廳裡所展示的技術，都不是追尋寧靜的靈丹妙藥，那麼答案又會是什麼？

※

離開迪爾伯恩之前，我因緣際會體驗到一個小時近乎全然的寧靜。參加「噪音防治研討大會」有一個附帶好處，主辦單位為我們安排了一趟特別行程：參觀福特胭脂河製造工廠暨應用研發中心。除了導覽介紹，主要想讓我們一窺福特S-150卡車的生產幕後，看看最新款卡車如何做到減低噪音、振動和剛硬，跑得比以往更平穩、更安靜。

孰料，計畫趕不上變化，二〇〇八年夏天不巧遇上汽車產業危機報應在美國自己身上。我和滿滿一輛巴士的「噪音研討會」與會者抵達工廠時，才知道福特已經把二〇〇九年所有新款卡車的生產時程，至少延後了九十天。

空曠寬廣的工廠變得死氣沉沉。從圍繞廠區邊緣高築的展望平台俯瞰整片工廠，有如望進一座潔白的金屬森林，東一處西一處交叉著橙色欄杆和黃色梁柱。數百條黑色軟管動也不動地從天花板垂掛下來。輸送帶凍結在原地，什麼也輸送不了：「小鎮啊，你的街巷將永遠寂靜。」❷巨大的清潔機具趴伏在暗處，恍如蜥蜴，悄無聲息。

每隔十五分鐘左右，會有一輛廠區小車憑空出現，迂迴繞進潔白森林的深處，任務目的誰也不曉得。即使你跟我一樣對汽車產業並無特殊喜好，眼前這片景象依然令人敬畏，也教人害怕。歷來為汽車製造業設計的隔音技術，沒有任何效果比得上公司破產倒閉產生的效應。

我呆立良久。終於，一名身形穩重、臉色陰鬱、約莫五十來歲的女性出現在我身旁，她似乎是福特公司的導覽員。她嘆了口氣低頭凝望廠區，比劃了一下位於我們下方的龐大機具。「這裡，這是底盤組裝區，所有零件會被送來這裡——車門支架來回移動，還有鑽子和噴槍——我猜之前工人應該都必須戴上耳塞吧。」話剛說完，她就像來時神奇地冒出來那般，又緩緩飄走了。

我又逗留了一會兒，才慢慢繞著偌大的廠區走了一圈。整座工廠僅有的聲音出自於依循固定間隔而裝設的影像螢幕。螢幕上的影片循環播放，每隔一陣子會突然出現人臉，高聲宣布：「歡迎來到方向盤組裝區！我是唐恩。」或是「嗨！我叫巴布。我是擋風玻璃組裝員。歡迎來到擋風玻璃組裝區。」諸如此類。這些幽靈似的員工爽朗的聲音有如肥皂泡泡般飄浮在荒棄的胭脂河工廠，然後啵地一聲破掉，墮入真正的寂靜。

※

返回凱悅飯店的巴士上，我透過層層濾光的車窗凝視著沒有盡頭的多線道高速公路，這是人稱「偉大的美國長城」。車內空調在四周轟轟運轉。所以答案是什麼？我又問了自己一次。其實很明顯，不是嗎？既然關鍵不在於個人生活的隔音——因為你我會在乎公共空間裡的聲音——那麼真正通往寧靜之路，勢必隱藏在公共政策的變革之中。

我們必須做一個關心公共事務的公民，站出來支持對抗噪音的開明立法改革。我們必須堅定意志，迎戰所有小型戰役和大型戰爭，不論挑戰的是個人，是企業，或是政客。我們要把噪音對每個人的傷害一五一十分析透徹，伸張人類有權活在一個不受噪音侵害的環境，正如有權活在無菸害的環境。我們自詡進步派的人，必須集結起來上街遊行，從反對新科技的盧德主義者手中奪回我們的夜晚！現在就站起來吧，雙手圍在嘴邊，開始為噪音發聲！

我離題了，趁我還沒太過偏激、也還被人帶走之前，我得住嘴了。懷著熱切對抗的心情，我要動身去看看噪音政策迄今到底搞了些什麼名堂。

2　譯注：出自濟慈詩作《希臘古甕頌》。此處譯文參考余光中《濟慈名著譯述》（九歌，2012）。

第十章　開戰

透過公共政策來追求寧靜，無疑造就了許多響亮的頭條標題。例如，在我投入研究這個主題的那一刻，我就在《紐約時報》看到斗大的標題寫著：「全球興起反噪音的聲浪」。這篇文章說，噪音是今天公認最無所不在、也最惱人的一種汙染型態，而且諸多戰線都受到新的攻擊，牽涉到數十億美元的損失，而且身心健康受到影響的民眾以數百萬計。

這篇報導也敘述了一場對抗噪音汙染的新運動，不僅牽涉到聯合國，也攸關聯邦政府、州政府和地方政府、科學界與產業界、法律從業人士，以及公民個人。文章中引述了一個研究：接受實驗的兔子與老鼠，每天僅有一成時間暴露於都市中的噪音，結果產下缺陷胎兒的機率，比生活在安靜中的鼠兔高出**二十五倍**。

此外，這篇文章也提及在倫敦希斯洛機場周邊區域，心理疾患的病例數激增。據聯合國世界衛生組織統計，為噪音付出的代價，光是美國一年就上看四十億美元，這些費用花在因噪音傷害所導致的賠償金、意外事故、效率低下和曠工缺勤。

往好的一面想，聯合國召開的環境會議已指名噪音是「國際研究與控管」的重點範圍。這種進步的跡象來得不算太快。國際馳名的聲學專家兼加州大學榮譽校長努德森博士（Vern Knudson）預測，如果噪音音量持續上升，人類這個物種將如同恐龍走上滅絕一途。

唯一的問題是，這篇報導刊登時間為一九七二年九月三日，我發現嘗試以政策來對抗噪音的作法，從曙光乍現之初至今已經逾一個世紀！

一九三五年十月一日，紐約市長拉瓜迪亞正式向噪音宣戰——特別是交通、夜總會及人行道兩旁店家前的擴音喇叭所製造的噪音。共計一百五十個大都市的組織單位支持這場行動。行動展開的頭四天，警方發出總計五千三百一十七張警告單，而到了當月底，警告單的數字飛漲至兩萬零五百四十六張，加上一百七十五張傳票。

數以千計的市民來信湧入市長辦公室，盛讚拉瓜迪亞發起的行動。這位號稱「紐約史上的最佳市長」甚至願意多花心力調查民眾的投訴，不論是多麼奇怪的申訴，例如，一名投宿於皮耶飯店的女子反映，有一頭海豹整夜吵得她不能入睡，她差點沒抓狂。警方沒有打發她走，反而循線追蹤到中央公園動物園，找到那頭擾人清夢的動物，轉送到布魯克林安置。這場仗看似打得成功，但不過幾年，戰火尚在延燒，報章媒體已然宣稱「這是一場英勇、但不幸未見效用的反噪音行動」。

倫敦在一九二〇與三〇年代屢次對噪音宣戰。墨索里尼一九三三年在義大利也向噪音宣戰，他是受到英國《Punch》雜誌中一幅諷刺漫畫的啟發。該漫畫描繪他身披古羅馬王袍宣告統治霸業，底下圖說寫著：「讓羅馬有多偉大就有多安靜。」

某天我驚訝地發現，我那從事神經科醫師兼心理醫師的外曾祖父普特南（James Jackson Putnam），曾經出席一九一二年召開的國際大會，與會者約有五百位醫師和律師共同提出了「廢止噪音」的目標，認為噪音是對文明的野蠻威脅。德國人也在一九〇八年對街頭噪音發起抗爭，而紐約市「尋找寧靜的十字軍東征」於一九〇六年登上世界各地的報紙頭條。

反噪音政策的歷史沿革，讀來往往像一部興致勃勃改造卻徒勞無功的編年史。每隔一段時間總會有衛生專家端出研究，揭露噪音對聽力、心血管系統和心理健康造成損害的最新發現。然後，這些相關的研究結果在公開發表後，法院經遊說同意通過立法，警方挾著氣勢上街掃蕩，執行出乎意料嚴格的新法。寧靜總算獲得應有的伸張。然後，就在某一天，某人早上醒來發覺：嘿，怎麼周圍的一切好像又比以前更大聲了呢？

簡直就像是噪音令人分神的效果，害我們記不住截至目前對抗噪音的進展。這種令人分神的效果擴散得如此之廣，有時甚至反過來幫了寧靜一把。美國史上最重要的噪音防制規範在一九七二年經尼克森總統批准通過，就是一連串分神所造就的喜劇。

一九六〇年代末期，美國各州與地方政府密集投入心力，希望控管鐵路及貨運產業所發出的噪音，費斯（Ken Feith）是一名公務人員，自一九七三年起就在環境保護局負責噪音防治工作。許多遊說團體前往國會山莊，要求免受噪音法的管控，理由是這些法條會干預商業自由的流動。於是國會商請環保局針對噪音對公共福祉的影響進行調查——調查結果造就了「噪音管制法」的誕生。

崔恩（Russell Train）一九七二年在尼克森執政時期的環境品質委員會出任主席，他告訴我，他覺得總統當時之所以會制定環境政策，主要是想分散公眾的注意力，減少關注民主黨對手拋出的環保議題。而噪音法案能混入這整捆相關提案裡，唯一的原因，就是因為尼克森本人拒絕關心立法細項。

噪音管制法到今天仍留在法律全書中——而環保局依法可以強制執行法條內容。（別的不說，噪音管制法為交通運輸工具及設施、機械裝置、電子設備，以及其他商業產品建立了嚴格的噪音排放標準，同時等同宣告聯邦政府的行動對於在商業管制中處理重大噪音的來源，至關重要。）然而，現在似乎沒人記得這條法案的存在。自從噪音削減及管制辦公室在雷根總統任內遭扣除預算後，這條法案就一直處於被人忽略的陰暗邊緣。

如果回顧對抗其他種類汙染的歷史——就拿霧霾來說好了，總體趨勢是不斷向前進展的。空氣汙染防治的具體規範初次頒定正值一戰前夕，因陸續有研究指出在礦坑及工廠工作所造成的長期後果，因此當局做出了回應。此後，科學家指出更多健康風險，汙染排放也因此受到更多規範。

然而，巨大擾人的噪音卻是個例外，對抗噪音的曲線圖看起來不像步步上升走向開明啟蒙，而像股市劇烈起伏的震盪圖。

認為噪音相較於霧霾對公眾健康的危害，並沒有那麼嚴重——這是最簡單的假設。如果基於全球暖化的觀點，這推論當然沒錯。但根據世界衛生組織二〇〇八年的報告指出，道路交通噪音對健康的整體危害，其實比空氣汙染物質**高出**百分之四十。

世衛組織噪音專案小組負責人金洛河博士（Rokhu Kim）告訴我，內燃機引擎排放的懸浮微粒會提高心血管疾病的死亡率，政界對此雖有強烈共識，但要詳細說明這些微粒實際如何進入身體並且傷害心臟，依然有其難處。至少在目前，金博士說，「我覺得可以說，比起空氣汙染，噪音引發心臟疾病在生物學上的可能性更高。」

提到對心理健康的危害，噪音汙染絕對輕鬆得勝。噪音不只會刺激神經，還會實際激起人的殺意。例如二〇〇八年八月，在洛杉磯近郊的帕科馬，一個叫賽拉托（Raymundo Serrato）

的男子遭槍殺身亡，原因是他的汽車音響放得太大聲了！鄰居回憶說，賽拉托經常一大清早才回家，音響放得震天價響。「我猜（槍手）大概是覺得受夠了。」

噪音製造者本身應付化為暴力型態的抱怨，也有一段漫長的歷史。而且，就算噪音並未激起槍殺或持刀行兇，也可能引發失控的憤怒。美國法律體系設立的一大用途，就是讓痛恨噪音者與噪音製造者對簿公堂，進行一連串無止盡忍耐極限的對決。

確實有得來不易的勝利——但僅限於極小範圍地方性的勝利，而噪音就其定義來說，可從來不把界線放在眼裡。而且，當某個地區反噪音的法律越是嚴格，法令本身就越容易受到責難。

薩拉索塔市通過立法管制音響車的噪音，就是個絕佳例證。從二〇〇八年四月起，在薩拉索塔市，只要有一名警察在二十五英尺外聽見你的汽車音響，即使是初犯，他也能扣押你的車。這條新法令通過一年後，我致電薩拉索塔市警局的史提勒隊長，想知道立法的成效。

他鉅細靡遺告訴我當地居民多麼熱烈支持這條法令，而且非常見效。我說，那豈不是太好了？然後我進一步細問他目前狀況如何，結果電話那頭沉默了半晌。接著史提勒才說：「目前市檢察署提醒我們，已經有人上訴這條法令牴觸了憲法，現階段我們暫停了所有執法，等待訴訟告一段落。」他不確定這條法令何時能恢復生效，甚至不確定能否恢復。就算地方真能通過嚴格且長久的反噪音法，地方警察也很少有相應的資源可以確實執行。

我深入思考這個問題，發現答案似乎越來越清晰：只有全國性的行動才能真正起作用。但聯邦政府對噪音的關心程度與看待亂闖馬路的現象差不多，因此環保署近年與噪音相關的重大行動，就是主持一個數年計畫，為耳塞、耳罩及同類產品提供更好的標章；也有人提議利用網路宣導對此事的關切。

※

很諷刺的是，以嚴刑峻法來防治噪音，要真正能堅持下去，似乎只有**實際處於戰爭**的時候。一九三九年某夜，依據國王親自蓋章的一份文書，全英格蘭人民從當晚起禁止「在公共可聽見之範圍內，鳴響任何警笛、汽笛、哨子、撥浪鼓、鐘、號角、鑼或類似樂器」，除非是由當局人員通知鳴笛作為空襲警報。

一九四〇年六月，這個政令進一步延伸到包含了原本豁免於外的教堂，有史以來第一次，連教堂鐘聲也陷入沉默。民眾都能明白，為了讓戰事相關人員休息，安靜是絕對必要的，而且任何額外的聲響都有可能蓋過某個攸關民眾或軍隊存亡的警告信號。

可是，不訴諸現代軍事衝突，也一定有其他辦法能號召大眾對反噪音法律的支持吧？我盼望有個樂觀而振奮人心的故事。正是此時，我想起一個不凡的人物萊斯（Julia Barnett Rice），這位二十世紀初社會運動的女家長，成功讓紐約市安靜了下來，她靠的是限縮噪音的定義。

寧靜之后

茱莉亞・萊斯被巴黎媒體封為「寧靜之后」，是追尋寧靜有史以來所造就最不同凡響的女主人公。她於一九〇六年創立「非必要噪音抑制學會」，作為全世界第一個馳名國際的反噪音團體。

與學會創立約同時期流傳的一幅畫像中，可見到茱莉亞是一位臉型方正、眼眸烏黑而憂傷的女士，眉毛低垂，頭頂的黑髮濃密如冠。她有荷蘭猶太裔血統，於紐奧良躋身上流社交圈，後來成為音樂家兼古典學者，也在紐約醫院的女子醫學院取得醫學士學位。

一九〇六年時她四十六歲，已是育有六名子女的母親，一家人住在位於河濱大道的義大利風格豪邸，她的丈夫將這棟豪宅以她的名字命名為「茱莉亞別墅」（Villa Julia）。宅邸內有多個隔音房間，而且能俯瞰曼哈頓島上絕無僅有的哈德遜河美景。

她的丈夫艾薩克不只是一名音樂家，也精通公司法，曾以發明家的身分攢得財富，此外還是個西洋棋高手，獨創一種高深難解的開局讓棋法，被封為「萊斯開局法」（Rice Gambit）。艾薩克在家中一個全無噪音的房間鑽研出這一步棋，這個房間是他特地請人在茱莉亞別墅地基下方深處的堅硬岩層鑽鑿出來、須乘坐特製升降梯才到得了的空間。總言之，萊斯夫婦見證了一件事：在那個時代沒有伴隨網路而來的噪音干擾，兩個普通人能有多少成就。

茱莉亞別墅的窗戶是經常敞開的，好讓全家人能享受河岸的微風。然而，一九〇五年夏天，萊斯夫人注意到窗外風景多了一種聽覺上的眼中釘。拖船的鳴笛聲向來惱人，但現在忽然變得更加頻繁，吵得她整晚睡不著。有句話說：「只因磨難廣加於眾而不獨施於己，人便甘願屈從，此乃人墮落至深之兆。」茱莉亞從哥倫比亞法學院雇來了一群學生，循線追蹤這個噪音。

她將六名學生派駐在哈德遜河沿岸地點，觀察了數個晚上，學生發現的結果令人驚愕。單單在十二月初的某個晚上，他們就記錄到近三千次的鳴響船笛。有幾次，這群童子軍坦承，他們只能拋下筆投降，因為船笛聲來得實在太頻繁，根本來不及記錄。

茱莉亞不只請學生設法記錄鳴笛的次數，也請他們留意船笛聲的無窮變化，她形容從最尖銳的尖叫到最低沉的嗡鳴，從不到半秒的驟響，到震裂耳膜的長聲尖鳴，無所不有。她在報告中引用心理學家蘇利（James Sully）的看法，強調不規律的模式會造成怎樣的危害：「當先後出現的聲音完全無順序也無規律時，人的精神會一直維持在一種可稱為緊繃的狀態，坐立不安地等待每一個接續發生的瞬間。」

茱莉亞的報告寫了密密麻麻的三十三頁，涵蓋各種不同天氣狀態。她明確指出，即使是在某個晴朗無雲的週日夜晚，這些豪爽的船長們依然鳴響船笛達一千一百一十六次。她還委託另一組學生在曼哈頓沿河兩岸往上下游追蹤，調查對於警察、巡守員和一般市民來說，這些船笛噪音對他們所產生的影響，以收集第一手供述。為了讓舉證充實有力，她還訪問了幾位老實的船長。茱莉亞發現，絕大多數船笛聲，跟那種為了防止意外衝撞而發出的警示聲毫不相關。拉響船笛往往只為了表現「友好」——相當於船與船之間用笛音擊掌。

另一些時候，船笛則用來叫醒倒在河岸酒館木屑堆中、那些喝得醉醉茫茫、將啤酒灑了一地的船員，或向幽居在河濱大道沿岸住家的女僕暗送信號。事實上，片刻不得歇的船笛不僅遠未能展現對行船安全的重視，反而讓真正緊要的警報聲難以分辨。

萊斯的報告裡滿載證據，證明這些船笛聲不只惱人，而且毫無必要。她公然向其宣戰，指控這些拖船謀害睡眠，進而危及健康。從頭到尾，這場行動執行之縝密令人折服。

紐約市衛生局對此開脫責任，宣稱哈德遜河是國有水道；茱莉亞旋即轉向負責碼頭、港口、汽船的聯邦機構。眼見這些官僚機關也拖泥帶水地不願處理，她改變方針找上警察局、醫療機構院長、醫院內的病患，採訪船笛對健康造成的嚴重影響。她在短時間內蒐集到大量證詞，證明噪音至少對一萬三千名可憐人施加了折磨。此後，她繼續投入更多心力，直到終於成功把報告送進華府。

商務與勞工部召開了公聽會，允許她代表紐約市所有的醫院發言。國會議員班尼特（William Bennet）接下她傳遞的火炬，願意協助處理此事。有了班尼特的堅定支持，首場公聽會的十個月後，茱莉亞終於打贏了這場仗。紐約、波士頓、費城的汽船查核委員會宣布：所有非必要且不分目的發出的警笛與汽笛聲，一律禁止！違反這條法律的拖船將處以高額罰鍰。

偶爾有小心眼的船主想報復茱莉亞，趁夜悄悄把船駛近茱莉亞別墅下方，對著萊斯家猛拉幾聲船笛，再迅速開溜。茱莉亞會追捕到這些船，把船長送上法庭。

公務官員和市民捎來的支持信幾乎將她淹沒，茱莉亞信心倍生，決定創立團體，把這場仗擴張到更大範圍的目標。於是，幾個星期後，她和艾薩克在茱莉亞別墅隔音良好的圖書室辦了一場聚會。當時，紐約市的達官貴人齊聚一堂，將她推選為會長，然而，只有茱莉亞自己投下了不同意票。

她誤打誤撞想到了一個有效對抗噪音的妙方，精髓就在她最初向媒體發出的聲明中：「這並不是一個反噪音學會。」她宣告，「很多噪音當然是無可避免的。」一如他們為學會起的名字，茱莉亞與支持者只針對「非必要的噪音」。

她發起聖戰的同時，適逢全球對於能量效率的最大化產生一波濃厚的興趣。茱莉亞創立學會的同年，詹姆斯（William James）發表了一篇名為《人的能量》（*The Energies of Man*）的論文，宣稱人在「不完美的活力」下從事勞動，無法充分利用能量來源。倘若我們能善用這些能量，將能大幅提升工作與思考的能力。而噪音——吱嘎的煞車聲、刺耳的齒輪聲、不必要的鳴響汽笛、各種摩擦發出的響聲等，全都代表被浪費掉的能量。

因此可以說，茱莉亞是以對企業領導人和工業團體的友好姿態來處理這個問題。她向工商團體說明，將噪音視為「進步必要的一環」是個錯誤觀念，而他們都在錯誤觀念下辛苦勞動。她沒有把安靜給美化或神聖化了，而是讓安靜等同於經過充分上油潤滑、運作平穩流暢的機器。寧靜與利潤興衰與共。

此外，正如作為經濟發展原罪的霧霾是舉目可見的汙染指標，茱莉亞認為噪音之惡也一樣，只要聽見它，一切就不言自明。她開發出一款能極盡精準重現都市噪音的「留聲機」。與其囉唆去解釋某些噪音為什麼沒必要，她只需重播一遍都市噪音，就足以說服許多人這些噪音毫無意義。

萊斯夫人學會的下個目標是醫院周邊的區域。有醫生和醫院行政人員的說法來證明噪音對療程造成延遲和浪費，茱莉亞著手創建現代醫院的「靜區」（quiet zone）。五十九家醫院提供約一萬八千張床位加入她的管理。然而，雖然採取多重防範措施，茱莉亞發現這些靜區依舊吵嚷不休。

深入調查下，她發現很多噪音出自那些在醫院遊蕩的孩童。這些孩子他們在醫院找樂子，茱莉亞形容為「悲哀地渴求刺激」，在可憐、傷殘、需要救護的病患景象中尋求滿足。她逐一將問題記錄下來。例如：下午三點五十分：八到十名男孩在東口閒晃，任意叫喚僕人。他們佯裝受傷，走進庭院往急救入口移動。用棒球棍敲打圍籬。

不過這些小混混沒有被押送進警局，茱莉亞很同情他們沒有合適的遊玩場所，反而發起另一個聰明的公關計畫。一九〇八年春天，茱莉亞為「非必要噪音抑制學會」成立了兒童醫院分部。在與多位醫生商議過後，她向多達兩萬名孩童進行了一連串演講，講述噪音帶給醫院病人多大的折磨。

她請求這些青少年幫助她緩解這種不幸，希望他們允諾不在醫院院區玩耍；假若有人生了重病，也不要在這些病人的住家前喧嘩。作為交換，她賦予他們正式的會員資格，讓他們成為這個附屬分部的一員。為了提醒孩子們記住自己是解決方案的一份子，她發給每人一枚徽章，要求他們只要在外遊玩，就必須別上徽章。這個徽章只在黑底上刻印了一個詞：仁慈。

結果證明，這場行動非常成功，茱莉亞收到的許諾很快堆積如山，例如有些孩子寫下這段令人揪心的誓言：「我**答應不會**在任何醫院附近或周圍玩鬧。如果**真的**經過，我會**緊緊閉上嘴巴**，因為那裡有很多生病受傷的人。我也不會讓自己變成**十足的**討厭鬼。」

※

「非必要噪音抑制學會」爾後陸續贏了幾場代表性勝仗。茱莉亞在歐洲各地和美國成為反噪音運動的標竿人物。不過，縱有她的精明果斷，這一連串勝利也不盡然能說明故事的全貌，否則學會也不會在一九二〇年代逐漸沉寂。

發生了什麼事？隨著茱莉亞年事漸高，精力消退，肯定多少造成了影響。但如果她反對噪音的總體邏輯是通暢的，為什麼非要有她個人的領導不可？經過一番調查，我為學會的沉寂找到一個可能的解釋，就藏在一九二八年《新麥克盧》（*New McClure*）雜誌的文章中。該篇文章宣告，對抗噪音的戰爭再度發起：學會的努力橫遭阻撓。作者宣稱，「原因是引進了汽車」。

※

茱莉亞．萊斯的丈夫艾薩克據說是紐約市私人擁有汽車的第一人。他在這方面引領風潮，最終抵銷了他妻子為都市寧靜而做的種種努力。甚至，當紐約市公園管理局委員克勞森（George Clausen）撤回許可，不允許他開車穿越中央公園廣闊靜謐的園區時，艾薩克還怒斥為「高壓暴行」。艾薩克認為自由選擇交通工具是基本民權，因此，在他妻子教化曼哈頓周邊拖船船長行為之際，艾薩克卻在粉碎曼哈頓島中央的寧靜。

況且，雖然艾薩克和茱莉亞喜愛安靜，雅好藝術和音樂，但他們的子女卻可算是紐約市最吵鬧、最莽撞且拿命當兒戲的人。他們的女兒桃樂絲是紐約第一個騎機車在市區飆速的女性，而且在女性間掀起風尚，許多人紛紛跨上她們嗚嗚作響的機器，在市內四處競速。

另一個女兒則成為最早的女性飛行員。某次魯莽飛行的下場，是從八百英尺空中栽入長島巴比倫鎮海岸邊的水域。她披在飛行服外的毛皮長大衣將她的腳踝纏在飛機殘骸上，費了好一番工夫才解開，但她躺在醫院病床上，還稱這整場冒險「真是笑死人了」。

萊斯一家的汽車、機車和飛機，以及他們推波助瀾帶動的風潮，所發出的是必要噪音嗎？縱觀萊斯家族和噪音的歷史，我想到《李爾王》劇中的名言：「毋須事事講理。」

※

但再怎麼說，茱莉亞的學會發起的行動，至少在持續期間都令人印象深刻地有效。當初何以有第一波對他們的支持？每場新的攻勢，其實都建立在謹慎測量噪音的基礎上。

聲音的測量，也為下一波大規模反噪音倡議奠下基礎。一九二〇年代，世界各大城市紛紛對噪音宣戰，而刺激開戰的往往是新的測量技術，例如貝爾實驗室發明的「聽力計」，號稱是當時全世界最精準的聲音測量裝置。

使用時，一耳暴露於環境中，另一耳戴上與機器連接的耳機，聽力計的操作者轉動旋鈕，放大機器發出的嗡嗡聲，直到音量強到蓋過周圍環境的噪音，這時旋鈕所指的數字，就是該地點的噪音級數。因此，要明確判定市區哪個地點的噪音最大，也從此成為可能。

以一九二六年的紐約來說，經測定最吵的地點是第六大道與三十四街路口，測出的噪音強度是「比安靜高出五十五個感覺單位」。弗里博士（E. E. Free）是《論壇》期刊（*Forum*）贊助下專事噪音研究並發表相關文章的科學家，據他所言，這種強度代表了一件事：如果與人在那個路口對話，「你必須大聲嘶吼，把對方當作比半聾還嚴重的聽障者才行。」我不禁猜想，倘若是四年後，時值半個街區外的帝國大廈破土開工，聽力計不知道又會測得什麼結果。

這雖然還不是最客觀的計量，但已逐漸改變音量的量化標準。一九二九年，衛生專員韋恩成立噪音防治委員會時，工程師開著卡車在市區繞行，韋恩形容那裝滿奇特配備的噪音測量車，是史上第一個巡迴移動的噪音實驗室。

這輛卡車行駛的距離逾五百英里，在市區各處總共一百一十三個地點做了七千次測量，從偏僻住宅區的安靜巷弄到嘈雜的公路幹道，用分貝單位把所有聲音都記錄下來。這是噪音測量量尺第一次的大範圍應用，而我們至今也依然仰賴這個量尺，只不過今日的用途是用來製作噪音地圖。

※

噪音地圖代表未來——透過公共政策追求寧靜的未來。各國為此已經投資了數萬英鎊和數百萬歐元，但似乎沒人能夠向我解釋「噪音地圖」是什麼。它是實際呈現噪音來源或噪音音量的一幅地圖嗎？懷爾（Jim Weir）是丹麥公司Brüel & Kjær（簡稱B&K）的產品經理，他的公司是聲音測量業界先驅。當我向吉姆問起噪音地圖，他給的最近似定義的解釋是說，噪音地圖包含了整座城市的環境噪音監測，而製作噪音地圖在機場行之有年。所以，這些地圖的用處是什麼？我問。「聯邦航空總署會對機場噪音開罰。」他說。

「所以地圖能協助機場處理噪音汙染囉？」我試探地問。地圖確實有助於減低噪音，懷爾說。同樣重要的是，地圖能減少抱怨投訴。他話音一沉，彷彿別有用心：「好吧，我就把我的發現告訴你。對機場管理而言，那些漂亮圖表和彩色曲線、用圖形和疊層來呈現噪音，比實際用麥克風收音**還來得重要**。」他聽過一些案例，民眾看到有監測圖以後，機場噪音就不再成為問題。「知道有人正在監測，有時比實際量測結果來得重要。」他如此觀察。

我隨即明白，我必須走趟歐洲，親眼瞧瞧城市噪音地圖長什麼樣子。茱莉亞曾經寫道：「他們在歐洲把這些事管理得比較好，船隻汽笛大多受到抑制。我們的確是個美好的國家，但在日常生活中諸多簡單並合乎情理的尋常方面，還有很多事應當向舊世界學習。不受不合理的噪音侵擾，就是其中最顯而易見的一件事。」

真實的未來

一隻大海鷗飛掠我的頭頂上方，幾輛汽車安歇在翠綠柔軟的青草地上。B&K全球總部位於哥本哈根市郊，由灰色半圓筒小屋式的低矮建築物構成，乍看下讓我想到舊時代自然主義者愜意的退隱居所。但走進大廳一看，所見無不光鮮亮麗，泛著金屬光澤，每個想得到的牆面都有多台靜音的平板螢幕電視閃動著畫面。這裡到底還是未來。

這天下午，我的聯絡人是曼維（Doug Manvell），這個年輕的蘇格蘭人留著兩側落腮的鬢角，職銜也長得可以：「應用專員暨環境噪音管理方案商品經理」。我們在B&K的員工自助餐廳共進午餐，同桌還有曼維的幾位同事，我趁機拿噪音地圖的問題拷問他們。

曼維告訴我，B&K賺錢有兩種管道：法律和商業。二〇〇二年，歐盟通過了所謂的「歐洲噪音指令」（簡稱END指令）。這條指令把噪音排入歐盟的議程，為歐洲各國減低噪音確立了架構，未來數年也將繼續主導政策走向。END指令的核心要求是：所有歐盟會員國皆須創建噪音地圖。

但話說回來，噪音地圖究竟是什麼？

同桌有人說，噪音地圖包含了「建立音景預測模型」。我還沒機會細問，話題已經深入到建立音景的原則也預告了他們公司業務的商業走向。

曼維解釋，各家公司找上B&K，多半是希望調整產品的聲音，以增加商業獲利。「典型的意思是，」他說，「製造商希望為車輛或其他商品建立音景。」

我對摩托車音景的概念略有認識。幾年前，噪音法規將機車刺耳的轟鳴列為違法，哈雷機車被迫也須遵守法規。不過，當時哈雷機車負責噪音與震動設施的波茲莫斯基（Alex Bozmoski）說：「哈雷的老玩家社群要求哈雷機車應該要保有獨特而不會被錯認的聲音。」於是，該公司的目標變成要讓往後生產的機車聽起來還是哈雷，只是比較安靜。

他們減低零件的吱嘎聲、撞擊聲和其他不受歡迎的機械噪音，並調整設計，讓排氣管和引擎的音調、音高、節拍依然維持顧客喜愛的平衡。同時，他們將騎士與機車在每個接觸面所受刺激的頻率和幅度，包括握把、座椅和踏板，給最大化了。簡單來說，他們把哈雷機車打造成一個巨大的震動器，然後替聲音取得專利。

另一個例子是捷豹汽車。調查發現，顧客對捷豹車引擎聲的接受度不高，於是生產商利蘭汽車（Leyland Motors）籌組專門小組來研究這個問題。他們把另一家競爭對手廠牌的豪華汽車聲音當作基準，該廠牌以引擎精密安靜著稱，但他們發現，捷豹車主其實同時想要兩種不同的聽覺體驗：一是精密感，一是威力感。捷豹必須為車引擎建立音景，在小貓呼嚕和河東獅吼之間取得平衡。

曼維說，商業音景的概念後來從汽車擴展到建築物內部，包含了簡單的例子，例如在公司接待櫃台設置迷你室內瀑布，利用水聲遮蔽不必要聽見的談話聲；也可能是特意設計醫院內的聲響，讓聲音環境更有助於治療。

曼維的同事吉恩（Kevin Bernard Ginn）解釋說，客戶可以持B&K新研發的「調查者」手持式聲級計在醫院內走動，記錄下各處的音量和噪音種類，再決定喜歡哪些噪音和哪種音量。（聲級計看起來就像一支像黑莓機接在酒測器上，一把大概值一萬歐元。）「一切都被設計得越來越和諧。」吉恩說。

曼維補充說，同樣原則也能套用在整個市鎮廣場。他要我想像廣場的一側交通繁忙，另一側是公園區，民眾在這裡歇腳休息，第三個區塊則是一連串餐廳和酒吧，人們希望在這裡享受身在大都市的興奮感。新的測量技術可以讓人繞行廣場，測量各區域的聲音。然後將資料交給工程師，分析指定區域實際的聲音與理想中的差距。公園的聲音足夠讓人放鬆嗎？酒吧的聲音具備興奮感嗎？然後工程師就能判斷：「好的，也許這裡和那裡可以調整一下。」

我漸漸聽懂曼維和吉恩在說什麼了。以他描述的廣場來說，在未建立音景的「自然」版本下，除非餐廳和酒吧的音樂放得超乎想像的大聲，否則走到哪都只能聽見車聲。然而，這一切說不定都可以人為調控。無論戶外或室內，整個聲音的世界在曼維的描述中彷彿可以被一塊巨大的混音板所控制，由像他這樣的人轉動旋鈕——不停調整各項特色的增益效果，以達恰到好處的平衡。

曼維和吉恩都同意，近至五年前左右，多數人仍認為除了實質降低音量以外，任何替代方案都有違噪音管控的倫理。但近年來這種立場逐漸軟化，很多人意識到，想把音量降低到專家認為絕對安全的程度，可謂代價不斐。相形之下，讓環境至少多些吸引力的概念，則越來越獲得支持。

「我過去十年來所做的工作，包含了設法把城市比擬成一部車輛。」曼維又說，假設目前有一部車——大家會講究它的空氣動力，講究油耗量，講究顏色。而我們**現在**就是講究它的音景，把建立音景當作另一種定位自己的方式。就這方面來說，城市本身和其他商品沒有兩樣。因為作為一座城鎮，你並非單獨存在於世界上，這就導向市場行銷的問題。就像有的人鍾情於福特車款，絕不會買其他廠牌，有些人生長在柏林，永遠不想去別的地方生活。但極大多數人並沒有那麼決絕——這也讓很多城市關注起音景和噪音的問題，不光為了保護市民，也是為了吸引遊人訪客。」

我們一邊聊著，我心裡忍不住揣想，未來將由誰來決定都市環境的聲音品牌？

※

老實說，與越多人聊到這話題，我越發現，僅僅是「建立音景」一詞，也能引發不少議論。每當聲音專業人士談到要改良**某樣東西**的聲音，意思幾乎只會是說話那個人心目中希望它代表的意思。除了商業界對建立音景的興趣與日俱增，也有些富有理想的計畫相繼開展。其中最好的計畫，往往包含藝術家與都市規劃師合作利用歷史音景，也就是研究哪些種類的聲音長期以來形成了某個環境的特徵。

有歷史音景的知識在手，就可以在選定的鄰里街區設法提升所謂的「標誌性聲音」（iconic sound）的可聞度（如老教堂鐘聲、市鎮鐘樓、水流聲，甚或腳步聲）。這些標誌性聲音可以維持生物多樣性，讓環境中更有機會聽見鳥鳴聲或風吹過植被的聲音。但要實現這類計畫，往往必須大幅節制使用科技，而且比起在混音中加入新的聲音，更關注如何去除新近的噪音層。

以狄克森（Max Dixon）的工作為例，他是音景專長的都市規劃師，協助大倫敦政府施政。狄克森是專家小組的成員，該小組希望改變目前車流聲淹沒特拉法加廣場噴泉水聲的現況。經由讓汽車改道，僅容許噴泉的一側通行，而靠近國家美術館的那一側不可行車，這個作法不只降低了整體的車輛噪音，也給了噴泉水聲音波一條暢通的路徑，通向美術館突出的門廊，水聲在此因為聚集在美術館入口處的人群反射而放大了。廣場上的這個位置，也正是民眾最有可能駐足聆賞水聲音樂會的地方。

有時，音景也能利用跨感官知覺和心理聲學來增進寧靜的感受。所以有研究指出，在聲音被障礙物屏障的區域裡，依據障礙物的視覺吸引力不同，噪音的惱人程度也會出現十分貝的差異。也就是說，如果障礙物的外觀醜陋，感知到的噪音音量就顯著較高。

另有研究指出，瀑布水聲雖然常作為遮蔽交通噪音的最佳方法，但若使水流沖擊金屬格柵，予人的往往不是寧靜的感受，反而會令人想到排水管道。實驗顯示，想要傳達祥和寧靜，以高頻率的水聲為宜。其中最能舒緩心情的聲音，是水流過不規則形狀的小石子而濺起水花的聲音。

能善用這些原則的計畫往往簡單且值得支持，但在幽微之處產生差異的特性，也讓這些計畫很難成為我在B&K聽到的那種大都會自我行銷方案的候選人。企業惦念的利益是實質利潤，對企業利益來說，音景太容易受到損害。狄克森點出了這個關鍵：「在追求便宜且迅速見效、而非從根本解決問題的人手中，電子聲學的應用大有可能演變成一場噩夢。」

噩夢不見得一定是電子聲學。本田汽車前些時候投資重本，在加州蘭開斯特市一條繁忙的道路上建立音景。該計畫的各種版本已經在亞洲多座城市實施，內容包括在柏油路面鑿出數千條細小的溝槽，當汽車駛過路面，路面就會奏起《威廉．泰爾》（*William Tell*）序曲。（本田喜美車以時速五十五英里慢速經過，演奏效果最好。）結果，附近的住戶只差沒被無限次重播的羅西尼名曲片段給逼瘋，而且路面經重複使用而逐漸磨損，樂音的音質也越來越差。

※

今日的現實是在世界各地，交通噪音已然淹沒其他五花八門的聲音。在世界各大城市，製造寧靜的巨額花費為電子銷售商打開了大得驚人的市場機會，兜售某些容易為人記住的聲音。

奧帕隆帕國度❶

午餐過後，我受邀參觀B&K公司。我們緩步經過一排又一排數不完的麥克風，各種想像得到的尺寸、各種長度的搖臂軸和各種大小黑色海綿圓頭，每根落在地上的細針都聽得見；無數部黑色和銀色的聲音測量裝置，外型有如為動物園的動物量體溫的大型數位溫度計。

有許多個盒子裡鋪著不同材料的內襯，用來測試放入物品搖晃會不會聽見喀啦作響；有許多顆假人頭，上面有螺絲釘、鐵夾和黑色尖刺向外突出，乍看像是某種新潮過頭的性虐待情趣用品，但顯然是用來測試電話的傳輸頻率。此外，也有數不清的筆記型電腦，炫耀地展示著室內聲學和環境噪音管理模型建構軟體的繽紛色域；後者正是B&K公司對噪音地圖計畫的核心貢獻。

我經過一個製作精細的等比例機場模型，裡面有一架沿著細鋼絲起飛降落的小飛機，有一架直升機，還有許多個小筆蓋模樣的麥克風，記錄不同種類的飛機噪音和飛航交通密度。

最浮誇的是一部實物大小的汽車，乍看下彷彿被織進了一張巨大蜘蛛網——其實是某種金屬網格，邊緣綴著數十個黑色的小錄音頭。工程師可以透過這個設置監聽及預測車引擎和底盤的每一次振動，判定需要做哪些微調，以創造理想的聲響平衡。

參觀途中，有人遞給我一本光滑閃亮的B&K公司簡介。翻開封面，我在扉頁看見一張很大的相片，是一名身穿麂皮外套、體格魁梧的男子，站在一整面光影模糊的都市霓虹燈前。如果說他其實是個不修邊幅的偵探，我也會信。但事實上他是斯凡・賈德（Svend Gade），B&K學院（Brüel & Kjær University）創辦人。

B&K學院是該公司經營的線上平台，大多在線上開設課程。在賈德頭上是一行創辦人的話：「聲音與振動包圍我們，穿透日常世界的每一面。如何避免聲音和振動影響生活品質，是我們面臨的挑戰。」重點在於，簡介手冊解釋，如今我們越來越警覺到聲音的振動對健康快樂的無數影響。而B&K的靜音科技可以造福各種物品或環境，沒有什麼東西不因此受惠。

即使現在離為整座城市建立音景還很遙遠，但B&K提出了一個願景，呈現未來對抗噪音的戰爭將如何展開：以新的、畫蛇添足的和諧噪音當作武器，它可以發射出去，把過去安靜所存

1 譯注：奧帕隆帕族（Oompa Loompa）是羅德・達爾名作《查理與巧克力工廠》故事中，在威利・旺卡神奇的巧克力工廠中工作的侏儒一族。

在的縫隙給填滿。

噪音地圖

阿根廷作家波赫士有則故事很有名，故事中描述某個國度中，製圖學的技藝幾乎臻至完美，單一個省的地圖展開來，會覆蓋一整座城市，全帝國的地圖則會覆蓋一整個省。到了最後，就連如此精密的地圖也無法滿足製圖師的超高要求了，他們最後繪製出一張與帝國等大的地圖，點對點疊合帝國的每一吋國土。❷

我會想起波赫士的故事，是曼維終於為我上了一堂速成課，說明什麼是噪音地圖。他解釋說，噪音地圖其實已經存在很長一段時間。一九八〇年代末，應歐盟下達的指令，許多大企業開始繪製工廠廠區的噪音地圖，以辨別哪些區域需要增加聽覺防護。到了一九九〇年代中期，德國和荷蘭多座城市也各自展開範圍更廣的噪音地圖計畫。九〇年代末，英國伯明罕市議會的辛頓（John Hinton）創建了一套噪音地圖，而且描述得**非常**詳細——不只是地圖本身，還包括整個製作流程。這套地圖成為END指令最後下令繪製的噪音地圖的前身。

但，到底什麼是噪音地圖？我眉頭深鎖地問。

要創建噪音地圖，曼維繼續講下去，「你需要有建築物高度，然後要有道路各方面的資料——車速、路面特徵，諸如此類一系列的資料庫。」事實上，據曼維的觀察發現，這些資料雖然以實體地圖的型態呈現，但真正的策略文件是大量的統計數據，所需要的運算量無比龐大，早期幾代電腦甚至辦不到。

舉例來說，他簡述B&K為德國圖林根（Thüringen）製作的噪音地圖。圖林根的地形比較多丘陵起伏，道路噪音網總計有兩萬平方公里。我們用每格五十平方公尺的網格來製作，上面有六十萬個獨立道路物件，道路則總計變化超過五百萬種地形資料因子。用四部電腦進行運算，也要跑上十個小時，而且用的是現有運算速度最快的軟體。

建築物忽略不計，因為要是一併算進去，建築物龐大的數量和對運算複雜程度的影響，會讓運算時間爆表。凡是按下開始按鈕就有這種風險。運算資料是要花錢的，而戰略噪音地圖不是聲學問題，是資料處理的問題。「我們做出戰略噪音地圖，但它們和地圖沒有關係，也和噪音沒有關係。」

不論這聽起來有多像禪宗悖論，總之歐盟END指令要求會員國把噪音地圖製作出來，而且必須在緊迫的時限內完成，否則必須承受巨額罰款，這個規定讓這些地圖從財政的觀點來解

2 譯注：出自波赫士的極短篇小說〈論科學的嚴謹〉（*On Exactitude in Science*），故事通篇僅由一個段落構成。

讀，顯得再真實不過了。

我繼續聽了兩個小時的解說，漸漸才理解，噪音地圖基本上是把一個指定地理範圍內的所有人類活動、基礎交通建設、大型製造業、建築物種類、地形輪廓全部繪製成圖。至少我以為我聽到的是這樣——直到和紐金特（Colin Nugent）談過，我才又理解更多詳情。

※

柯林．紐金特是歐盟的噪音專案經理，目前常駐於哥本哈根。這位來自貝爾法斯特的英俊年輕人帶著溫柔的愛爾蘭口音，駕馭起各種首字母縮寫詞彙不慌不忙，這是他必須具備的技能，因為在描述歐洲透過公共政策追求寧靜的過程中，必然會提到如迷宮一般環環圍繞的行政單位、委員會、督導團體、學術研究、網絡系統和機構中心。

紐金特以療癒舒緩的嗓音說，歐盟第一階段的指令要求所有會員國應於二〇〇七年六月三十日以前完成噪音地圖。地圖須記錄前一公曆年的噪音音量，目標包含所有人口二十五萬人以上的都市和城鎮，所有每年六百萬以上車次通過的道路，所有每年有六萬列以上列車活動的鐵路，以及所有超過五萬次航空交通起降的機場。

「從各方面來說，」紐金特說，「這些都是相當龐大的源頭，何況又有好幾個。」二〇一二年，歐盟要求會員國再度執行相同程序，但這次將人口十萬人以上的聚落也納入了計算，涵蓋的城市數量因此翻倍。

但實質的噪音減量呢？我問。會安插在哪一步？

「問得好。」紐金特說，「行動計畫也是有的。」END指令要求：不可晚於二〇〇八年七月十八日，主管部門應以第一份噪音地圖作為基礎擬定行動計畫，針對地圖上繪製的所有噪音源頭，在所轄範圍內，管理噪音問題與噪音之影響，必要時也包含噪音減量。

但在實務上，事情運作得並不如預期順利。直至二〇〇八年春季，有十一個會員國未回報任何資料，遑論展開行動計畫。此後，歐盟只好不斷展延原定的期限。「再加上指令申明，」紐金特說，「如果交通源頭有重大變動——例如大型機場延伸跑道，新增一千個航班，或是主要道路距離延伸，這些都必須納入噪音地圖。」

可是道路和跑道不是一天到晚在興建？我問。紐金特同意我說得對。「所以實質上來說，我們還在製作的同時，噪音地圖就已經過時了，因為大型路網時時刻刻在變。」

我問他，至少截至目前，有沒有依據行動計畫所下的命令，實際針對噪音減量做過什麼事？「應該說，並沒有『命令』要求噪音減量。」紐金特說。「會員國被要求製作噪音地圖及行動計畫，但並沒有被要求採取行動。」

「所以，以實質行動減少噪音的要求，一個也沒有？」

是的，紐金特平靜地證實。歐盟將是否行動留給各會員國自行決定。END指令只要求製作地圖，然後依照地圖所示結果提出計畫，說明他們可能會為減少噪音做哪些事。

我再次感到頭暈目眩。要是這些宛如波赫士筆下野心狂妄的製圖成品，在尚未完成之際就已經過時，空有繽紛的彩色界線卻不具任何法律效力，那又何必看得那麼重要？

因為，曼維和紐金特齊聲解釋，雖然缺點眾多，但這些地圖仍然是說服政治人物採取行動的有力工具。因此最初才有這個決定，希望把資料全部呈現在地圖上，而不只是一長串的數字。如何呈現是關鍵，曼維說。「人都偏好視覺效果。」

曼維也解釋，政治人物有噪音地圖作為武器，證明其管轄地區暴露在不健康的音量下，就能理直氣壯去向國家或歐盟機構陳情，要求該地區有資格為噪音減量領取歐元補助。這也就是為什麼，紐金特說，他的所屬單位與世界衛生組織已經緊密合作——世界衛生組織正在大力改革對於噪音所致疾病的評估方法。

※

二〇〇九年，世衛組織公布了一系列報告，包含針對噪音對健康的明確危害至今所彙整的最確鑿可靠的資料。這些報告提供了基礎，供組織研議新一套更嚴厲的噪音指導方針。尤其，報告中針對交通噪音對心血管系統的影響提出了令人驚駭的發現。這也是史上頭一次，這方面的研究把可能影響生活型態與健康問題的社經差異也納入考量。

過去對噪音汙染危害的評估，總是為了難以篩除其他健康風險因子所苦惱，因為對於主要幹道或機場周邊的住戶來說，這些健康風險因子往往一併包含在整體生活型態當中。這次的研究，甚至還標定出噪音在同一間房屋內不同區域的影響。

聽起來充滿希望。而且，如果只因為過去從未成功過，就推斷這些關於噪音的醫學發現也無法化為公民起義，當然是很愚蠢的想法。紐金特是個深思熟慮、甘願奉獻的人，他的團隊做事也積極，但眼前還有很長的路要走。

隨著噪音地圖的功能漸漸從歐洲和英國向下惠及各地，目前看來很明顯，這些地圖用於辨認高噪音層級的區域是很準確，雖然像這樣的區域，如果效仿萊斯招募哥倫比亞童子軍的作法，請一群經過指導的大學生來調查，只用耳朵聽，應該也能準確判別。

經證明，中等噪音的層級較難判別，低噪音層級區域的辨別則幾乎尚未展開。在地圖設計上，大多數地區的預設值都是安靜的——換句話說，這些點在地圖上並未標示暴露於高層級或中層級的噪音。然而，如果你實際走訪這些地區，你會發現其實很吵。

END指令引入「靜區」的概念，是事後才想到加上去的：對於靜區，會員國僅被要求「以保留為目標」。結果就是，未開發的靜區可能被當作傾倒噪音的地點，讓人口聚居中心市區不會變得更吵。舉例來說：英國當局最近計畫調整飛航路線，讓飛機遠離南安普頓市區，改從新森林（New Forest）上空經過。新森林是一個山明水秀的地區，民眾會去那裡放鬆身心，享受片刻安寧。

這些報告可以確定的結果之一，是能為新的研究籌得資金，並讓相關單位重新投入本就在進行中的噪音地圖製圖工作。對B&K等公司和國際組織來說，例如紐金特所屬的歐洲環境署就跟會員國合作，鼓勵他們遵循END指令，這代表將有更多錢花費在噪音測量和模型製作。

這些可都耗資不斐，英國伯明罕市（面積稍比加州聖荷西大一點）要製作噪音地圖，估計就要花費約十萬英鎊（十六萬五千美元）。如果要求承包商自行取得及「整理」大部分資料，則金額還可能翻倍。

※

一九三一年十月，備受敬重的噪音防治運動先驅史波納教授（Henry J. Spooner），針對運動迄今的進展向某學會的工程師發表演說。史波納教授先是提到聲音測量儀器的發明近年來大有進展，緊接著說了一句警語：「噪音測量雖然重要且用途甚廣，但目前恐怕有過度關注於測量的危險，至於那些抑止非必要、擾人且有害噪音的實際行動，反而被忽略了。」「真該慶幸衛生檢查員實際防治惡臭物質或排水不良的時候，不是拿一根『量尺』之類的工具去測量。」

他諷刺道。

※

晤談結束後，紐金特和曼維陪我散步到戶外一片美麗的濱海廣場。我們猜測起是什麼原因引發最近這一波噪音汙染相關活動，讓他們兩都能以專業身分參與其中。

紐金特回想起一九九〇年代中期，世衛組織曾提出另一套噪音指導方針，大大影響了歐洲執委會的政策決定。當時的推動力，是民眾對噪音的申訴。「那是少數讓人注意到噪音已構成問題的一個指標……但你如果細看英國的噪音申訴統計，一年到頭最多人申訴的噪音是狗叫聲！」他咯咯笑道。「遠超過其他各種噪音。緊接著第二名是派對喧鬧，剩下的全都排在很後面。」

「狗叫，鄰居吵，馬路車多。至於道路交通的排名，根本微不足道。」曼維嘲諷地說。

我跟他們道別之後散步離開。那是我在哥本哈根的最後一天，我需要放空思緒。旅館裡向來友善的丹麥人借給我一輛單車，於是我跨上了單車。一路騎經的綠蔭街坊是喧鬧還是安靜我倒沒注意，只感覺放鬆之後推著自己前進的速度和風。我發覺自己面露微笑，心情平靜。

約莫半小時後我抵達了目的地，諾雷布羅區（Nørrebro）的亞西斯滕墓園（Assistens Cemetery），這是丹麥哲學家齊克果（Søren Kierkegaard）的長眠之處。進了墓園大門後我跳下單車，沿著成排的墓塚慢慢走。長長的墓徑兩旁樹木夾道，我一邊聽著鳥鳴，一邊尋找他的名字。周圍幽靜，陽光細細地灑落在樹葉和墓石上。終於，我撞見一塊古舊的墓碑，上面繪有十字架，三塊白色石碑刻著齊克果家族多人的姓名，索倫的名字也在其中。

我拿出帶在身上的齊克果散文《野地的百合與空中的鳥》（*The Lily in the Field and the Bird of the Air*）來讀：「與百合花和鳥兒同在上帝的蒼穹之下，何以感覺如此莊嚴？詩人問。他回答：是因為寧靜。而他的心亦嚮往那莊嚴的寧靜，遠離人世間的一切世俗，那裡的言談太多。他嚮往遠離所有凡夫俗子的生活，這些人的生活只是以一種悲哀的方式，展現人類與動物之分——那就是，人類擁有言語。『因為，』詩人說，『如果這就是用以區分的特徵——那麼不了，我寧可選擇野地裡的寧靜。』」

第十一章　捕龍陷阱

噪音問題如斯複雜，如果太仔細盯著瞧，你可能會忍不住想在混音中加入自己的尖叫。史波納教授對聲音測量的提醒，出現在紐約市「噪音防治委員會」發表的第二篇報告。

第一篇報告發表於一九三〇年，行文大膽樂觀，在結論宣稱：紐約市民如果希望終止不必要的噪音，將這些噪音依其必要減至最小，是能做得到的，只要大家願意承擔些許不便。但僅僅一年後，委員會嘗試實施自己建議的作法未果，氣氛也消沉了下來。

一九三一年第二篇報告的警語，引用了先知耶利米的話：「聽哪，謠言甚囂塵上……要讓猶大的城邑變為荒涼，化為惡龍的巢穴。」❶不久，文章中出現一連串突兀的比喻，彷彿作者氣得怒目圓睜。在作者眼中，那些發出巨響的機器有如科學怪人的怪物，成為民眾感恩戴德選出的統領。此後，「狂熱頂替了沉著。安靜就此淪喪——包括思考的安靜和感受的安靜。噪音本身成為神明。」

我的旅程走到這裡，理當頗能同理委員會的絕望，但我發現，我並沒有同樣的心情。有好一段時間，我也不確定是為什麼，畢竟從某些方面來說，現今的音景應該比委員會當年所預見的還要**更像**末日災變。

從丹麥回國後不久的某天下午，我和莫山尼奇（Michael Merzenich）閒話家常，他是大腦可塑性研究的先驅。莫山尼奇告訴我，現在很多小孩子的大腦聽覺皮層可能都為了適應噪音而「重組串聯」了，對許多與語言相關的認知功能有嚴重不良的影響。

而且，莫山尼奇說的不是歐洲向來研究的那種基礎交通噪音。他向我提到發送給新生兒父母的白噪音機器，以及醫院和家中各種會隨機開啟的噪音製造機。自從有研究案例指出，寶寶如果整夜暴露於噪音之中，猝死症的機率將減低，此後類似的噪音機就十分多見。

他也提到，在很多人的家中，即使沒有人在看電視，電視機也時常在背景嗡嗡作響。據說在美國，家有幼兒的家庭有此現象的占了七成五。他還說到電風扇和冷氣發出的噪音，並把連續背景音對兒童語言發展的影響，比作患有唇顎裂的單親父母獨立撫養小孩。在這種情境下，孩子接觸到的母語是模糊不清的。「他們學到的英語，不是你我概念上以為的英語。」莫山尼奇說，「而是嘈雜的英語。」即表意符號和噪音永久混雜在一起的英語。

在最基本的層面上，這代表在噪音環境中長大的孩童，語言處理能力將遲緩很多。但莫山尼奇指出一個更駭人的可能性。他告訴我，越來越多孩童無法控制注意力，但那可是在正常交談的當下，能夠解讀言詞所必須具備的能力。他認為，這種情況是自閉症發生率越來越高的一大原因。

在我們談話過後不久，《新科學人》（*New Scientist*）雜誌刊出一篇在費城兒童醫院做的研究。這個研究測量了自閉症孩童對各種語音和音節的反應時間，結果發現自閉症孩童處理語音的速度會延遲兩成到五成的時間。想想在一個多音節的單字裡，發出單一音節可能只用不到四分之一秒，兩到五成的延遲很可能嚴重妨礙對單字的理解。莫山尼奇對噪音阻礙腦部認知的臆測，加上這篇研究都暗示我們，這個時代自閉症的人數上升，可能與聲音過度刺激的無所不在

1 譯注：出自《舊約聖經》耶利米書第十章第二十二節。包含新標點和合本等中文各版本聖經，多譯為「成為野狗的巢穴」，但作者原文應是節錄自欽定版聖經（*King James Version*），同句原文為「and a den of dragon」，即「化為惡龍的巢穴」。此處譯文以作者原文為準。

有直接關聯。

不管在我心底盤桓不去的希望源自何處，看來要否認危機即將來臨是不可能的。然而，我總覺得問題不只關乎噪音，也和我們選擇如何框定問題有關。關掉白噪音裝置或隨身聽，並沒有關閉交通運輸系統那麼難。只要我們願意，不花一秒就能終結這個新時代的噪音惡夢——「喀嚓」按一下就是了。

但若我想得沒錯，目前為止，我們不知怎地都把心力用錯了方向，那麼大家究竟**應該**望向哪裡，才能掙脫這個製造噪音／反對噪音的困境？我心想：好吧，惡龍已經來了，現在我們有什麼辦法捉住龍呢？

不過說到龍，有件事很有趣：只要你放下聖經，龍會逐漸變身為截然不同的樣貌。在佛家思想裡，龍是護法，是開悟後的僧師及佛法的守護者。龍的現身與追求默照（silent illumination）有關。龍是一種能夠變形的靈獸，可以幻化為人形，甚至與人類交配。幾乎所有日本廟宇和佛教寺院，樑上都繪有龍紋以守護建築物和相鄰的禪園。

很顯然，說到龍就和說到噪音一樣，全都取決於你的觀點。另一個逮住龍的方法，是把目光從牠的駭人之處移開，勸誘龍加入我方陣營。我心中暗忖，這個辦法可以怎麼用在噪音猛獸身上？既然我勞心勞力的從隔音和技術官僚政策等正規管道去探究對寧靜的追尋，結果多半是揭露一連串新的噪音，那麼我告訴自己，不如乾脆去看一看龍，說不定能獲得靈感。或者至少，去招引這種盤繞多鱗的靈獸，來到我們守護的庭園走走。

庭園靜苑

涼爽的春日早晨，我站在俄勒岡州美麗的波特蘭日式庭園入口旁，等待庭園維護主任哈蒙（Virginia Harmon）抵達。我一直對著馬路東張西望，看有沒有車開過來，哪知道庭園下方一座陡斜山丘的坡頂忽然冒出哈蒙的身影。她用走的過來，身旁跟著一位嬌小的亞裔女性，對我笑了笑之後旋即消失不見，但我們四處閒逛途中，偶爾會瞥見她在這一叢或那一片樹影後方步履輕盈地走動。「她是廚師，很搶手的哦。」哈蒙意味深長地說。

哈蒙身材高挑，一頭波浪金髮，舉止優雅，看不出年紀。走起路來神采奕奕（方才見面時，她才剛從波特蘭市中心大步走了一小時的上坡路過來），說話連珠炮似地清晰而明快，給人急切嚴肅的感覺，但不時又會緩和下來，露出令人放下心防的笑容。我們沿著園中小徑漫步，我好幾次落在哈蒙身後，但她所描述寂靜在日式庭園和茶道中的意義，聽得我十分著迷，因此我便拚了老命也要跟上她。

哈蒙告訴我，日式庭園用水當作一種淨化的力量，一方面與淨身儀式有關，一方面也是因為水聲悅耳，能點綴寧靜。與西方景觀設計多把單一建築當作視覺焦點不同，日式庭園會呈現琳瑯滿目的關注重點，例如飛石、松枝、石燈籠。「所有元素都呈現在其中，」她說，「樹梢搖曳的姿態，風吹枝椏的聲音，還有，人自身的動靜。」

漫步到小徑盡頭，我們來到一片只有沙子和石頭的庭院，這種庭園風格名為「枯山水」，是禪宗佛教寺院的僧侶所發明。「古代封建城堡由僧侶接管後，他們開始在禪修過程中用耙子梳理碎石子，等同栽植花草。」哈蒙說。枯山水的型態演變自中國水墨畫在卷軸上呈現的山崖及瀑布，以及兩者之間的大片留白，崖谷之間往往籠罩雲霧，暗示後方有些什麼不得而知。

枯山水的白色碎石正代表空或無，日語漢字寫作「間」——也等同於寧靜。耙梳的動作可視為人渴望悟道的展現。「我們的視覺焦點，」她解釋，「落在遠處的石橋上，也就是轉變實際發生的地方，從人提升至性靈。耙梳所賦予的圖形，讓聚焦於前方的空看來不那麼令人怯步。換句話說，透過創造干擾，為空無加入圖形，最後創造出一個歡迎接納的空間。」

十四世紀於京都郊外建成的苔寺（西芳寺），是早期的一座枯山水庭園。禪僧夢窗疎石（Muso Soseki）從古墳收集來五十塊大石頭，在這裡打造了三層枯瀑布。雖然這座庭園裡唯一的動態只有陽光穿透枝葉灑落的光影挪移，但坐對枯瀑冥想的訪客卻形容說，園中近乎徹底的寧靜，不時會被想像中如雷轟鳴的水瀑聲給打斷。這些幾乎沒有植栽的庭園裡，只有碎石子耙出的渦紋與不規律放置的大石頭，風景幾乎全是觀看者心靈的產物。

哲學家多伊奇（Eliot Deutsch）提到京都另一處枯山水庭園時，形容這種庭園創造了潛在的多重觀點。它刺激人默觀冥想，但激起的冥想內容無關於庭園，而是關乎存在於此時此刻的深邃空寂。這是「幽玄」的體現，一種近似於寧靜的概念。十四世紀日本能劇大家世阿彌，把「幽玄」的概念推崇至人一切努力的頂峰。幽玄所體現的寧靜，與渴望完整表達存在的感受——即純粹置身於此時此地的感受——兩者互相連結。

我們從禪園走向一條迂迴小徑下方的簷廊，沿著小徑往上走，就可以抵達茶屋。「這裡，」哈蒙說，「是茶道展演舞台的第一處空間。一場茶道會有時能持續八個小時。」她領我走向一張長板凳，從這裡向上望，可以看見山丘上的茶屋。

日本被尊為茶聖的茶道宗師千利休生活於十六世紀，比時人更進一步把茶道與取汲自禪宗佛教的概念結合在一起。他以鄉村質樸的簡約、克制和安靜為範，勾勒出心目中理想的茶屋建築。「在千利休的時代，」哈蒙說，「將軍終於失勢。千利休希望能展現在一盞茶中也能尋得和平的意境。武士聽了他的話，皆願放下長刀，改執菊花與筆。」[2]聽起來很美，但武士為什

2 譯注：千利休生於一五二二年，室町幕府時代晚期，足利將軍無力壓制地方勢力，各地武將大名各據一方，是為戰國時代。其中以織田信長挾將軍為傀儡，勢力最盛。千利休結識田信長後，在其麾下擔任茶頭。信長歿後，改侍奉信長的部下豐臣秀吉。豐臣秀吉一統天下後，千利休名聲地位臻至頂點，號稱天下第一茶匠。同時期，秀吉於一五八七年頒布刀狩令，收繳百姓武器，但武家奉公人仍可帶刀，目的實是為了解除地方武裝，穩固政權。千利休晚年獲罪遭秀吉賜死。

麼願意聽從呢？

「你現在坐的是窗位。」她接著說。「這是給下一個會歉然起身前往茶屋的賓客所坐的位置。座位展現的是先後順序，而非位階高低。在這張長椅上等候的賓客會保持安靜，只有先他人一步離開時，會致歉示意。」

我們離開簷廊，走上又稱「露徑」的碎石小徑，來到一處空地。哈蒙指向茶屋一側的一間矮屋：「那是更衣亭。武士在亭內卸下長刀放在一旁，因為茶屋入口狹小，只能跪行通過，佩刀是過不去的。這是千利休的刻意安排。就算只是一葉長草或鳶尾花的葉子也不能帶進去，因為葉片形狀令人想起刀刃。進到茶屋以後，賓客便沒有男女或地位之分，也不分貴賤。唯一能帶進茶會的物品是扇子，扇子象徵平和，也代表：『我願意放下爭端，將諸煩惱留在茶屋外。』」

我們繼續往上爬。形狀大小不一的踏石，迫使賓客思考自己正從擾嚷的外在世界走向田園隱居的狀態。下一位賓客應在簷廊等待，直到看見前一位賓客從更衣亭進入茶室，才能動身。每走一步，就是剝去一層外在世界，這是一種清空和淨化。

「我在日本求學六年。」哈蒙說，「每次我踩著踏石前往茶屋時，我的老師總說：『你走路的姿勢不對！』最後他看不下去，請他妻子替我穿上紮得緊緊的和服，緊到我幾乎不能走路——但在那之後，我忽然就懂了石頭為什麼要那樣擺放。」

我問她，當初怎麼會對日式庭園產生興趣？原來那也是一個曲折離奇的故事，得從她的童年說起。她的祖母在德州經營農場，農場與一戶日本農家相鄰。十七歲時哈蒙搬家到紐約市，結識了一位日本女性朋友，對方介紹她認識了日語和日本思想世界。後來哈蒙完成醫學學位，在休士頓聖約瑟夫醫院當上內視鏡檢查組的組長。「然後就在某一天，」哈蒙告訴我，「我對自己說：『這是最後一次，我做夠結腸鏡檢查了！我得做一些新的事情才行。』」

※

進入茶屋後，哈蒙說，一旦進到室內，你所體驗到的每一方面都經過巧思與設計，與其他每一方面和諧共鳴。「千利休認為，」她說，「只要我們保持和諧、尊重、純粹，那麼內心的平靜自會相繼而來。」

她逐一指出構成茶屋這棟簡樸建築的元素——長長的「袖門」，呼應和服的長袖，可俯瞰庭院的榻榻米座席，是茶道會舉行的空間。「品茶過程中，」她說，「不會有人交談。可能有片刻的禮貌致歉，但有教養的賓客知道何時該進行各個動作，不需主持人多言。所有人席地而坐，呼吸近乎同步，就連呼吸聲也不太會聽見。」

在你端著茶碗趨前和後退時，絲質和服摩擦榻榻米墊發出窸窣細響。還有其他一些細小的聲音：首先，茶壺放在炭火上燒，有嘶嘶的水蒸氣聲。接下來，茶壺冷卻後，嘶聲停止，賓客用長竹杓取水，有意識地弄出喀啷喀啷的碰撞聲以突顯寂靜，傳達孤寂的深度。另外就是注水的聲音，與就著碗口啜茶的聲音。

千利休身處的年代，歷史學者齋藤百合子形容為「不完美的侘寂美學蓬勃成熟的時代」。從磨損的踏石到不規則造形的水盆和茶具，一切皆在突顯久經使用和事物的偶然。這些器物毋須言語就能述說故事。

此外，還有一個受到推崇的概念是「無常」。千利休用以奠立茶道基礎的美學概念，有許多是受到十四世紀的佛僧吉田兼好所啟發。吉田兼好寫道：「人若永遠不會逝去如化野的露水，也不會消散如鳥邊山的煙，反而無止盡地徘徊於世，則一切事物勢必失去感動吾人的能力！世間最珍貴之事，莫過於無常。」❸千利休茶道中那些缺損、用舊的器具，以齋藤的話來說，要培養的就是人的自我對物事變化與生命有限之自然過程的順服態度。

茶道會結束後，賓客會向屋內的菊花行最後一鞠躬，感謝這朵菊花為這一天盛放它的美。所有人陸續離開，而且永遠不會對彼此或向任何人說起自己的體驗；就算日後有人再度受邀回到這間茶屋，也絕不會是和同一群人一起受邀。在茶道進行的期間，賓客僅能透過紙障子看見陽光和影子的移動，所以走出來的時候，光影變化會在眼前呈現一座迥異的庭園。

千利休誘使武士放下長刀以換取寧靜的體驗非常高明，而武士也知道，讓自己靜下來能騰出多少心理餘裕，離開茶道會時，就能獲得多少的感官啟發。正如多伊奇所言，雖然一開始人可能會懾服於禪園之美，特別是那種感受以從日常瑣事的平庸混亂中抽身的形式來呈現，但人必須學習「成為藝術作品本身，也就是，活在存在的真實之中。」

十七世紀的日本詩人松尾芭蕉認為，聆聽世界，就是與世界同化的一種方式：「靜觀萬物，則知萬物自得圓滿。」因此，他告訴我們要「向松學習松，向竹學習竹」，這麼做就是允許自然的和諧自發性的浮現——就如同茶道在賓客之間所喚起的和諧。

薩德勒（A. L. Sadler）這位研究東方的學者，在一九二九年的一篇論文中形容「茶之湯」（即茶道）是讓簡約和克制蔚為風尚的一種習俗，同時也讓自身易於為所有階級接觸，提供了一個眾人可以平起平坐的場所，就像把穆罕默德清真寺與板球處的優點結合在一起。有些人可

3 譯注：出自吉田兼好隨筆集《徒然草》第七段。此處中譯以作者引用的英譯文字為準，但參照原文：「あだし野の露きゆる時なく、鳥辺山の烟立ちさらでのみ住みはつるならひならば、いかにもののあはれもなからん。世はさだめなきこそいみじけれ。」第二句的意思應為「反而如鳥邊山不斷升起的煙，永遠徘徊於世」，與作者引用的英譯「never to vanish like the smoke over Toribeyama」略有不同。化野和鳥邊山皆為京都地名，化野是古代風葬之地，鳥邊山則是火葬場所在地。

能覺得，還可以把共濟會會所和貴格會會堂的優點也算進去。

※

離開之前，我們在庭園後方一座小亭裡巧遇哈蒙的朋友，她正靜靜地從一個大碗裡吃著摘來的野果。哈蒙對我笑了笑。我想是我該離開庭園的時候了。

寂靜世界

我心情振奮地回到紐約——想到千利休開闢了一種空間，讓眾賓客能主動安靜下來，就連武士也不例外，我對這種方法滿心敬佩。但我也知道，我在庭園裡的經驗只能算是考究一個已逝的歷史時代，當然，這段經驗不會因此沒有意義。我們理當打造更多禪園，但這些別具魔力的綠洲不可能再像四百年前的日本一樣，獲得當時那樣的虔誠關注。

哈蒙曾向我強調，要真正領略日式庭園之美，只有獨自置身於其中一途。但波特蘭日式庭園最初受到的委託是建造一座公園，爾後才發展成日式庭園的。就算在日本，她補充說，會在各時段限制入園人數的庭園，也幾乎沒剩下幾處了。

這麼說來，我們現在能做什麼呢？我自認從「禪園學」到了一件事：如果希望有更多寧靜——不只是個人內心的寧靜，也包括公共空間的寧靜——我們就需要建造更多可以庇護寧靜的空間，就像為了追求其他目的而建造基礎設施一樣。不論某些附帶的意義有多麼不切實際，寧靜在此時此地需要一個家。甚至可以說，今日我們之所以缺少寧靜，恰恰反映了建築學上的失敗。

美國知名建築師路卡恩（Louis Kahn）相信，建築能培養同理心，創造被寧靜包圍的空間是他的中心思想。我很想知道今人如何動手塑造這樣的空間。沒多久，我很幸運地遇見了漢索・包曼（Hansel Bauman）。

聽障空間

「我已經接受事實，這八成是場冒險，沒人知道會發生什麼事。」包曼彈開手機看看時間。「我們要遲到了——果然沒錯。」他抬起頭望向禮拜堂挑高的哥德復興式建築結構。「維多利亞時代的人可真不是蓋的，很清楚自己在做什麼。瞧瞧光線穿過長窗從建築物一側移動到另一側的樣子，那種透明感……包含這整個校園——南面的窗玻璃尺寸是北面的一半。他們為建築與太陽的相對關係做出了各種微妙的連結……他們真的有在聽——聽見了寧靜。」他又彈開手機上蓋。「希望社區成員會見諒。」

這裡是高立德大學，全世界第一所專為聽障者設立的大學，我和包曼站在停車場等待他的一群學生抵達，然後與其他來自華盛頓特區治安欠佳的第五街區的眾多團體，一同參與今天的一日合作計畫。

這場活動是高立德大學的學生與附近社區居民的初次交流，算是一次破冰行動。更遠大、更有抱負的目標，是包曼帶頭推動的校園更新計畫，還包含要建造一條人行通道（定名為「第六街走廊」）連接兩個社區。這並不只是個典型的校園翻修計畫，順便曖昧地向地方社區禮貌示好，這次的重新設計被視為聽障建築的啟動平台。

所謂「聽障建築」，指的是結合建築設計與聽障者的感知經驗。「第六街走廊計畫」旨在讓外界看見，聽障者對實體空間的理解方式，可以為大眾社會提供一些重要洞見。當你看著一個空間，卻只接收到極少或完全沒有聽覺資訊，你對該空間的視覺理解會發生什麼事？不論我們聽不聽得見，一個特別設計來增進無聲溝通的建築，如何拓展我們與世界的關係？專門為寧靜——具有活力、鼓勵交流的寧靜——而建造的建築物，會長成什麼樣子？

包曼眼神炯亮，骨架纖細，白髮理成俐落的短髮。每當他把復古黑框眼鏡推上額頭，外表看來就像一位來自北歐的滑雪教練。包曼的學生用手語給他起了個小名，先把大拇指和食指捏起來，然後向下滑向胸口左側，意思是：「他可愛到讓人想把他收進口袋。」

聽障建築目前才在萌芽階段，這個名詞最初是在高立德大學舉辦的一系列工作坊中，與聽障教職員和學生所討論出來的。包曼本身聽力正常，他下了很大的賭注，希望高立德的聽障空間計畫能留下長遠的影響，但就如他用溫和帶鼻音的加州口音告訴我的：「我這一生最懂的只有建築，偏偏建築有很大一部分是未知。」

包曼小的時候，他母親在家中後院培養他成材。每到週日，母子倆會去建築工地偷撿些木材剩料，他再釘釘補補做成小屋，以類似神話怪獸的名字命名，然後賣給他母親的朋友。他來到高立德大學之前參與的案子，是在橡樹嶺國家實驗室建造質子加速器的容納空間。那些科學家，他說，「當然有他們自己的語言。」他們也協助他適應「在多元文化下工作」。

如果要為他做過的種種不同努力做個總結，他告訴我，那就是他一直設法為人們重新打造人性化的環境，因為說到空間設計，這些人所屬族群的需求和意見從來不曾被聽見。「高立德大學有很多地方，都是由聽不見聽障者聲音的人所建造的。」他說。

※

從我投入思考寧靜的這幾個月以來，花時間與聽障者相處的念頭越來越吸引我。（聾人的統稱會大寫成「The Deaf」，以表示對聽障者族群地位的認同，肯定他們是一個擁有自己語言、傳統與價值的獨特文化族群。）我總覺得聽障者的經驗橫跨於寧靜這個主題的正反兩面。一方面，耳聾是過度暴露於噪音所導致最顯著也最不幸的後果。另一方面，聾人對於「何為寧靜」往往有與眾不同的理解。

這是個難解的方程式。數世紀以來的觀念始終帶有貶義地認為，聾人的經驗自然不脫寂靜——例如就有聾人被「深鎖於寂靜」的說法。但其實，很多聾人也深受耳鳴的折磨，他們聽到的耳鳴聲可能大到令人抓狂，也有些人是苦於自己腦內所製造出來的其他聲響。

「感官輸入被切斷以後，大腦會自行妄想。」作家克羅斯特（Michael Chorost）告訴我。克羅斯特自幼聽力重度受損，到二〇〇一年夏天他已經變得全聾。他解釋，他就在那個時候產生了日以繼夜的聽覺幻覺。「上午的時候，是巨大的飛機引擎聲、鏈鋸聲——許多無法分辨的聲音轟然作響。到了傍晚，則是音樂——混雜的旋律不停重複，我的大腦把它儲存的聽覺記憶都翻了出來。從我失去最後一點聽覺，到我裝上人工耳蝸中間的那三個月，是我這生中最吵的三個月。」

高立德大學也有很多人提醒我，聽障者也會遇到所謂「視覺噪音」的問題。你若進入高立德大學的學生餐廳，會發現整個空間充滿在空中揮舞比劃的手勢。有一名聽障生告訴我，這麼多的視覺刺激讓人精疲力盡，以至於她離開餐廳到外面的草地時，總會有一種如釋重負的感覺，她想像那一定和搖滾演唱會散場時的感覺很像。

不過，雖有這些細微差異必須考慮，但與越多聽障社群的成員聊過之後，我更加相信關於寂靜的意義，聽障者有非常多經驗可以傳授給聽力正常的人。整體來說，聾人要應付來自外在世界的聽覺超載遠比常人少——等量之下，他們擁有較多常人所想像的安靜。就算今日高立德大學很多人都裝了人工耳蝸，可以繞過耳朵受損的接收器，放大聲音以直接刺激聽覺神經，但很多學生多數時間仍寧可關上人工耳蝸。

不少學生告訴我，在尋常的一天中，他們享受聲音或渴望聽見聲音的時間其實非常少。為什麼會這樣？既然現在寧靜成為我們許多人的目標，在追尋寧靜的路上轉而向聾人求教，實在不無道理。

至少我知道在過去，我從未有過像現在與一些聽障者交談時的感覺那樣：我的話被人這麼認真仔細地聆聽。十八世紀末的一位聾人德洛吉（Pierre Desloges）為手語寫下第一篇著名的公開辯護，他的話很真實：「聽力被剝奪讓我們整體變得更為專注。我們的思想在自己身上匯聚，可以說必然使我們傾向於反省和冥想。」

法國的聾人教育家阿魯瓦（Louis François Joseph Alhoy）力爭上游，當上了國家學院（Institute Nationale）的首席教師，國家學院可是拿破崙時期法國最重要的聾人教育機構。他把聽力正常的人比喻為「生來富有的孩子」——他們對自己享有多麼豐饒的感官印象財富麻木無感。反觀聾人，他們身處寂靜反而視力奇佳，這種觀念在久遠以前就已為人認同。

國家學院培養出眾多天賦異稟的畫家和雕刻家，為十九世紀的法國留下了豐富遺產，這點絕非巧合。聾人的視力有時也會用在比較世俗日常的地方。一九二〇年代，南非開普省一所聾人學校意外打響名號，因為在那裡可以徵募到許多特別擅長尋找失物的人。

聞所未聞

完全失去聽力會是什麼感覺？前文中，我提到一個令人出人意料的發現：驟然失去聽力的人往往發現自己不是問「**為什麼**我聽不到了」，而是問，「我人在**哪裡**」？我有過一次類似經驗，那是當我漂浮在感覺剝奪水槽裡的時候。這個水槽設在一間隔音的小房間裡。

克服一剛開始幽閉恐懼的感覺之後，我發現自己能憑觸覺感受到鹽水隨著我的動作同步泛起漣漪，再恢復平滑，而且感覺越來越細緻。在水中漂浮約四十分鐘之後，我聽見水管中有個古怪刺耳的水聲，我以為一定是有人把水槽的過濾裝置打開了。無故被打擾讓我不太高興，但不久水聲忽然停了，然後又再度出現。

第二次響起時我才意識到，那是我自己唾液的聲音。我不是透過耳朵聽到的，而是在口水流入喉嚨，回音沿著骨頭和軟組織構成的渠道迴蕩的時候，透過振動感覺到的。很多人常常忘記聾人能夠感覺到振動，但他們確實可以，而且他們的感受往往比聽力正常者更為強烈，因為皮膚感覺到的音波不會被聽覺處理程序所干擾。

漂浮在水槽裡的時候，我漸漸能體會透過全身來聆聽世界是什麼感覺。這也是動物王國裡所有沒有耳朵的生物所共有的狀態——我們的哺乳類祖先就更不用說了。用身體來感知聲音，某方面可以使我們回歸自身的物理結構。

※

十年前，東妮．拉寇魯奇（Toni Lacolucci）進行半程馬拉松的自主訓練跑，她固定會繞著中央公園的蓄水池慢跑。她沒把自己看作運動員，不過天天跑步這種養生方法讓她感到一股新鮮而陌生的力量。Walkman隨身聽是她練跑的重要配備，因為要跑上這麼多英里來維持健康與體能，最難熬的是速度不可能快，而速度不快則讓路程顯得漫長而無聊。

八月的某一天，她照樣挑了好多首喜歡的歌曲之後邁步開跑，音樂大聲流入她的耳朵，激勵了她的活力。但跑著跑著，她右邊的耳機漸漸有點問題，聲音減弱到近乎完全無聲，只剩下斷斷續續的微弱靜電噪音。這已經是耳機連著第二天給她找麻煩了。她繼續向前奔馳，接著冷不防地，明明身體正在發熱，但一股寒意突然貫穿了她！如果她把耳機換個邊，把她知道沒壞的左邊耳機戴到右耳上，會怎麼樣呢？她想了兩分鐘才鼓起勇氣動手。好不容易，耳機左右換邊了，結果半點聲音都沒有。她把耳機再換回來，跑完當天的距離。回家之後她馬上聯絡了聽力專科醫師，預約隔天前往看診。

聽力醫師檢查後發現，她的右耳絲毫聽不見聲音。醫師告訴拉寇魯奇，她會突然耳聾，或許是年齡導致的聽力退化比正常速度來得快，同時也突顯內耳或從內耳連結到大腦的神經通道可能受損；但電腦斷層掃描沒有照出是哪裡出了問題。

幾年後，在一場音樂表演上，她再度聽見非常大聲的音樂，結果接踵而來是她的左耳聽力急遽退化。她接受了裝設人工耳蝸前的檢查，醫生這才發現有一顆「聽神經瘤」，也就是長在她聽覺神經上的腫瘤。雖然目前證據不足以推定結論，但越來越多研究指出，聽神經瘤和長時間接觸噪音或有關聯。這種腫瘤也是長時間講手機的用戶必須擔心的問題。

拉寇魯奇自己倒是很確定，儘管腫瘤的生成背後有基因條件，但至少可以說，她的聽神經瘤會惡化，是她多年下來大聲聽音樂所造成的。她相信自己當初要是更了解噪音的影響，應該多少能挽回部分的聽力，甚至說不定能防止腫瘤在聽覺刺激下不斷長大。

我透過位於長島的海倫凱勒國家聾盲中心認識了拉寇魯奇。我們坐在紐約現代藝術博物館內活潑寬敞的餐廳，她向我娓娓道來自己耳聾的故事。（我把問題寫在筆記本上，她則以大聲說話來回答。）眾多客人交談的噪音與背景的弛放音樂、身後吧檯的喀啷聲、餐盤與玻璃杯的碰撞聲此起彼落，互較長短。「此時此刻，」拉寇魯奇說，「這個空間在我耳裡全然寧靜。」

直到今天，拉寇魯奇體驗全聾已經兩年了，她說，「有九成五到九成七的聲音我並不懷念。我坐在這裡，聽不見碗盤叮噹碰撞，我一點也不覺遺憾。周圍非常安靜，這代表我可以更專心觀察所有的視覺訊息。我能讀唇語，只要我想，隨時可以偷聽別人說話。如果戴上助聽器，我一定會繃緊神經，努力集中精神想聽清楚你在說什麼，但我現在可以悠哉地欣賞美麗的連翹。」

我順著她的目光看過去，才看到一樹彎彎綻放如新月、如陽光般鮮黃的花朵，先前我可完全沒注意到。「我知道這麼說可能很怪，」她接著說，「但很多時候，不必去應付所有倒給你的垃圾，其實**很棒**。你會感覺得到解脫。」

作家史威勒（Josh Swiller）四歲時失聰，現已植入人工耳蝸，他曾皈依佛門當了五年和尚。他把佛家的默觀看成一種「對寧靜的鑽研」，並在自己學佛和耳聾的經驗之間看見了相似之處。

在佛家的教誨裡，人不應執著於個人的自性，因為我們其實與世間萬物互相牽繫；而在史威勒耳聾的經驗下，「所有人事物都以相同方式、用相同音量碰觸你。」聽力正常的人，可能會單憑音量去判定事件的輕重緩急，但所謂「會吵就有糖吃的孩子」，並不能爭取到聾人的關注。有鑑於此，他相信聾人更可能在獨與群之間，在跳脫群類和依存於萬物全景之間找到平衡。

生命的絲縷

我們一邊等待其他的學生從大學堂出來，包曼一邊趁著沒事如數家珍告訴我一些校園的歷史。聽障空間有一條中心原則是：除了新措施所包含的新觀念，聽障空間也代表修復校園計畫中較舊的元素，這些元素很可惜在一九七〇年代的翻新重建中完全被弄混了。

十九世紀，高立德大學校園剛落成時的建築，結構都蓋得像大學禮堂一樣，用意是為了傳達崇高之意——有些還真的以特別高的柱基來墊基，希望透過建築賦予聾人群體尊嚴，因為在此之前，這個群體都是在以精神病院為範本的設施中接受教育的。

奧姆斯德（Frederick Law Olmsted）是十九世紀的景觀設計泰斗，他的作品遍及各地，他在一八六六年設計了美國史上第一個校園總體建設計畫。奧姆斯德極力爭取，希望確保他所謂的「自由運用空間」在高立德大學能被當作一種「裝飾性場地」或花園，完整地保留下來。理由是，開闊的綠地有助於把不同的構成元素整合成一個和諧的整體。

不過，奧姆斯德推廣綠地空間還有個理由。他認為建築可以作為一種工具，發揮喚起感性並培養人的感受等功能。他在給高立德大學理事的信上寫道，因為「貴校收容的學生聽不見或不會說話，所有適宜的感受或細膩的知覺皆須仰賴其他官能的發展。在規劃良好的花園裡，視覺和嗅覺能以最完整且單純的方式獲得滿足，由此來看，貴校學生確實沒有理由不能在園藝學、植物學、觀賞園藝、鄉村建築等學科上充分發揮研究優勢，只要能從起步就提供合宜師資，對潛移默化的教育給予應有的重視，潛移默化完全有賴於日常是否習慣省思這類好的模範。」

下一波重大的校地發展計畫在一九四〇年代展開，雖然建造的建築結構比起十九世紀樸素很多，但包曼認為一樣成功。也在這個時期，校園賣場、新的禮拜堂、圖書館、新宿舍、學生會陸續在舊體育館附近建成。規劃興建的方式包含了將這些不同類型的空間，以一種天體連珠的方式排列。

包曼說，每棟建築都有漂亮寬闊的窗口，你可以一路望穿過去，看到每個人的生活。禮拜堂是支點，所以你想想——心智、身體、靈魂都交織在一起。校園內還有Z字形走道連結各處。那是個環環相扣的整體，正如傑佛遜總統（Thomas Jefferson）所謂「學術村」的概念。

「這種校園自然而然能形成一種集體空間，因為內部具備構成人類集體事業的各種活動。」包曼抬頭望天，「現在建築界也有建構集體空間的運動，但很大程度上都失敗了。之所以失敗，是因為建築師以為那種特性可以硬性指派，但其實並非如此。現在，我們嘗試著重新思考，是什麼因素讓人想要聚集在一個空間？沒有喧鬧音樂時，是什麼把我們吸引到一塊兒？」

高立德大學這個小宇宙的外圈被一條環形道路圍繞。一九七〇年末，新的校園總體建設計畫公布了。首先，眾規劃者決定，新宿舍群應建於環形道路的另一頭。「這個決定簡直是終結一切的開端。」包曼說。

他們認為，將不同功能的空間設置在不同的區塊，對空間的經營運用比較有效率。例如，學生生活起居與讀書的地方就相隔遙遠，而祈禱和用功的地方，也離吃飯和運動的地方很遠。同樣情況不只發生在空間層面，也發生在行政層面。這是對聾人校園生活的嚴重誤解，因為實際上，聾人的生活方式非常注重不同元素間的自由流動循環。然而有關當局完全沒有留意到這點，他們的做法是在創造一座孤島，扼殺了校園生活。

包曼說話的同時，我發覺自己從校園聯想到人腦。現在科學界已充分理解，大腦各個皮質區塊皆會吸收不只一個區域所輸入的訊息。尤其聽覺皮層更是如此，聽覺皮層對視覺刺激也能產生敏銳的反應。某一感官得到的資訊與來自另一感官的資訊交互參照，讓隨時發生的總體感知獲得增強，這種稱為「跨模式感知」的現象，遍布於我們對世界的感知模式。

在一九七〇年代的高立德大學，校園的「腦」又被回復到舊有模式，分立的腦區各司其職，各自執行不同的任務。我回想起過去一年來我在旅途中聽聞的經驗，很多都是這種無濟於事、吵雜而不和諧的計畫。

我問包曼，發起聽障空間計畫時，是怎麼克服這個問題的？很大程度上，他告訴我，差別就在於有沒有傾聽。

關於聽障空間最早的概念，是來自與聽障教職員和學生經過一連串工作坊的討論而形成的。「現在很多花錢請人來大談包容的概念，」他說，「其實真正要做的，就是把筆遞給最了解聾人經驗的人罷了！真正的包容有助於打造一個共同空間。」他聳了聳肩。「我認為這也是聽障建築能帶來重要影響的一個原因。我們現今面臨的全球危機很多都隱含了空間的意涵，需要以包容來解決。聽障空間的第六街走廊階段，第五街區的居民團體會與學生和教職員一樣，從起步就一起參與。」

※

和包曼聊過之後我蹓躂了一會兒，去參觀索倫森語言交流中心，這是高立德大學校園內，始終依循聽障空間的原則而建成的建築。

建築物的立面雄踞著一整面的玻璃落地窗，走進座落於窗格下方的門口，豐沛的陽光在不同木頭和金屬表面之間彈跳嬉戲，流入空間開闊的廳室。把這裡的建築結構放進歷史的脈絡，可以看出早期現代主義的痕跡，著重於突顯建築大師柯比意所說的「宏偉的原始（幾何）形態」，配合重複、對稱、大面積使用玻璃，將視野放到最大。

這棟建築也向傳統地中海庭院致敬，提供了盡可能長時間且面積廣泛的天然採光。（聾人其實能敏銳察知太陽一天當中的移動，因為不同的光線角度可能會幫助或妨礙手語溝通。）列柱和走廊在空間內外創造出一種可滲透性。暢通無阻的循環和自由流轉的曲線運動，在外牆和內廊都清晰可見。對透明性和開放性的種種強調，讓人在正常需要仰賴聽覺的地方，得以改而依賴視覺線索。置身其中，有一種身處於多重觀點的感覺，同時有無數條視線並存。

包曼向我形容這個空間的總體目標是「立體主義」。整棟建築物和我看到的結構圖讓我又想起建築師卡恩。卡恩是自然光源的積極擁護者。他認為，人工光源只能傳達光線某個靜止的時刻，但自然光的性質變幻無窮，讓每個房間每一天每一秒，都像是不同的房間。

卡恩也相信光和寧靜的原理之間有著神祕的連結，寧靜代表了表達的渴望，光則賦予事物存在。例如金字塔，他說，我們在今天望著金字塔，所有施工時的酷惡環境已經隨光陰消逝，「但塵土清開之後，我們再度真正看見了寧靜。」而經建築塑造出來、以光線之姿出現的這股寧靜，使我們與「圍繞宇宙無所不在的靈魂」相連結。

※

我閒晃回來時，我們等待的最後幾名學生正好抵達。我們坐上休旅車，前往不到一英里外的千里達育樂中心。其他學生團體分別與社區成員約在別的地點會面。來到中心後，我們見到了羅森（Wilhelmina Lawson），這位頗有王家氣質、說話輕柔的女性，頭戴著一頂亮紅色棒球帽，臉上掛著大大的黑色太陽眼鏡。她代表第五街區鄰里行動委員會出席，只可惜，她是唯一到場的社區成員。「我盡量把傳單都發出去了。」羅森說。

羅森發言時，先向高立德大學的學生問候致意，同時附議了包曼所談到關於社區會面臨的考驗。接著她說，她希望強化與高立德大學的盟友關係，讓彼此都能藉此脫離邊緣身分。她自己是從紐澤西的「水泥叢林」搬來這個地區的——家人朋友都不贊同，但他力排眾議。搬來以後，她愛上了街坊的樹木花草，「尤其是孩子」。她曾經試過把第五街區從藥物毒窟變成一個花園社區。

對於低出席率，包曼用笑臉掩飾失望，又談了一會兒他對第六街走廊的興奮期待。這條人行步道會主動把兩個社區串連在一起。至於走廊兩旁的建築要做什麼用途，目前還在研議中，但高立德方面希望有部分能透過開發案，促成關於寧靜的對話。除了兒童發展中心和社區劇院等設施，大學方面正在考慮設置能吸引人氣的場館，例如無聲的飲酒場所，規定在這些空間內，不論是聾人或聽得見的人，都禁止交談溝通。

這個理念聽起來可能像是一場無可救藥的白日夢，然而在我探尋寧靜的旅途中，有次較令人愉悅的探訪帶我走進一場「無聲派對」，這場派對在蘇活區一間店名叫「X夫人」（Madame X）的酒吧舉行。

無聲派對（Quiet Party）這種活動，來自於一對都市好友偶然間發想出來的點子。二〇〇二年某個晚上，瑞比漢（Paul Rebahn）和諾伊（Tony Noe）相約出來喝一杯，卻遍尋不著一間安靜的酒吧，每間都吵得震耳欲聾。無聲派對如今相當定期地在世界各地的城市舉行。賓客在與較大吧台隔開的小空間裡聚會，現場提供紙筆，禁止一切交談，亟力保持空間的安靜。這些空間的音樂維持在很小的音量，或根本不放音樂；吧檯後方的杯瓶碰撞聲也有所節制。

我來到「X夫人酒吧」當晚，紅光照亮的空間裡擠滿了人，但聲音最大也不過是賓客互相讀到彼此幽默的紙條後發出的輕笑。現場來的多半是單身男女，卻有一種令人耳目一新的溫和氣氛。青年男女從南韓、突尼西亞、法國、俄羅斯等世界各地慕名而來，有藥劑家、會計師，也有學生和教師。

至今我還留著我當晚用的紙卡。在我所認識這群安靜的新朋友中，有些人的紙條表達了一個願望：希望創造更多像「無聲派對」這樣的避風港。（「真的——到處都沒有安靜的地方！」）有幾個人很逗趣。（「我一定是醉了——你看我的字糊成一團。」）也有的人滔滔不絕停不了筆。

第六街走廊的其他構想還包括了規劃一個空間，來重現聾人某些面向的經驗。設計師計畫在一間隔音室裡陳列一系列聽力正常的人用來獲取娛樂或資訊的噪音製造科技——只是少了聲音。「我們希望引起大家討論那是什麼樣的感受，他們在全然寂靜之中，如何重新適應空間。」韋納（Fred Weiner），這位高立德大學校園計畫總監的特別助理告訴我。

※

包曼為高立德學生和第五街區社區成員規劃了一個攝影活動，目的是探索彼此觀看世界的方式。我們兩兩分組，一名聾人學生配上一名第五街區居民和一部相機，散步穿過街坊社區，一直走到「首都市超市」（Capital City Market）為止。另一人則引導持相機的人，每有想捕捉的瞬間，擔任「眼睛」的人可以拍拍持相機者的肩膀，示意對方拍下來。

我和艾琳一組，她是個年輕的金髮女孩，文靜和善，眼窩輪廓很深，是高立德大學的商學院學生。我原本有點失望，沒能跟更直接參與建築計畫的人分在一組，不然我也許能稍加體會用那種特殊的視覺意識看待世界，是什麼樣的感覺。

然而和艾琳同組的經驗也讓我開了眼界。我自認為是個視覺堪稱敏銳的人，但艾琳以超乎想像的精確度，引導我在不同的觀察位置觀看事物，若非她的引導，我永遠不會想到有那樣的視角。

無視於警笛尖嘯和強風呼嘯，她領我來到一棟都鐸復興式建築的轉角，磚造的建築物立面上嵌有白色菱格花紋，磚牆上有四扇用木板封死的窗戶，從她選擇的角度看過去，洋溢著古典氛圍。她不停移動我的手，改變角度，把景深從廣角調整成長焦，或者要我在很近的地方蹲下來，或仰頭拍攝天空。

我們給「兒童關懷中心」的紅色大門拍了好幾張照片，每分鐘拍的都不一樣。我在某一刻忽然意識到，我已經完全忘記了時間。我跌入寧靜之中，而且逐漸能夠察覺陽光在石頭、青草、皮膚、油漆和雲朵表面的移動，真的非常神奇。

再度見到包曼時，我告訴他，我現在似乎能理解他所說的立體主義和聽障空間的意思了。「對吧，」他說，「你現在明白了！那就是艾琳設法接收一切資訊的方式——她想讓你看見一種整體的環境狀態。」

活動結束後，我有機會和另一位高立德大學商學院的學生聊天，他叫麥可，是個蓄著短短山羊鬍、手臂布滿刺青的年輕人。他與幾名社區成員同組，去到了一間教堂。「他們希望我拍的，」他說，「都是反映社區價值的物品，但他們卻對物品本身毫不關心。他們會說：『花在我們社區很重要。』然後引導我到任何有花可以取景的地方。我則鼓勵他們從不同角度拍照試試——正上方鳥瞰、右邊、左邊、上面下面、來來回回，看看那會是什麼樣子，與教堂內其他東西有怎樣的搭配。」

麥可的經驗透露了社區成員一貫的觀看方式，他們任由語言和概念蒙蔽了眼睛，看不見實際身處的世界。「花」的概念遮蔽了花朵本身的綻放。而眼前這位謙遜的年輕人，他對寧靜的理解讓他有能力為聽力正常的世界示範如何觀看。

但這種開展的視野，有沒有辦法利用建築來呈現？聽得見的人在聾人對寧靜和空間的認知當中，有沒有具體可學習的應用？

集體願景

瑟威吉（Robert Sirvage）是建築科系的聾人研究生，協助包曼擬定聽障空間的核心宗旨。瑟威吉有一臉紅褐色的鬍鬚，鬢角剃短，平貼在有稜有角的顴骨旁，眼裡閃爍著淡藍光芒。

他目前正在寫論文，題目是「人際距離學」——一種關於人在空間中如何移動的學問。當兩名聾人邊走路邊比劃手語時，一種複雜的動作編排會在兩人之間開展，沒有比手語的一方也會看顧對方的腳步，保護對方不至摔倒或撞到東西；這也暗示兩名聾人一起行走需要保持多少的距離。

瑟威吉把聾人一起行走的過程形容為「統包協議」。包曼的弟弟德克森在高立德大學教授聾人文化研究。談到聾人文化對於與他人交流的重視，他認為在聽力正常的人之間，能夠聽見自己說話的能力，是我們維持存在感的關鍵。但是聾人沒有這種自發性的刺激。反之，聾人擁有的是「比手語時身旁同伴的臉」。他認為，就是這個經常受到他人的視覺環抱支持的事實，為聾人的集體文化奠下了基礎。

瑟威吉花了很多時間以影像記錄聾人和聽力正常人通過同一空間的動作。看過幾段影片，我就理解他的意思了——交談的聾人之間，彷彿有一條看不見的繫繩連結他們的步伐，而在聽力正常人的動作中，則看不到相同的動作。包曼認為從這當中可推論到建築的構想——利用空間幫助人停留在彼此的視覺環抱之中。

瑟威吉帶我參觀了一圈校園，我對建築空間的運作才有概念。他讓我看兩個地方。第一個地方原意是給學生作為聚會的地點，但學生紛紛迴避，反而把第二個地方當作主要的聚會地點。

第一個地方位於校園中心區域的一棟建築前方。有兩張面對面的長椅，他請我在一張椅子上坐下。我的背後有多道高聳的磚牆以不同角度交錯並列，座位區周圍也栽種著各種樹叢。瑟威吉仔細觀察了我一陣子，然後哈哈大笑，因為我發現自己忍不住頻頻轉頭張望——才幾分鐘就回頭了好幾次。

他接著點出問題所在。就因為有並列的牆線和植栽，坐在長椅上的人看不見是否有人走近，每次有人過來，就難免會嚇一跳，尤其在缺少聽覺信號的狀況下，這會帶給人擔驚受怕的不安全感。像我即使聽得見，也會覺得坐立不安，因為整個空間沒有留下外在世界的視覺線索給我。

瑟威吉提到，他的家鄉加拿大渥太華省有一間博物館，建築本身沒有任何直線或硬角，全都是弧線，因為北美洲原住民相信惡魔會潛伏在角落。聽障建築另一個檢驗準則，是心理學家柯勒（Wolfgang Köhler）提出的概念。柯勒發明了兩個本身無意義的單字：「maluma」和「takete」，用以闡述我們賦予不同聲音的空間關係。前者能喚起柔軟、曲線和母體的意象，後者則令人想到尖銳、稜角的形狀。多項調查指出，聾人選擇設計元素時，壓倒性地傾向選擇能反映maluma風格形式的元素。而且，手語中並沒有代表方形的手勢。

瑟威吉帶我去的第二個地方，是宿舍入口外面一片廣闊的水泥地。宿舍的建築只能說是一個單調而無特色的現代空間。我滿腹狐疑看了他一眼：這裡真的就是真正的聚會熱點嗎？他調皮的咧嘴一笑。

我轉過身，看向眼前延伸出去的遠景，慢慢融入這個地方幾分鐘之後，我確實有一種平靜的感覺。這時我才意識到，我正在展望一片異常開廣的景色——與前一個地方恰好相反。

但瑟威吉進一步為我點出的一個關鍵，原本並沒有進入我有意識的印象之中。因為建築物、風景、道路偶然排列得正好，從我站的位置環顧四周，視線就像處在視野正中央一般寬闊而開敞。「對我來說，」瑟威吉說，「這個地方體現了寧靜的概念，我們與安靜放在一起講的那種安詳。」

事實上，研究已經證實，聾人的邊緣視覺（peripheral vision，又稱周邊視覺）比聽力正常者要來的好。除了能夠體現聾人對周邊地帶較為開闊的感知，這樣的建築或許也有助於喚起我們渴望在寧靜中獲得的心理狀態。

還有另一個可能性，牽涉到抽象概念上的視線。瑟威吉告訴我，呈現建築物的使用歷史，對聽障空間來說十分重要。「磨損的地面能與我們交流對話，它會透露一個訊息：其他人都是如何與這個空間互動的。」聾人不會為了某處發出什麼聲響而前往某個空間，他們會另尋其他具有吸引力的特點。「聽起來可能有點新世紀的調調，」瑟威吉說，「不過也許真的有一種能量的流動，或者稱它電子路徑好了，是我們能夠意識到的，而且會透露這裡發生過重大的事。」

這個論點很顯然立場薄弱，瑟威吉也沒有太用力推銷，但與他聊過之後，我自個兒想想，覺得他的話不無道理，至少聾人的調適能力的確比較強，擅長察覺人們長久以來在某個建築環境中是怎麼移動的，這能強化他們掌握空間的能力。

或許道理是一樣的：寧靜在實質空間上層層疊加的含意，也同樣能增強聽力正常者的空間體驗。這不必被視為某種神祕論調。在日本的茶室，器物用過的痕跡對千利休來說如此重要，的確也表現了相同的功能——暗示這些器物都擁有故事，也創造了一種負空間，供在場者開展自身的想像世界。

闖入寧靜

我問包曼，他在與聾人的合作過程中學到什麼？他搔了搔那頭發亮的白髮，又推了推鼻樑上的黑框眼鏡。「有個瞬間，」他說，「我永遠不會忘記。那是大約推動聽障空間計畫一年半的時候，我還住在舊金山的小公寓，我的窗子往東灣方向敞開，能眺望整座城市。我每天在舊金山和華盛頓特區來回通勤，不眠不休地工作，努力構思計畫的雛形概念。」有一天，他說，他坐在公寓裡望著窗外風景，一股深沉的寧靜充溢在整個房間。在離他最近的視野前景，他能看見其他建築物屋頂的建築元素：中景是舊金山市區，遠處則是起伏的山丘。

就在他透過玻璃向外凝望時，他忽然覺得「寒意」竄過全身，「整片景象霎時間變得完全不同。我不再是在眺望窗外，眼前景物不再是牆上的一幅畫，而是**我就身在畫中**。**我是那整個系統的一部分**。」他用手掌比出波浪的動作。「我公寓底下的同一片土壤，會繼續延伸到我前方其他的房屋和更遠的城市底下，然後隆起形成山丘。那是對生存在世界上一種發自內心的體會。」

包曼對那一瞬間的描述，讓我想起以前看過達賴喇嘛的一段訪談。達賴喇嘛敘述了觀想曼陀羅的過程（曼陀羅是用於專注於禪修的宇宙圖）。他說：「觀想首重視覺化，而視覺化的提示就蘊含在曼陀羅的實體中。首先你觀想shunya，也就是空，然後你那完全被外在自然吸收的心智，會慢慢化入實體的世界。」

包曼剛開始想把統一基材的構想納入校園設計時，發現還少了些東西。他設計了建築上的解決辦法，增進校園各處的動線流動，策略包括如提高透明度和消除走廊上的銳利轉角。但是當他和同事把這些原則推展得越廣，越發現有必要適時地中斷流動，給人一點喘息的空間，「給予隱私、適度的包圍感、靜態交談的機會」。

舉個例子，他要我想像花園裡的一面牆，提供一個可倚靠的地方，提供一種安全感，但也會發散熱氣。也許附近需要一棵樹提供遮蔭，篩細陽光。他告訴我，他發現要讓校園設計如理想中的方式運作，有賴於創造出一些「纖維間的孔洞」。這些孔洞其實是把纖維牽繫在一起的核心元素。「這些孔洞，」他總結，「就是寧靜。」

※

包曼很明白在整體經濟緊縮的氣氛下，聽障空間計畫危在旦夕。現在既然有人工耳蝸，而且助聽器不斷改良、教導失聰兒童學習口語的教學能力提升、聾人透過網路也有能力以無異於聽力正常人的方式來溝通，因此有越來越多聲浪提出疑問，質疑聾人為什麼還有必要在一個以手語為溝通基準的環境裡受教育。但無論聽障空間未來如何，這都是一場絕佳的實驗，我們所有人都能從中汲取經驗。

在我應付聲音的所有經驗中，一直以來，我最有所感的是過度刺激和我們對突然陷入沉默的共同恐懼。我們當然沒辦法學習重現聾人那獨特的視力，但並不代表多一點寧靜不會增進我們觀看的能力。即使只是非常短暫地減少某個感官受到的刺激，也能觸發另一個感官的感知衝動獲得強化。

有一次，我和提倡自發性團體冥想（簡稱PDM）團體一起，一大群人走在曼哈頓的哥倫布圓環。依照安排，我們一夥人每次看到信號，就得在街角席地而坐，閉上眼睛。關於圓環周圍的聲音，老實說我原本一直沒留意過，但到了第三次坐下，周圍聲音開始變得難以承受的大聲。等到下一次我再度駐足閉眼，瞬間覺得自己正在聽一部駭人恐怖電影的配樂。

你不妨試試，到自家附近的某個路口去，就停在那裡，然後閉上眼睛幾分鐘。你聽見的聲音會讓你大感驚奇。

※

我必須離開高立德大學去趕飛機了，但就在踏出室外的那一刻，陽光搬演的戲碼令我不由自主停下腳步。我一個人站在校園賣場外，看著雲朵浮動變幻成各種形狀，聚集後又消散，在每片樹葉、每塊石頭、每一面牆和每處空地投下了彩光和陰影。恍惚間，我回想起追尋寧靜之初去過的那間貴格會教堂。

路易斯．卡恩曾經指出：靜和光的概念有別，也許都是人為決定的，因為兩者在一起，才能構成所謂的「環境靈魂」。常能聽到神祕主義者用「光亮增強」之類的語彙談及昇華經驗，這種經驗又往往是寧靜所促成。但兩者也許不只在靈魂的層次有所關聯。也許我們在寧靜之中，確實能看到更明亮的光。

愛默生（Ralph Waldo Emerson）在散文《論自然》（*Nature*）中寫到，「太陽僅僅照亮人的眼睛，但在孩童的眼底和心中卻閃爍著光芒。」在大自然寧靜的風景中，就可以重拾這種「赤子之心」。在安靜沉思的時刻，「偏狹的自我中心就此消失無蹤」，愛默生說，「我化為一顆透明眼球——我什麼也不是；卻看見了一切。」寧靜的建築可能不會讓人感覺自己擁有那個空間，卻會讓人深刻意識到，我們是自己所凝視之物的一個部分。

第十二章　寧靜終曲

對抗噪音的戰鬥讓我挫敗感節節攀升，卻未讓我失去士氣，當我走出高立德大學校舍踏入陽光下，我終於領悟到更深的原因：在我這陣子不斷刺探人阻止噪音能力的心理學和社會學的底線時，我的調查一直穿插著寧靜的經驗。這些經驗很多令人愉悅，有幾次甚至接近超脫凡俗。在所有澎湃毀滅的音浪之中，令人屏息的寧靜依然在那裡，等待著我們去發掘。

此外我還發現，除了少數惡棍之外，那些我所遇到站在支持噪音一方的人，都比我預期得更複雜，他們思考的更多，老實說，也比我想像中更討喜。甚至於，在我走訪購物廣場的九個月後，我喜出望外地收到莉安寄來的電子郵件，說明布她已從DMX辭職，準備創辦自己的音樂設計事業，其中將有一大部分由慈善事業構成，目的是希望能夠讓孩童對音樂的理解更加豐富，讓他們未來成為一個把音樂教育留在學校體系的支持者。

總的來說，所有我遇到對噪音情有獨鍾而不加掩飾的人，依我看來，並不比我們多數人今日身處的社會粗野多少。換句話說，他們的粗野程度，不過就是我們選擇認定的程度，何況他們有些性格面向只因有違我們的批判諷刺，我們便選擇不去聆聽。

如果把「是否喜歡噪音」當作評斷一個人文明程度的基準，那以往在布魯克林區開勁爆音響車逛大街的「混混」，與那些打扮入時、通勤或上健身房時耳朵戴著隨身聽不斷轟炸自己腦細胞的小資女孩，並沒有多大的分別。我們可能會覺得，現代的噪音簡直太過火，我們要不發動全面反攻，要不就只能躲入個人的聖域。實際上，在兩難困境所有交織的細微差異之間，也許有意想不到的機會。

關於噪音與寧靜不可預測的交互作用，我學到的最後一課竟然與蚯蚓有關。我在神經生物學實驗室看到一個現象：當世界安靜下來，要重新喚起能夠聽見細小聲音的驚奇感，原來這麼簡單。

※

達爾文在《物種起源》（*The Origin of Species*）一書中某個著名段落寫道：「也許可以這麼比喻：天擇是每日時時刻在世界各處進行的注視，仔細觀察最細微的變異，汰去劣者，保存並結合良者；不論何時何地，但凡有機會，就安靜而不被察覺地進行著，以改善每個生物與其有機和非有機生命狀態的關係。」達爾文把安靜的演化過程比喻成一個鑑別差異的最高仲裁者，他以區別差異的行動來修正並改良這個世界。

達爾文有一對敏銳耳朵，能夠聽見噪音和寧靜伴生的矛盾。他在探索巴西海岸時說：「聲音和寧靜是最矛盾的一種混生物，繚繞在林間葉蔭濃密的地方。蟲鳴聲響徹雲霄，在停泊於離岸幾百碼外的船上可能也聽得見。然而幽深的森林裡，似乎也被一種無所不在的寧靜所支配。」

達爾文知道，這種矛盾在人性中展現得最為強烈。他在自傳中述及一段令人莞爾的故事：他和朋友卡萊爾在一個隔音不是那麼好的書房共進晚餐。達爾文寫道，卡萊爾讓每個人都安靜無語，因為整個用餐期間，就只聽到他高談闊論，大談安靜的優點。

在漫長的天擇史詩中，達爾文心目中首屈一指的偉大英雄是蠕蟲。極度不起眼的蠕蟲靜靜地翻動著泥土，牠們消化過程的副產物是讓土壤的組成不斷受到汰篩和重組。達爾文發現這是個可作為借鑑的象徵，所有工作都該依循這種態度。

蠕蟲沒有能力大聲昭告自己的成就，也沒有這種需求。雖然它所在的高度低得不能再低，但它的成就卻勝過最勤耕的農人。達爾文寫道：「農學家在耕地時嚴格遵循自然法則，實際上他只是粗略的模仿……大自然日日以蠕蟲當媒介所成就的工作。」

※

我選擇觀察的蠕蟲，是屬於「線蟲動物門」（Nematoda）之下的物種，被取了一個儒雅的拉丁語學名，意為「秀麗的古桿」。秀麗隱桿線蟲（*Caenorhabditis elegans*）體長一公釐，甚至比蚯蚓還要細小低下。但在一九六〇年代晚期，它被選為遺傳學研究用的模式生物，學界夢想這種小生物將幫助我們了解整個神經系統。

當時科學家相信，如果能標示出每個神經元的特徵，找出各神經元的位置和所使用的神經傳導介質，就能解開人腦的所有祕密。儘管研究結果不盡如人意，但秀麗隱桿線蟲依然帶來了諸多啟發。史上第一個完整定序的多細胞生物基因組，就是秀麗隱桿線蟲的基因組。

即使到了今天，RNA方面一些最重要的研究，也是透過秀麗隱桿線蟲單純的身體推測出結果。線蟲動物對人類做出的貢獻不亞於太空人蘇妮．威廉斯，也就是那位我在追尋之初去找過她，以了解她對無噪音的外太空有何洞見的太空人。因此我認為，線蟲動物也值得我花上片刻去安靜觀察。

但我走訪實驗室還有另外一個動力。根據我一個科學家朋友在她的實驗室裡長時間苦修觀察下來的評論，我逐漸抱有一種印象，我覺得實驗室好比現代的修道院。我想像一排排研究員彎腰坐對顯微鏡，在一種全神貫注的氣氛之中凝視著生物基因編碼的微小細節，令人聯想起沉默的熙篤會修道士駝著背鑽研《聖經》的樣子。

因此，我在夏天的某個下午進入市區，前往位於西一六八街的哥倫比亞大學醫學中心，在赤褐色外牆、一柱擎天的翰墨大樓（Hammer Building）與我一位朋友見面，她曾經在這裡的神經生物學實驗室工作。

我們走進一間被螢光燈照亮的開敞房間，黑色工作臺和白色高層架排列得井然有序，桌上和架上擠滿了橘蓋玻璃瓶、顯微鏡、成疊的培養皿、光潤的儀器和厚厚的深色資料夾。幾名研究員正在裡面努力工作。

不過，他們並非全都安靜地彎腰看顯微鏡，反而大多數三兩成群，熱切地交談。研究助理長柏納德（Claire Benard）精神奕奕，我們才剛到，她馬上興沖沖告訴我，要不是實驗室有許多噪音引人分心——要是她能一個人靜靜工作，不會時不時被同事、離心機、冷凍機、風扇，以及巨大的蠕蟲分選機不斷冒出的嘶嘶聲給打擾——她的研究進度早比現在超前**好幾年**了。她說，每次需要專心，她就會戴上先進的降噪耳機。

我覺得實驗室裡其實聽起來相當安靜。交談的人都輕聲細語，沒有背景音樂，也沒有大型機械運轉。但我已經從實驗室跟修道院的類比中醒悟過來，難不成我又來到一個追尋寧靜、卻發現另一種新噪音的世界？懷著這樣的心情，我請他們帶我去轉角那間沒有開燈的操作室看看，在那裡可以用高倍率顯微鏡觀察線蟲。我剛剛才聽說，為了照亮神經細胞，這些線蟲的神經細胞移植了水母的螢光基因。

我在一台白色大型蔡司顯微鏡前坐定。我朋友調好焦距以後，轉身和克萊兒繼續聊起在走廊上的話題。我低下頭，把眼睛對上立體視像取景器，一瞬間，我就被傳送到了異時空。

這些線蟲內部閃爍著柔和的青綠色螢光，團團旋轉，宛如微小的宇宙，美得令我屏息。它們的身體裡漂浮著淡綠色星雲（神經細胞）和細小閃亮的星輝（腸顆粒），後者是聚集在一起的小脂肪團，是線蟲維繫生命的關鍵。

我看見一對線蟲把自己纏繞成水手會打的那種繩結。取景器下的圓框畫面化作了上下顛倒的天文館，呈現出眾多天體的運動——星系的誕生與毀滅；象形文字時而糾結、時而舒張——中間穿插著火彩貓眼光芒。

直到回過神來，我不知道時間已經過了多久，也壓根兒沒去想線蟲的沉默勞動，我對頭上的換氣扇渾然不覺，就連朋友聊天的聲音也沒聽見。所有聲音全都不見了——全被吸入這個強烈的視覺景像裡。

作曲家約翰．凱吉（John Cage）曾說：「沒有所謂淨空的空間，也沒有淨空的時間……再怎麼努力製造寧靜，我們也不可能做到。」然而，反過來也是事實。有時我們再怎麼努力製造噪音，也根本做不到。就像太空人威廉斯在地面指揮中心暫停通話的那一刻寧靜之中，看見了太空的幽深，現在我眼前這些朦朧的青綠色星點和光絲所造成的影像，竟也不可思議地創造了周圍的寧靜。

好不容易我終於抬起頭，但一時間仍然說不出話來。柏納德笑著看我。「很美……對吧！就是**這個**，讓我目前還能堅持下去。」

※

我們漫步回到實驗室主間。就在這裡，另一件神奇的事發生了。我們走進去時，正好有一名研究員拿起玻璃培養皿，將它打開，清脆地喀噹一聲放上操作臺，然後推近到她的顯微鏡底下。

「那個聲音！」我朋友笑說，那個聲音讓她回想起在實驗室度過的那些年。她隨意撿起一個外觀貌似大圓形眼鏡鏡片的培養皿，重複剛才那一套動作，旋開皿蓋，放到桌上：脆硬的一聲喀噹，接著是俐落的嗖一聲擦刮聲。

另一名研究員用看似一支粗筆的儀器提起小塑膠瓶，從瓶中倒出幾滴液體到玻片上，然後把小瓶放回貯藏箱。

「你聽到了嗎？」柏納德微微一笑。「尖端鬆開的聲音，很像照相機的快門。」我張大耳朵，仔細聽她重現那不到半秒的輕響。柏納德補充，她在實驗室最喜歡的一個聲音，是燒線蟲時會發出的聲音，雖然她覺得承認這件事實在不太好意思，但身為科學家不得不這麼做，她解釋。「比方說，我們夾起一隻幼蟲，想要挑出一群雌雄同體的時候……」

我朋友點燃一盞小本生燈的火焰。「我也喜歡本生燈的聲音。」她說著把火苗轉強。火焰開始發出細碎的爆裂聲，像是擺了盆栽的壁爐。柏納德拿起一根細長的針，在火中翻轉了幾下，直到針尖紅熱發光。接著把針浸入培養皿的膠基裡，挑起一隻線蟲，連針一起伸到火焰上。在火光的劈啪聲音之間，我聽見一聲微弱短促的「嘶——」。「我也不知道為什麼，我就愛這個聲音。」柏納德承認。

站在我們身後操作臺旁的女生叫寇奇拉（Louisa Cochella），她突然搭話說，她喜歡「分膠」的聲音。分膠包含切下一小塊膠基，補充培養皿裡的營養基。她為我示範步驟：首先在火上加熱一把薄薄的小銀鏟，然後把刃面切入膠裡。熱燙的鏟子一碰觸到膠，兩種物質會發出細膩黏稠的熱吻聲。寇奇拉眼睛一亮，笑了出來。

「當然不能忘記這個聲音。」我朋友拾起一片玻片，隨即俐落地拋進一個紅色箱子，擊中裡頭其他成堆的廢棄玻片，發出叮的一聲脆響。她又拋了一片，這次的脆響還混雜了玻璃碎裂的啪嚓聲。

頃刻間，原本在實驗室各處忙碌的其他人紛紛加入遊戲，熱烈地向我展示各種聲音。這個古怪但迷人的「聽聲音說故事」活動是我始料未及的。我從來沒想過要這麼做，但大家一個接一個示範起來。弄出每個聲響之後，這些科學家都會問：「聽到了嗎？你有沒有聽到？」一邊在充滿感染力的喜悅下重複動作，發出他們各自喜歡的聲音。

實驗室安靜的方式與修道院不同，但也足夠讓在其中工作的人感受所在空間的聽覺溫度，能聽見並充分品味平常多半會被忽略的聲音。這些細微的聲響為他們標記出一個獨特的時刻——細小的聲音打開了廣大的聯繫網絡，就像在線蟲體內發光的神經細胞星宿。聆聽這些聲音，一方面可以放鬆身心，一方面也令他們想起實實在在奮鬥過的日子。

我感覺自己一瞬間又回到了兒子身旁，他漂躺在浴缸裡，我們一起靜下來聆聽無窮小的口袋生活周遭，被聲音所環繞的大千世界。你能聽見幾種不同聲音？那些聲音是什麼？實驗室裡的科學家逐一展示她們辛勤思索後得到的聲音果實。在她們身後，窗戶顯得灼灼發亮。不久，在平凡而莊嚴的寧靜之中，夕陽沒入了天際。

安靜的權利

我所遇到的寧靜，沒有一種能給予確切的答案。但我探索過的每一種寧靜，都能提供豐富的意義。我漸漸體會到一個概念：如果我們不希望大氣未來充斥著聲響的二氧化碳，電子音大量排放四處瀰漫，令我們難以呼吸，就需要培養各種不同安靜的微型氣候。

在我探尋寧靜的過程中，腦中始終有個聲音不斷重複一句話：「我們把目光投錯方向了。」我也發現自己總是回到哲學家萊辛的文章，萊辛就跟前文中我提到的茱莉亞・萊斯一樣，是二十世紀初另一位偉大的反噪音運動人士。

※

萊辛認為，人如果在經濟和社會上缺少權力，往往會藉由發出聲響製造噪音，力求擴張對世界的實質影響力。他這個想法在哲學譜系上由來已久，我們可以循線回溯到尼采。尼采認為，在行動空間遭到否決的人，會透過某種想像式的復仇來補償自己。再往上可以推到叔本華，他認為噪音是對專注力最明目張膽的破壞，而所有偉大的心靈，都必須倚賴專注。但萊辛和這些哲學前輩不同的是，他嘗試發起社會運動，把這些想法付諸行動。

萊辛是個極其多才多藝的人。他在生涯不同階段曾投入精力在哲學、新聞學、教育學，以及代表各種進步運動的社會倡議。萊辛是第一個分析「自我厭惡的猶太人」（self-hating Jew）這個概念的作家——此現象是指猶太人內化了反猶主義者對他們的誹謗中傷，萊辛認為這對猶太族群的未來是嚴重威脅。

「內化刻板印象」這個概念可能也影響到他對噪音問題的看法。他在關於猶太人自厭的書中寫到，「誰若想把人類變成狗，只要不斷罵他們：『你這條狗！』，時間長了就能奏效。」同樣道理，萊辛認為，豪放不羈大嗓門的行為對工人階級別具吸引力，那源自於他們缺乏健康管道來宣洩本能的衝動，同時也把這種行為當成一種復仇的形式，報復那些剝奪了他們的權力和正面社會價值的人。

萊辛把茱莉亞・萊斯當作偶像來景仰。他在一本關於噪音的著作中，著墨了一大半的篇幅詳述她的學會所推行的運動。萊辛更在一九〇八年實際走訪紐約研究茱莉亞的社運成果，回國後立刻創立了自己的反噪音學會，並邀請茱莉亞出任組織領導人。不過，朱莉亞顯然婉拒了萊辛的邀請。

然而，雖然萊辛採用了茱莉亞的部分策略，但在他的學會裡，首要會訓是「安靜即高雅」。他提倡古典時代中安靜與高深莫測的關聯（羅馬時代的希臘作家普魯塔克（Plutarch）稱：「我們向諸神學習寧靜，向人類學習言語。」），並崇尚東方理想中的沉思默觀生活。在萊辛的論述中，寧靜是智慧的象徵，與西方自我中心的價值體系互相對立。

他在《噪音》（*Der Lärm*）一書中宣稱，「文化是通往寧靜的演化。」而他也發想出各種古怪的計畫來推進這種演化，其中包含選列出一份「藍清單」，上面是旅館、公寓、住宅的名字，他的學會成員能預期在此找到安寧。他也挑出幾間「寧靜住宅」，他說在這些地方，即使一根針落地也聽得見，且鋼琴或鸚鵡都禁止入內。

萊辛本身是個重視理想勝於現實的教師——他拒絕向德國國族主義磕頭，以致於被他所任教的大學給趕出校園。他努力爭取在花園和森林中興辦學校，期盼透過大自然的寧靜來催化學習。他的學會的另一個會訓是「non clamor sed armor」，大意是「要愛，不要噪音」。

茱莉亞對抗非必要噪音的運動成功獲得了大眾的支持，不過，反觀萊辛那更具野心、並上溯到哲學層面的計畫卻不然，原因很明顯。從表面來看，茱莉亞的策略看似是很務實的方法，能直截了當解決高度複雜的問題。不過，我們從結果也看到，她的立場核心有一個漏洞，這個漏洞至今依然持續阻礙法律與政策防治噪音，那就是說到噪音，我們該怎麼區分何者為必要、何者為非必要？

萊辛的運動被當時媒體譏為「菁英主義」、對現代化懷抱敵意，最後並未能累積動能。但大眾或許太快忽略了他的立場隱隱然透露的訊息：我們需要少費一些心力在減少噪音，而多花一些心力來增加寧靜。他對時代的不滿並非針對科技本身，而是不滿社會圍繞著機器構成，忽略了人類基本的生理和心理需求。

但是，他沒有太多機會證明自己有理。不久，讓希特勒的擴音器在全球各地響起的喧囂和騷動，已然越來越大聲。（一九三三年，萊辛成為納粹密探在境外暗殺的第一人。）最終，萊辛「安靜即高貴」的主張被當作一個集會口號，用於號召那個少有機會享有特殊待遇的階級，而非那已然經享有殊榮的沉默菁英階級。

如果你不斷辱罵一群人是狗，也許有一天，他們會回以憤怒的咆哮。同理，如果無論男女，你皆待對方像擁有高貴教養之人，有能力欣賞自身豐藏的更高天性，那麼他們之中很多人也許就會受到吸引，出於自己的意願去培養寧靜。萊辛的主張暗示了一件事：我們的文明若缺乏寧靜，反映的將是教育的瓦解。

※

也許我們正在不當分配寶貴的資源。與其投入這麼多金錢、精力和時間，測量我們已知很大聲的噪音，打永遠難畢其功於一役的政策混仗，何不至少把投資分為兩部分——一半資源用在提倡寧靜的活動和空間上？

格林伍德（Colin Grimwood）任職於英國「環境食品與鄉村事務部」，作為一名致力於保護寧靜空間的顧問，他告訴我，當前這種模式的問題在於，我們花費大把金錢希望讓空間中少一點噪音，到頭來，我們是成功減少了幾分貝，但這些空間依然充滿噪音。所以，「我們應該把安靜置於優先才是」。

格林伍德認為，因為在都市裡，安靜空間通常是腹地小、圍起來的區域，所以創造安靜空間的成本，遠比改動道路、鐵路的基礎建設、建造空調系統等措施的成本來得小，而且這些措施大費周章，卻只能些微減少喧嚷街區的總體噪音音量。

結果，安靜空間的設計師發現，噪音問題的根源之一——人口過度擁擠，其實對解決噪音問題也能有所貢獻。在高密度開發地區，建築物立面沿著傳統街區形成一道牆，這對阻擋聲音透入建築物後側極為有效。

成排無間的住屋或辦公大樓可讓個別建築物擁有「安靜的一側」，如果在後側有個戶外公共空間或庭院，馬上就能形成一個隱僻的安靜空間。都市規劃師狄克森（Max Dixon）告訴我，圍牆只要有周長百分之五的縫隙，就會讓百分之八十的噪音穿透進來。但若把周圍完全的封閉起來，你就能得到一個很接近安靜的空間。（空中交通是唯一例外的威脅。）

狄克森也提醒我，這個設計原則前身不只能回溯到倫敦郊區許多「喬治時期風格」宅邸可見到的開放式後花園，甚至能追溯到修道院，以及人類史上最早出現的某些城市裡，那種房舍環繞著中庭的建築形態。

瑞典最近一篇研究指出，即使是處於嘈雜地段的居民，如果他們的住宅建築擁有安靜的一側，那麼，這些居民惱怒的程度會減少五成。為建築立面這道屏障再加上一些吸音物，例如地面種上濃密植栽，也許再加一座小噴泉，同時避免在後側區域使用如冷氣空調等一些聲音予人不良感受的機器，如此一來，你就創造出了一個塵世樂園，可以躲避日益喧囂的世界。

但是，唯有採取新的方法教育大眾認識聲音，才可能冀望這些簡單但有效的安靜空間真能被如此看待。

※

雖然我們常傾向將往日時光給浪漫化，總是在憧憬過往的寧靜，但其實歷史上許多城市一直是超乎想像的喧鬧。不只有四輪馬車、篷頂馬車、雙輪馬戰車等交通工具行駛在鋪石子路上的噪音，還有此起彼落的牲口叫聲、固定商販與流動攤商的叫賣喧嚷，此外還有混雜在民房住宅之間的工匠作坊。例如在古城龐貝，貴族住宅「農牧神之家」（House of the Fauns）的主出入口就鄰接著兩家鏗鏘響的鐵匠鋪。

確實也有學者指出，古希臘城市錫巴里斯（Sybaris）相較於同時代的其他城市，之所以能發展得文雅而富庶，就是因為執政者下令把工匠行業移出住宅區，創造出能培養敏銳感性的空間。話雖如此，古代城市在聽覺上的反差通常也多過於現代城市。

除了最擁擠的大都會，一般城市人口密集區域往往間雜著未開發的空地、空曠的河岸、公有地、寺院和墓園。古代的大多數城市居民只要足夠幸運，身體健康，也還有點閒暇，就不必像我們一樣遠赴郊外，也能短暫拋開喧囂噪音。

我們大概不需要無所不在的寧靜——雖然有些人可能十分嚮往。不過我們確實需要有更多空間，可以中斷平日所經驗的噪音。我們應當嚮往的是在日常生活中，有更大比例可以置身於寧靜。

聽覺節食

每次和積極反噪人士聊天，對方幾乎總會下結論：「我們應該努力反抗所有形態的噪音。」但噪音汙染實際上有多少形態？超音速噴射機會製造噪音污染，發電機也會，或者，某些工業製程也會。今日最令人髮指的噪音汙染形態可能就屬海軍聲納。據說鯨魚會為了躲避這種新的噪音波而潛入太深的海中，因此失衡而死。但我們生活中的主要噪音，並不符合這些異常大聲的定義。

與其把多數人周圍的噪音視為一種汙染問題，也許可以想成類似飲食習慣的問題。我們的聽覺飲食很不均衡，充滿了份量誇張、高熱量卻沒有營養的聲音，而我們攝取的安靜卻幾乎不夠。

不均衡的飲食有害健康；之所以有害，不只是飲食中所包含的東西，也是因為飲食中所缺乏的東西。因此，如何糾正不健康的飲食習慣？我們的做法和乾脆把工廠煙囪給塞住完全不同。我們教導孩子飲食時，不只會說明速食的危害，也會讓他們瞭解健康營養的好處。那麼，對於安靜議題，為何不能也這麼做？

對高分貝噪音造成的可怕危害，我們不厭其煩一說再說，說到年輕人對這些嘮叨的負面訊息寧可充耳不聞。但對於安靜的好處，我們幾乎沉默不語。然而，從科學和人性的觀點，我們十分了解寧靜的好處有哪些，何不盡可能把關於寧靜的已知事實介紹到公共教育當中，努力擴展我們的知識，帶領大眾認識寧靜可喜的影響面？

從愛荷華州鄉間到佛羅里達州市郊，從英格蘭到紐約，我在各地都發現一件事：我們的校園裡充斥了一整個世代的孩子，他們幾乎沒擁有過正向的寧靜體驗，尤其是來自貧困社經背景的孩子。

我有個朋友凱西（Lyman Casey）在布魯克林區一所公立中學教數學。那個城區治安不彰，他們學校在當地已經算得上好學校了。凱西和我聊過幾次，他一直設法訓練他的學生安靜下來，哪怕只是片刻也好。難處並不在於他沒有威嚴。凱西身高一九五公分，擁有籃球員的體魄，又天生有領導風範。問題在於，這些孩子真的不懂「安靜下來」是什麼意思。

凱西的童年很幸運有許多徜徉於大自然的體驗，但他的學生完全沒有這類經驗可當作內心力量的來源，這點令他至為苦惱。不過，他仍然三不五時強制他班上的學生練習安靜。一開始很不順利。孩子只是維持個二十秒安靜，就會有人噗哧偷笑，或爆笑出聲，或單純忘了要安靜，開口找其他同學說話。接著全班又回到吵吵鬧鬧的狀態。

不過，就在期末某一天，凱西終於成功把一群高一生哄得安靜下來，足足兩分鐘之久。結束時他問全班：「怎麼樣，感覺還不賴吧？偶爾享受片刻的安靜，也是有好處、有意義的。」他的學生不可置信呆望著他。「為什麼？」終於其中有人問，「安靜有什麼好處和意義？」「他們**不懂**我在說什麼。」凱西告訴我，「但他們很想知道。」

我承認，我當時覺得這段故事令人難以置信。所以我請凱西做個小實驗。我請他讓班上學生想一想，生命中有沒有某個沉默的片刻，對自己深具意義。然後我去了趟學校，親耳聽聽他們怎麼說。

這個討論才進行了五分鐘，我已經按捺不住情緒，只是原因和我預期的不太一樣。與我交流沉默經驗的十名同學中，有九個人所描述的情境，是因為痛苦大到難以承受而說不出話來，或者不願意再開口。

有個同學說，他母親剛過世時，他必須搬去和父親同住，但他始終得不到父親的關心。一連好幾個月，除了最要好的朋友，他不跟任何人說話，最後學校強迫他接受心理諮商。

另一個同學說，他六歲時，繼父毆打他媽媽，之後他有好幾個月不和人說話，因為他不知道怎麼述說這種經驗。另一個同學則說起他哥哥在幫派鬥毆中身亡，他看到他爸爸傷心地掉眼淚，他只能陷入沉默。還有一個同學說到，他媽媽得了急病必須動手術，在那當下，他不想和世上任何一個人說話⋯⋯。

對這些年輕人來說，「安靜」這個概念都有個相通點，那就是悲劇，或至少是令人極度煩憂的事件，讓他們頓失言語。唯一的例外是一個小女生，她回憶起跟她十分親密的外婆去世時，她走出喪禮會場，周遭一切忽然靜默下來。她看見周圍有人走動，但她什麼也聽不見。她以為自己出了什麼毛病。回頭望向教堂，看見她外婆站在台階上，不發一語，只是微笑地望著她。接著外婆就消失了，她才又能聽見聲音。

我們成年人作為社會整體的一份子，肯定欠這些年輕人一個與「安靜的概念」更開闊的連結。安靜，不應只是這些痛苦回憶所傳達的沉默而已。

第一輪分享結束後，有幾個同學認同安靜的確有好處，可以給人機會思考或放鬆。但對於這種安靜，他們都沒有特別的回憶。我請大家說說看，當他們想靜一靜時，會去哪些地方？有幾個人說，他們會把自己關在房間打電動，或者開電視來看。至於學校，所有學生都形容學校環境「很吵」。有個男生承認他的嘴巴就是整天閒不下來，他宣稱：「環境那麼吵，我靜不下來，所以我乾脆融入環境裡！」

布魯克林區另一頭有一所貴格教會私立學校。從幼兒園入學一直到上高中，學生被要求每天必須安靜片刻，當作學習經驗的一環。他們從受教育之初就學到如何安靜，也了解到安靜的經驗何以能夠充實心靈。艾德蒙（Jonathan Edmonds）是在貴格教會學校任教七年的小學教師，他告訴我，讓安靜發揮作用的關鍵是「練習，很多的練習」。

艾德蒙自己雖不是貴格教友，但他發現安靜是學校生活重要的一環，也是很多教室缺少的一部分。單純地停下和慢下步調，這種單純的安靜能夠幫助孩子了解事物的正確順序。安靜是思考的必要元素，但很可惜，「我們做的很多事情，都遺失了這個元素。」他相信伴隨安靜而來的思考有助於孩子了解「少即是多」的道理，建立他們的社會良心。

他認為貴格教會學校之所以能成功灌輸這些價值觀，靠的不是紀律訓誡，而是學校本身就將對安靜的重視放在優先位置，因此，這種觀念不必依靠市府教育局的監督，也能夠建立起來。「我從在公立學校教書的同事那兒聽說，現在公立學校的考試多到不可思議。」他說，「讓人**沒有時間**深入沉思，培養個人的想法。」

在教育上對於成績評測的執著，這個分散焦點的老問題，再一次造成了影響。

※

大眾談到要改變飲食習慣的時候，大多能理解一件事：要改變現況，除了有賴於教育，健康的飲食選項是否容易取得，也很重要。我們知道，在很多貧困地區，速食連鎖店以外的選項少之又少。聲音領域也受到相同的情況左右。倘若我們希望更多人領略寧靜的重要性，就必須創造更多一般人負擔得起的環境，供人享受寧靜。

我很珍惜我在印度教修道院靜修那段時光，我看到一群人散布在青草如茵的山坡上，有如窩巢的鳥兒——所有人都專心地什麼也不做，只是靜默不動，聆聽自然萬籟。

但能到得了靜修所、內觀中心及各式各樣冥想默觀勝地的人，大多經濟富裕，他們像我一樣有錢有閒，或單純擁有那樣的社會背景，可以讓他們某天早上醒來告訴自己：「我決定了，我要去靜修。」我煩惱的是，其他人可能基於種種原因而缺少資源，沒有機會發現寧靜的益處。

※

我們應當鼓勵那些能夠培養人欣賞寧靜的都市設計規劃。我們需要更多口袋公園。倘若籌得到經費，蓋一些更大的公園當然好，但我們創造的寧靜空間也不應只侷限於戶外空間。談到創造寧靜，我們何不展現一點繽紛的想像力？何不把破獲販毒、槍械走私、金融詐騙犯後沒收的財富分一點出來，運用這筆資金買下數十來間連鎖速食店面，將之改造成當代的「寧靜屋」？

「寧靜屋」不是育樂中心，也不是科技園區，而是從早開到晚的場所，裡面擺滿紙筆，用幾張桌椅、抱枕、植栽簡單裝飾，但禁用個人音響裝置、手機，也禁止口語交談；有點像基督科學教會（Christian Science）讀經室的世俗版。我相信這樣的場所一定會被廣泛地使用，說不定不但能供人躲避噪音，還能成為心靈成長的空間。成本並不高，何不試試呢？

或者更簡單點，就在現有的休閒育樂中心，每週挑一個晚上指定為「安靜時段」；或者是聯合慈善家購入空地，再交由學生來打造禪園。或者是成立基金會發給獎學金，鼓勵年輕人以文章或藝術創作推廣寧靜和思考的空間。不只是安靜派對，還可以舉辦安靜的社區走覽，或在入夜後舉行安靜探險，甚至是展演無聲藝術的「安靜藝術節」……讓我們安靜片刻來紀念安靜吧！我們必須找些方法給更多年輕人一個機會，透過親身感受來學習寧靜為什麼如此高貴，否則，訊息和噪音之間將不再有區別。

更遠的追尋

我從修道院朝聖之旅得到一個結論，寧靜的價值之一，在於恢復未知的感受。在這個時代，許多人感覺生活太過熟悉，經常尋找跳脫日常模式的方法，而安靜作為通向思考和敬畏的途徑，其價值無可衡量。

但我當時覺得，我必須走進這個世界，去了解已知的事實，以便區分已經聽見的和尚未被聽見的聲音。所以我諮詢了研究演化的科學家、聽力專家、神經科學家和心理學家，他們各自研究當人聽見聲音時，耳朵和大腦裡會出現什麼變化。

我越是認識到人類聽覺是如此精細敏銳，以及歷史上的大多數時間裡，人類在掠食者環伺的世界必須生存下來，有多麼仰賴保持安靜的能力，我就越覺得真正的謎團就藏在「我們為何開始變得如此吵鬧」這背後的原因當中。因此，這帶領我找上生物學家，他們長年研究動物如何利用叫聲來求偶或嚇退競爭者。

從動物為繁殖和戰鬥發出的聲音，到人類為商業和娛樂所衍生的噪音，似乎是一種無間斷的自然過渡。這也是最令我感興趣的噪音，因為儘管過去一個世紀以來，人們在噪音減少和管控方面做出了種種努力，但這種形式的喧鬧至今依然桀驁不馴地四處增長。

確實，「交通」目前仍穩坐全球噪音來源的王位，但也可能在不遠的將來，電動車真的會讓我們的高速公路大幅安靜下來。（再說大多數汽車發出的噪音都不是刻意為之，而是引擎運轉的副產物，並非人為追求的效果。）

我走訪多種商業環境，設法理解業主節節調高音量的動機，現今許多人譴責這些地方吵到沒天理。商店和餐廳製造噪音誘惑我們、過度刺激我們，同時宣揚自身的存在。此外我認識到一個觀點，那就是：害怕消失不見、害怕潛伏在安靜深處的永恆靜止，當然也是個人喜歡聽見自己說話，或習慣一走進房間就把電視打開的原因之一。

我和一些人相處了一段時間，個人音響裝置為這些人的清醒時刻甚或入睡後的生活提供了配樂。他們告訴我，音樂越大聲，他們的身心靈越能夠名副其實地隨著節拍跳動，也越能夠阻擋心靈內外令人分心不快的聲音。在我看來，為了噪音而製造噪音的典型例子，正是汽車音響競賽領域推動人們趨向噪音的原因。那些透過重低音而獲得的單純感官愉悅，加上開勁爆音響車的人，生活大多深陷於嘈雜的交通噪音之中，這點無疑說明了當代世界的多數噪音背後，也許都有一種聽覺上的斯德哥爾摩症候群在搞鬼。

而後我退出噪音世界，繼續探究人們為了對抗噪音做過哪些事。現代的隔音技術比有史以來都要有效，但總體來說，隔音效果越好，價格也越昂貴；而且當隔音發揮到極致，又會產生孤立使用者的作用，在社會意義上形成另外的問題。

至於公共政策方面，我雖然敬佩今日許多倡議人士努力對抗噪音汙染，但看著他們辛苦奮鬥，我總覺他們打的是一場雙輸的仗。我和許多人交談過，對於減低如吹葉機、改管摩托車、吵鬧派對等個別的噪音來源，不論他們有多大的熱忱，從沒人告訴我，他覺得這個世界有變得比較安靜。

布隆札夫（Arline Bronzaft）投身反噪音運動已有數十年之久，她在一九七〇年代首開先河主持了一項研究，證明地下鐵的背景噪音有害於孩童的學習能力，並針對噪音政策先後為四任紐約市長擔任顧問工作。我問她，付出那麼多辛勞，有沒有換來一個比較安靜的世界？她只用一個問題回答我：「你覺得現在人脾氣有比較好嗎？」我一時語塞。「那你就知道答案了。不用管飛機，不用管火車，現在的問題是餐廳裡講手機。是你的樓上鄰居死也不肯在地板上鋪一層軟墊。噪音越來越嚴重，雖然政策其實是越來越完善的。」

認知到這個問題有多麼深奧難解之後，我的關注焦點從對抗噪音的戰爭，轉向人們曾經如何成功地在世界上創造出寧靜。終於，我在這個主題重新燃起期待和希望。現今都市規劃師、建築師、景觀設計師和音景專家所成就的最佳成果，除了廣泛應用聲學工程上的先進科技，也從人類史上為了建造「公共寧靜空間」所做的努力中汲取了靈感。在世界上一些最大、最喧嚷的城市中心，人們正設法創造寧靜的綠洲，讓那些能夠滋育平和、同情和想像力的聲音——如流水潺潺、落葉窸窣、鳥兒鳴叫——在這些地方再度被聽見。

在某些國家，例如英國，越來越多人談起「寧靜空間運動」。沒什麼比這個運動更有希望把我們從新的噪音惡夢中解救出來。布隆札夫的評論可以視為一種暗示：當世界越吵，人也會變得越不和善。但如果說服他人降低音量的方法就只有出言羞辱或興起訴訟，逼對方悶悶不樂地閉嘴噤聲，那麼，他們想必更不可能變得和善。

也就是說，就像某位社運人士說的，強迫噪音製造者安靜下來，問題永遠會像打地鼠般沒完沒了。就算一個來源安靜了，噪音也會化作其他新的型態，只要我們希望切掉聲音的新玩意兒不斷推陳出新，噪音就有無窮無盡的變化。

想跳脫這種困境，唯一方法就是把「對寧靜的追尋」，拓展成一種海納百川的前景。既然現今有越來越多人接觸不到安靜，那麼，如果能給予人們更多機會來感受寧靜的影響力，或許寧靜就越有機會向社會整體施予它獨特的恩澤。誰知道呢，如果安靜的時間夠長，說不定人們甚至可能發現自己受到薰陶，脾氣變得好了一點。

※

我在旅程盡頭意識到，我在新梅勒雷修道院小禮拜堂所說的那種未知，其實遍布於世間萬物。在我動身追尋之前，我從沒想過哺乳動物的中耳是從下顎骨演化而來的，也沒想過宇宙大霹靂的聲音可能很類似一陣集體尖叫；或者茶道竟然是一種展演寧靜的空間；也沒想過聾人的觀點可以為每個人揭示一種更細膩的感官覺察的可能性。我很幸運有機會走出去，聽見數十來種我做夢也沒想過存在的人事地物和故事。

法國哲學家梅洛龐蒂（Maurice Merleau-Ponty）在生涯最後的著作中寫到，感知即是區分，而遺忘就是不加區分。我先前嘗試為噪音下定義，我說，噪音是進入腦中以後揮之不去的聲音，可能悅耳，也可能不悅耳，但總之噪音就是當有它在的時候，會讓我們停止區分自身存在與周圍外物的聲音。噪音使人遺忘了周遭更廣大的世界。

反過來說，如果要大膽為寧靜下個定義，我會形容寧靜是聲音和安靜構成恰到好處的平衡，能夠催化我們的感知能力。安靜是高貴的，因為它使得區分成為可能，而我們越能觀察事物之間的分別，心中執著於自我的空間也會越少。就連說到讓自己安靜下來時，我們也會說「靜觀沉默」（observing silence），這並非偶然，彷彿光是保持沉默，我們就能在自身之外創造某種可以觀看的東西。

所以，我們周圍的世界仍舊充滿未知；我們實際缺少的，是對自己依然有所不知的認知。寧靜作為一種期待，一種維繫注意力的方式，它是重回純真樂園的鑰匙。我們或許無法長留在樂園，但上帝知道，我們仍在傾聽樂園開啟的聲音。

謝辭

為這本書貢獻心力的人很多，有些人分享獨特的想法，有些人協助我釐清整體的脈絡，讓這本書可以集眾聲之大成。我有幸能在寫作過程中，傾聽所有人的聲音。

我的經紀人Scott Moyers熟練引導本書發展每個階段，從建構概念到完稿的檢視，成就本書的最終形態。感謝編輯Phyllis Grann對這個主題的熱忱，激發了本書的靈感。她的卓越專業幫助我思考許多關鍵段落，找出更有共鳴的論點。我要感謝Doubleday出版社的審稿編輯Karla Eoff，Jackie Montalvo和Rebecca Holland。感謝Kathy Robbins在一開始就慷慨支持這個企劃，Linnea Covington則以堪為表率的速度和精準度協助我整理注釋。

我對科學知識的理解不足，Natalie de Souza除了針對不同學門提供豐富的見識，更熟門熟路指引我聯繫科學家和研究環境，為我分析噪音和寧靜的交互作用補充了大量的資訊。

關於耳朵構造、聽覺的生物物理學、感官神經科學及演化心理學，多次協助的幾位研究員、博士和醫生是本書的重要功臣。感謝Jim Hudspeth、Andy Niemiec、Thomas Roland、Mario Svirsky、Rickye Heffner。Michael Merzenich、Kachar Bechara、Lucy Jane Miller、Yehoash Rafael、Andrew King、Barbara Shinn Cunningham、Roberto Arrighi、Brian Fligor、Alan Gertner和Robert W. Sweetow提供寶貴意見。多位研究動物聽覺和發聲機制的研究員則從生物生存角度進一步拓展我對噪與靜關係的想法。Gregory Mc Daniels、Karen Warkentin、Peter Narins、Albert Feng、Elisabetta Vannoni、Alan G. McElligott和Heather Williams是這方面見解的來源。

關於靜修冥想和安靜對腦部的作用，Lidia Glodzik Sobanska協助我初步了解神經傳導過程。Vinod Menon的發現對於我初步開展的論點不可或缺，也感謝他在史丹佛大學的同事Jonathan Berger。David Huron、Julie Brefczynski- Lewis、Mony de Leon。感謝Nadine Woloshin為我牽線認識紐約城市大學醫學院腦健康中心。Mark Rosekind為我打下基礎知識，從神經學角度了解安靜與特定睡眠階段之間潛在的相似處。

對於聲學、聲音物理及音樂與噪音和寧靜概念的關係，我的認識始於Daniel Gaydos為我上的幾堂課，引人入勝！感謝Tomlinson Holman、Nico Muhly、Roger Morgan、Christopher Jaffe、Otts Munderloh、Jim Holt、Gregory Stanford、 David Sonneschein、Leanne Flask, Doug Manvell、Wade Bray、Karl Luttinger、Jim Weir、William Egan和Richard Danielson。

佛羅里達州和全國各地有許多人協助我瞭解汽車音響競賽的運作和魅力。我特別感謝Buzz Thompson、Casey Sullivan、Robin Butler、Tommy McKinnie、Chris Hayes和Jean Hayes。陣亡將士紀念日當天在爆炸音效與音響活動的競賽記述，是Amy Grace Loyd和Bryan Abrams協助我擬定初稿及查核事實。

至於探究噪音政策、反噪音運動以及協助推動倡議的新醫學研究，我要感謝Rokhu Kim、Colin Nugent、John Hinton、Arline Bronzaft、Catrice Jefferson、Val Wheedon、Irene van Kamp和Christian Popp給我敏銳的幫助。Wolfgang Babisch、Michael Jasny、Michael Saucier、Dieter Schwela和Ken Feith拓展了我對核心噪音政策和噪音健康危害的認識。感謝二〇〇八年噪音防治研討大會的籌辦單位及ICBEN（國際噪音生物效應委員會）二〇〇八年大會，協助我參與調查。也感謝Carol Hurley和Robert King。

音景建造和寧靜空間倡議領域，Max Dixon的深厚知識和經驗惠我良多。感謝Colin Grimshaw最早在英國向我提及「寧靜空間計畫」，他和Claire Shepherd特地為我安排一趟啟迪耳目的倫敦音景之旅，也在大倫敦政府支持下，讓我與Max Dixon和其他致力於改善倫敦音景的人進行精采的討論。感謝Yvette Bosworth為我牽線聯絡上Colin。Paul Jennings針對音景和產業的關係所做的研究，為我帶來諸多啟發。

Andrew Pollack、Jason Everman、John Spencer、Suni Williams和Robert Hayes Parton熱心分享

關於噪音和寧靜的經驗，他們的故事皆記錄於書中。謝謝David Kaiser把我對寧靜的興趣介紹給Robert Hayes Parton。

Alfonse Borysewickz不只為我介紹基督教義與寧靜的概念，分享他個人故事，更是我和Alberic Farbolin神父和新梅勒雷修道院間的牽線人。我在修道院期間，Alberic神父慷慨撥冗分享了寧靜在神學上的重要意義，以及在修道院所體驗到的寧靜。特別感謝新梅勒雷修道院院長Brendan Freeman神父、Neil Paquette神父、Paul Andrews Tanner神父、Felix Leja弟兄。David Fleming神父和Stephen Markham弟兄在修道院外的社區工作，兩人的意見給了我許多寶貴看法。感謝Nancy Black和貴格教會布魯克林區月禮拜會其他教友，很榮幸認識各位。也謝謝Little Portion Friary修會的修士親切接待。

Marco Roth是最早協助我理解禪宗佛教在當代美國社會地位的人。Gene Lushtak、Kris Bailey、Amber Vovola、Joan Suval及她所主持的Ananda Ashram靜修營的同學開拓了我對禪修和靜觀冥想潛在作用的知識。感謝Virginia Harmon為我介紹禪園內的寧靜空間。David Mac Laren協助我從實務立場了解禪園的創建。

Hansel Bauman和Robert Sirvage針對聾人總體對建築的經驗和聽障空間的靈感起源給了我許多想法。高立德大學的Dirk Bauman和Ben Bahan為我開拓見識，理解聾人族群和聾人視覺之文化意義相關的背景脈絡。謝謝Fred Weiner、Summer Crider、Josh Swiller、Michael Chorost、Erin

Kelly、Adam Greenleaf和Michael Hubbs給我的許多建議。Nancy O'Donnell熱心安排我初訪海倫凱勒國家聾盲中心，那是我進入聾人經驗世界的起點。感謝James Feldmann、Kathy Anello、Don Duvo和Susan Shapiro撥冗協助此書完成。Susan介紹我認識Toni Lacolucci，她鼓舞人心的堅強性格，以及耳聾前後對噪音與寧靜令人感佩的想法，都是本書重要環節。

Claire Benard是我走進實驗室噪音和寧靜世界的最佳嚮導，她同事Luisa Cochella對實驗工作中各種聲音的沉默熱忱，幫助我定義了這一刻。

關於噪音在教育體系造成的問題，以及教室安靜的可能性，Lyman Casey的幫助讓我視野更廣。感謝Lyman的同事分享各自在學校遭遇的噪音問題。Jonathan Edmonds從貴格教會教育體系的觀點提供了見解。特別感謝布魯克林預科中學的同學，真誠分享自身的辛酸故事，讓我明白把「安靜的權利」延伸到今日習於培養安靜的環境之外是何其必要。

思考萊辛著作與當代噪音困境的關係時，我受惠於John Goodyear的豐富學識，是他找到萊辛邀請茱莉亞至其學會任職的資料。Paul Reitter也對我理解萊辛的著作有貢獻。

很多朋友講述了自身經歷噪音和寧靜的故事，有些推薦書目給我，為我指引了重要方向。感謝Adam Cvijanovic、Frederick Kaufman、 Elizabeth Berger、Lawrence Osborne、Paul Holdengraber、Barbara Wansbrough、 Alexandra deSousa、Wayne Koestenbaum、Steve Marchetti、

Shari Spiegel、Alan Berliner、Laura Kipnis、Richard Cohen、Anne LaFond、Tim Gilman、Arnon Grunberg、Inigo Thomas、Katherine Barrett、Benjamin Swett、Jonathan Nossiter、Michael Greenberg、Danielle McConnell、Christopher McConnell、Jenifer Nields、Nila Friedberg、Jim Holt、Raymond Teets、Wolfgang Schivelbusch、William Kolbrenner、Sina Najafi、Sandra Kogut和Tom Levin。也謝謝Julie Goldberg。

謝謝我的家人在本書構思階段歷經了漫長輪替的寧靜和喧囂，始終不懈地支持我。Ethan Prochnik、James Jodha- Prochnik、Samoa Jodha和Elisabeth Prochnik開啟了我對相關主題的眼界，為本書增添深度。Barbara和Brian Mead告訴我許多依然能在英國海邊找到的寧靜避風港的事。我的父母Marian和Martin Prochnik給我至深的愛和鼓勵，滋養了我的文章。我的孩子Yona、Tzvi、Zach和Rafael一直是我的靈感來源，也帶給我新的觀點。看著他們成長也體現了我的想法——於未知中充滿無限可能。

我的妻子Rebecca Mead在我寫作過程中始終對我抱有超乎言表的信心。她聰慧敏銳的編輯眼光從頭到尾磨利了這本書，正因當初她對此主題的熱忱，才使得本書成為可能。她的愛讓所有噪音為之停歇。

作者說明

在我闡述本書各個概念時，除了引用段落和列於參考資料的來源，還有多部作品對我有所幫助。我發現自己時常回頭翻閱R.MurraySchafer的優秀著作*The Soundscape: Our Sonic Environment and the Tuning of the World*，以及George Steiner的多部作品，如艾略特在一九七〇年的紀念演說，收錄於*In Blue beard's Castle: Some Notes Towards the Redefinition of Culture*。還有他在*Language and Silence: Essays on Language. Literature,and the Inhuman*一書中的多篇論文。Susan Sontag在*Styles of Radical Will*一書的文章"*The Aesthetics of Silence*"也是寶貴的參考來源。

開始思考哲學家萊辛和「寧靜之后」茱莉亞・萊斯的關係時，有兩篇論文對我產生了重要的影響，分別是Lawrence Baron的"*Noise and Degeneration: The odor Lessing's Crusade for Quiet*"和Karin Bijsterveld的"*The Diabolical Symphony of the Mechanical Age: Technology and Symbolism of Sound in European and North American Noise Abatement Campaigns"*。

閱讀Peter Payer的 *"The Age of Noise: Early Reactions in Vienna"*也讓我受益良多。Thomas Merton有多本著作是我的重要參考資料，特別是*Mystics and Zen Masters*、*The Sign of Jonas*與*The Silent Life*這幾本書。

至於其他對我詮釋噪音或寧靜問題，以及可能解決方案做出貢獻的，還包括下列書籍：

- Jacques Attali、*Noise: The Political Economy of Music*
- H Dirksen L. Bauman,ed. ,*Open Your Eyes: Deaf Studies Talking*
- Peter Burke、*The Art of Conversation*
- Derwas J. Chitty、*The Deserta City*
- Harlan Lane、*When the Mind Hears: A History of the Deaf*
- Oliver Sacks、*Seeing Voices*
- William C. Stebbins、*The Acoustic Sense of Animals*
- Jun'chiro Tanizaki、*In Praise of Shadows*、
- Emily Thompson、*The Sounds cape of Modernity: Architectural Acoustics and the Culture of Listening in America*
- Helen Waddell、*The Desert Fathers*

參考資料

前言

- **「奠立美國憲法……」**：*Saiav. People of State of New York*，334U.S.558（1948）http://caselaw.lp.findlaw.com/cgi-bin/getcase.pl?court=US&vol=334&invol=558.
- **「有時你覺得人人都沉進去了」**：Nancy Black與布魯克林區貴格教友會成員在貴格會教堂，作者採訪內容，2008年春。
- **「寧靜的細語」**：1Kings19:11–12.
- **「假如地面上不時有人……」**：Sunita L Williams與作者的採訪，2008年春。
- **「黑夜通過」**Williams給作者的電子郵件。
- **「山谷回音將聲響傳入星空」**：Henry David Thoreau，*A Week on the Concord and Merrimack Rivers*，Robert F.Sayer,ed.（New York: Literary Classics of America，Inc. ,1985），317–18.
- **「來，我秀給你看」**：Mario Svirsky與作者的採訪，2008年夏。我多次訪問Svirsky，他開拓了我對人如何處理語言及人工耳蝸複雜歷史的認識。
- **英語「silence」一詞有多個詞源**：John Ayto，*Dictionary of Word Origins*（New York: Arcade Publishing，1990），477.
- **「聲音會把故事強加於你」**：Adam Cvijanovic與作者的採訪，2008年夏。

- **利用fMRI技術的研究**：J.A. Brefczynski Lewisetal. ,"Neural Correlates of Attentional Expertisein Long-term Meditation Practitioners，"*Proceedings of the National Academy of Sciences* 104，27（July3，2007）.
- **史丹佛大學神經科學家**：Devarajan Sridharanetal. ," Neural Dynamics of Event Segmentation in Music: Converging Evidence for Dissociable Ventraland Dorsal Networks，"*Neuron*55，3（August2，2007）.
- **特定睡眠階段與寧靜的關聯**：Mark Rosekind給作者的電子郵件，2009年冬。
- **四萬五千起心臟病發死亡**：Dieter Schwela給作者的電子郵件，2009年秋。
- **約翰霍普金斯大學研究**：Andrew Stern，"U. S. Facing Possible Hearing Loss Epidemic，" *Reuters*，July28，2008.
- **「凡是有人戴著耳罩式或耳塞式耳機⋯⋯」**：Tom Roland與作者的採訪，2008年冬。Roland與我多次見面，大幅拓展我對人類聽覺機制、聽力損失、人工耳蝸的認識。
- **「能在市面上買到孟漢娜公仔」**：Today@UCI，"Greater Parental Guidance Suggested for Noisy Toy Use，"http://archive.today.uci.edu/news/releasedetail.asp?key=1702.
- **夏天的一個週末**：John Spencer與作者的採訪，2008年6月27日。
- **「寧靜，不是我們心中以為的寧靜終於起了作用」**：Gene Lushtak與作者的採訪，2008年夏和秋。

第一章

- **「沉默且聆聽」**：Saint Benedict，*The Rule of Saint Benedict*，Timothy Fry, ed.（New York: Vintage，1998），16.
- **「走進修道院，從此待了下來」**：Brother Alberic與作者的採訪。Alberic獲修道院長允許，在2008年冬天我待在修道院的期間，慷慨撥出時間與我對談。我離開修道院後也透過電子郵件與他交換長信。
- **跨信仰的靜修營**：Integral Yoga Programs，"Ten Day Silent Retreat: Awakening to the Inner Light，"http://www.integralyogaprograms.org/product_info.

php?products_id=309.

- **「靈魂獲得舒緩……」**：Spa at the Cove，http://www.spaatthecove.com/.
- **魯西塔克和他……**：Gene Lushtak與作者的採訪，2008年夏。
- **在灣區的……**：Patricia Leigh Brown，“In the Classroom，a New Focus on Quieting the Mind，”*New York Times*，June16，2007.
- **我與她電話聯繫時**：Kris Bailey與作者的採訪，2009年冬。
- **「專注置身於……」**：André Louf，*The Cistercian Way*（Kalamazoo，MI: Cistercian Publications，Inc. ,1983），60.
- **「公共浴池的門若不關上」**：Peter France，*Hermits: The Insights of Solitude*（New York: St. Martin's Press，1996），29.
- **嘴裡含了三年石頭**：Benedicta Ward，*The Desert Fathers: Sayings of the Early Christian Monks*，revised edition（New York: Penguin Classics，2003），2.
- **「回去吧，回你的居室靜坐」**：同前27.
- **羅伯特是狙擊手**：Robert Hayes Parton給David Kaiser的電子郵件，2009年冬。
- **「Tsimtsum」之說**：Gershom Scholem，*On the Kabbalah and Its Symbolism*，Ralph Manheim，trans.（New York: Schocken Books，1965），110–11.
- **守護天使把鳥兒當作**：Avraham Yaakov Finkel，*Kabbalah: Selections from Classic Kabbalistic Works from Raziel Ha Malach to the Present Day*（Southfield，MI: Targum Press，Inc. ,2002），203–7.
- **「只要一開口說話」**：Lawrence Fine，*Safed Spirituality: Rules of Mystical Piety，the Beginnings of Wisdom*（Mahwah，NJ: Paulist Press，1984），62.
- **「祂如何孕育並創造」**：cited by Gershom Scholemin *Origins of the Kabbalah*，R.J.Zwi Werblowsky,ed. ,and Allan Arkush，trans.（Princeton，NJ: Princet on University Press，1990），450.
- **「沉默迷宮」**：Arthur Green，*Tormented Master: The Life and Spiritual Quest of Rabbi Nahman of Bratslav*（Woodstock，VT: Jewish Lights Printing，1992），317.

- **「偶爾在我安靜獨處時」：**Alfonse Borysewickz與作者的採訪，2008年秋。我多次採訪Borysewickz，也與他通信多次，對我認識寧靜在基督教教義的地位很重要。
- **「到了靜修尾聲……」：**Amber Vovola與作者的採訪，2008年冬。
- **「下游事件發生的範圍很大」：**Lidia Glodzik-Sobanska與作者的採訪，2008年冬。除了多次訪問Glodzik-Sobanska，我們也以電子郵件通信，對我了解寧靜的神經學作用很重要。
- **「誘引她來，與她溫柔交談」：**Louf，60.
- **「寡婦禁言」：**"Women Who Prefer Silence，"*New York Times*，September20，1908.
- **杭西出家成為修道士前：**Patrick Leigh Fermor，*A Time to Keep Silence*（New York: New York Review Books Classics，2007），52–59.
- **效仿天使：**Scott G. Bruce，*Silence and Sign Language in Medieval Monasticism: The Cluniac Tradition.c.900–1200*（Cambridge: Cambridge University Press，2007），25–28.
- **「聖馬可廣場的大鐘」：**William S. Walsh，*Curiosities of Popular Customs and of Rites，Ceremonies，Observances，and Miscellaneous Antiquities*（Philadelphia: J. B. Lippincott Company，1897），190.
- **「光榮不朽」的戰爭：**Adrian Gregory，"The Silence and the History，"in Jonty Semper，*Kenotaphion*（Charm，2001）。這是對默哀紀念的第一篇正式紀錄。
- **「那種令人肅然起敬的感覺」：**同前。
- **修士訪談紀錄：**Benedict Julian Hussman，"Voices from the Cloister; Oral Perspectives on the Recent History of New Melleray Abbey，"master'sthesis（University of Northern Iowa，August1989）.
- **百分之七十五的農工：**"Listen to the Warnings，"*Missouri Soybean Farmer*（January2004）.
- **「讓我們以合適的方式犧牲」：**Pieter W. vander Horst，"Silent Prayer in Antiq-uity，"*Numen*4（1994）.

- **「對不可言說者」**：Ludwig Wittgenstein，*Tractatus Logico-Philosophicus*，trans. C. K. Ogden（New York: Routledge and Kegan Paul Ltd. ,1933），189.
- **「無語之時即當沉默」**：Martin Heidegger，*On the Way to Language*，Peter D. Hertz，trans.（San Francisco: Harper San Francisco，1971），52.
- **「沉默指向一個只有存在成立的狀態」**：Max Picard，*The World of Silence*，Stanley Godwin，trans.（Wichita，KS: Eighth Day Press，2002），20.
- **阿帕契族在各族之中**：Keith Basso，"'To Give Upon Words': Silence in Western Apache Culture，"in *A Cultural Approach to Interpersonal Communication: Essential Readings*，Leila Monaghan and Jane Goodman,eds.（Malden，MA: Blackwell Publishing，2007），77–87.
- **「啞糕」傳統**：Walsh，350–52.
- **《少女維吉妮亞日記》**：Lucinda Lee Orr，*Journal of a Young Lady of Virginia*（Baltimore，MD: John Murphy and Company，1871），44.
- **「啞宵夜」**：Janice Van Cleve，"Traditions of the Dumb Supper，"*Widdershins*7，5（October2007），http://www.widdershins.org/vol7iss5/02.htm.
- **梅農的發現**：Angela Castellanos，"Mapping the Brain's Response to Music: fMRI Studies of Musical Expectations，"*Stanford Scientific Magazine*（February17，2008）.
- **「沉默是金」**：Vinod Menon，作者採訪於Third Annual Symposium on Music and the Brain，Stanford University，May16–17，2008.Interview on May17.

第二章

- **「聽到遠處啪嚓一聲」**：Rickye Heffner與作者的採訪，2008年春。我與Heffner多次以電話和電子郵件聯絡，她對我認識聽覺總體演化和聲音定位的機制有重要幫助。
- **《人類聽覺演化》**：Bruce Masterton，Henry Heffner，and Richard Ravizza，"The Evolution of Human Hearing，"*Journal of the Acoustical Society of America* 45，4（1969）:966–85.

- **「聲影」：**S.S. Stevens and Fred Warshofsky，*Sound and Hearing*（New York: Time Incorporated，1965），102–3.
- **外耳收集來外界聲波：**Tom Roland與作者的採訪，2009年冬。
- **「功率增益」：**Jim Hudspeth與作者的採訪，2008年冬。
- **「尚未習慣現代機械化噪音」：**Morris Kaplan，"Surge onto Study Noise-Free Tribe，"*New York Times*，December4，1960.
- **「兩名馬邦族人相隔三百英尺」：**Robert E. Tomasson，"Surge on Suggests Hearing Tests May Helpto Diagnose Heart Ills，"*New York Times*，October27，1963.
- **「收聽完整環境音」：**Jason Everman與作者的採訪，2008年冬。
- **發掘到珍貴發現：**Zhe-XiLuoetal. ,"A New Eutriconodont Mammal and Evolutionary Development in Early Mammals，"*Nature* 446（March15，2007），http://www.nature.com/nature/journal/v446/n7133/full/nature05627.html.
- **「我當時最受啟發」：**Zhe-XiLuo與作者的採訪，2008年春。
- **「用牙齒緊緊咬住木頭」：**Randall Stross，"Edison the Inventor, edis on the Showman，"*New York Times*，March11，2007.
- **「幾乎直達我的大腦」：**George Bryan, ed*ison: The Man and His Work*（Whitefish，MT: Kessinger Publishing，2007），102.

第三章

- **「希特勒聲波」：**"Professor Says Hitler Hypnotizes Listeners with Voice at 228 Vibrations a Second，"*New York Times*，December 29，1938.
- **聲音替身：**"The Voice of Hitler，"*New York Times*，April19，1944.
- **美國國家廣播公司測繪：**"Adolf Hitler's Address on His War Aims Before the German Reichstag，"*New York Times*，October7，1939. Chartsreproducedwithtext.
- **「很多動物兩性」：**Charles Darwin，*The Expression of the Emotions in Man*

and Animals（Chicago: University of Chicago Press，1965），84.

- **「家八哥在野外都在做什麼？」**：Heather Williams與作者的採訪，2008年夏。
- **建構聲波圖**：Eugene S. Morton，“Animal Communication: What Do Animals Say? ”The American Biology Teacher 45，6（October1983）:343–48; and Eugene S. Morton，“On the Occurrence and Significance of Motivation-Structural Rules in Some Bird and Mammal Sounds，”*The American Naturalist* 111，981（September–October1977）:855–69.
- **「火爆口角」**：Herbert N. Casson，*The History of the Telephone*（Chicago: A. C. Mc Clurg & Co. ,1910），153–55.
- **蘇黎世大學研究者**：Elisabetta Vannoni and Alan G. Mc Elligott，“Low Frequency Groans Indicate Larger and More Dominant Fallow Deer（*Damadama*）Males，”*PloSOne*3，9（September 2008）:1–8.
- **發情期巔峰**：Elisabetta Vannoni給作者的電子郵件，2009年夏。
- **交通噪音明顯的地區**：Kirsten M. Parris，Meah Velik-Lord，and Joanne M .A. North，“Frogs Callata Higher Pitch in Traffic Noise，”*Ecology and Society*14，1（2009），http://www.ecologyandsociety.org/vol14/iss1/art25/.
- **與微笑的聽覺起源相關**：John J. Ohala，“The Acoustic Origin of the Smile，”*Journal of the Acoustical Society of America* 68，S1（November1980）:S33.
- **「能產生二次振動」**：John J. Ohala，“The Frequency Code Underlies the Sound Symbolicuse of Voice Pitch，”in *Sound Symbolism*，Leanne Hinton，Johanna Nichols，and John J. Ohala, eds.（Cambridge: Cambridge University Press，2006），325–47.
- **先天生物本能**：Reuven Tsur，“Size Sound Symbolism Revisited，”*Journal of Pragmatics* 38（2006）:905–24.
- **「牛吼板」樂器**：Mircea Eliade，*Patterns of Comparative Religion*，Rosemary Sheed，trans.（New York: Sheed &Ward，1958），41–42.
- **「和啄序有關」**：David Huron與作者的採訪。Third Annual Symposium on

Music and the Brain，Stanford University，May16–17，2008.

- **「聲音是粗野的力量」**：Daniel Gaydos與作者的採訪，2008年夏。從我初次採訪以後，Gaydos和我又談過幾次，對我認識聲音的物理性及人類對聲音的感知有莫大幫助。
- **注意力不足過動症和自閉症患者的大腦**：Kenny Handelman，“White Noise Helps with Concentration in ADD/ADHD，”The ADDADHD Blog，September2007，http://www.addadhdblog.com/white-noise-helps-with-concentration-in-addadhd.
- **混亂的認知系統**：Chris Chatham，“When Noise Helps: Stochastic Resonance and ADHD，”Developing Intelligence Blog，September21，2007，http://scienceblogs.com/developingintelligence/2007/09/when_noise_helps_stochastic_re_1.php;andLucyJaneMiller，作者採訪，2009年秋。
- **彈響間隔八度的兩個音**：如見Jamie James，*The Music of the Spheres: Music，Science，and the Natural Order of the Universe*（New York: Springer-Verlag，1995），33–35.
- **畢達哥拉斯靈光乍現**：M. F. Burnyeat，“Other Lives，”*London Review of Books*，February22，2007.
- **把宇宙比作樂器**：Marc Lachièze-Rey and Jean-Pierre Luminet，*Celestial Treasury: From the Music of the Spheres to the Conquest of Space*，Joe Laredo，trans.（Cambridge: Cambridge University Press，2001），61.
- **太陽神阿波羅**：Edith Wysse，*The Myth of Apollo and Marsyas in the Art of the Italian Renaissance*（Cranbury，NJ: Associated University Presses，1996），27–28.
- **聖奧古斯丁替和諧樂音**：Brian Brennan，“Augustine's Demusica，'”*VigilaeChristianae*42，3（September1988）:267–81.
- **二〇〇八年環球唱片**：David Ian Miller，“Move Over Madonna，”SFGate，July28，2008，http://www.sfgate.com/cgi-bin/article.cgi?f=/g/a/2008/07/28/findrelig.DTL.
- **「聖歌規律的呼吸和音樂結構」**：Aristotle A. Esguerra，“Gregorian Chanting Can Reduce Blood Pressure and Stress，”*Daily Mail*，May2，2008.

- **「我們喜愛相似」**：Umber to Eco，*Art and Beauty in the Middle Ages*（New Haven，CT: Yale University Press，1986），31.
- **當代音效設計師**：David Sonneschein與作者的採訪，2009年春。
- **「聲音除了有基本頻率」**：Andy Niemiec與作者的採訪，2008年冬。除了初次採訪，Niemiec後來也與我保持通信，對我認識大腦繪測音波的眾多面向有極大幫助。他也指引我找到許多對研究大有用處的參考資料。
- **英國各地醫學院**：Sukhbinder Kumaretal. ,“ Mapping Unpleasantness of Sounds to Their Auditory Representation，”*Journal of A coustical Society of America* 124，6（December2008）:3810–17.
- **「希特勒在集會場合」**：“Hitler at the Top of His Dizzy Path，”*New York Times*，February5，1933.
- **「好比末日災變的幻象」**：Leni Riefenstahl，*Leni Riefenstahl: A Memoir*（New York: Picador，1992），101.
- **「沒有哪個部分會撞上其他部分」**：Mark Whittle，“Primal Scream: Sounds from the Big Bang，”http://www.astro.virginia.edu/~dmw8f/griffith05/griffith.html.

第四章

- **「讓走進商店的客人」**：Michael Morrison與作者的採訪，2008年春。
- **「感覺到了？」**：Leanne Flask與作者的採訪，2008年夏。她是我在Barton Creek Squaremall的嚮導，後來慷慨撥冗接受多次電話採訪和通信。
- **「在熟悉的聲響裡安心」**：Irving Howe，*World of Our Fathers*（New York: Galahad Books，1994），257.
- **「該區不必要的喧嚷」**：“Mrs. Rice Seeks Noise; And Finds It，Plenty of It，on the East Side，”*New York Times*，November7，1908.
- **「只有少數多愁善感的紐約人」**：“East Side Pushcart Market Aboutto Vanish，”*New York Times*，January5，1940.
- **「感受空間的音響」**：Ker Than，“Stone Age Art Caves May Have Been Concert Halls，”*National Geographic News*，July2，2008.

- **「即使並不適合作畫」**：Iegor Reznik off，“On the Sound Dimension of Prehistoric Painted Caves and Rocks，”in *Musical Signification: Essays on the Semiotic Theory and Analysis of Music*，Eero Tarasti, ed.（Berlin: Mout on de Gruyter，1995），547.
- **全身都隨壁畫振動**：Iegor Reznik off，“On Primitive Elements of Musical Meaning，”*JMM: The Journal of Music and Meaning* 3（Fall2004/Winter2005），http://www.musicandmeaning.net/issues/showArticle.php?artID=3.2.
- **動作與節拍同步**：ScottS. Wiltermuth and Chip Heath，“Synchrony and Cooperation，”*Psychological Science*3，2（2009）:3.
- **一九三九年一月**：“Pier Equipped for Music Night and Day to Make Long shoremen Work Happily，”*New York Times*，January29，1939.
- **「隨節奏敲鉚釘」**：F. H. McConnell，“Riveting to Rhythm，”*New York Times*，August31，1941.
- **抱怨問題第二名**：*Zagat Survey*的Nicholas Sampogna提供我*Zagat*的統計資料，指出多年來餐廳顧客普遍抱怨的問題。
- **評分級別多加兩個砲彈**：Michael Bauer，“Is Noise Hazardous to Your Health，”Between Meals blog，postedAugust16，2007，http://www.sfgate.com/cgi=bin/blogs/mbauer/detail?blogid=26&entry_id=19428.
- **第一次縝密研究**：Ronald E. Milliman，“The Influence of Background Music on the Behaviour of Restaurant Patrons，”*Journal of Consumer Research*13（September1986）:286–89.
- **費菲爾德大學研究**：Vincent Bozzi，“Eatto the Beat，”*Psychology Today*20（February1986）:16.
- **迪克・克拉克美國音樂燒烤餐廳**：Andrea Petersen，“Restaurants: Restaurants Bring Inda Noise to Keep Outda Nerds，”*The Wal lStreet Journal*，December30，1997.
- **法國南布列塔尼大學研究**：Nicholas Guéguenetal. ,“Sound Level of Environmental Musicand Drinking Behavior: A Field Experiment with Beer Drinkers，”*Alcoholism: Clinical and Environmental Research* 32，10

（October2008）.

- **聽覺刺激能強化MDMA的效力**：Michelangelo Iannoneetal. ,“Electro-cortical Effects of MDMAA rePotentiated by Acoustic Stimulation in Rats，”*BMC Neuroscience*7，13（February16，2006）.
- **實驗找來一群男性**：C. Ferber and M. Cabanac，“Influence of Noiseon Gustatory Affective Ratings and Preference for Sweetor Salt，”*Appetite*8，3（June1987）:229–35.
- **實驗組戴耳機吃薯片**：Massimiliano Zampini and Charles Spence，“The Role of Auditory Cuesin Modulating the Perceived Crispness and Staleness of Potato Chips，”*Journal of Sensory Studies*19，5（October2004）:347–63.
- **「全美國最喧噪的場所」**：Marc Weizer，“Tiger Stadium One of Loudest Placesin Nation，”*Athens Banner-Herald*，October23，2008.
- **《運動畫刊》將之列為**：維基百科Arrowhead Stadium條目，http://armchairgm.wikia.com/Arrowhead_Stadium
- **「差點沒把我給嚇死」**：Frank Schwab，“Visitors Not Welcome/Rowdy Fans in the ‘BlackHole’ Make Games，”*The Gazette*，November30，2003.
- **上達一百二十七．二分貝**：MCT News Service，“Autzenisa nightmare for opposing teams; can USC handle hostile Oregon crowd? ” *Daily Press*，October28，2009.
- **最吵的室內球場**：*Sports Illustrated*，photo gallery，http://sportsillustrated.cnn.com/vault/topic/video/QwestField/1900-01-01/2100-12-31/8/376/index.htm.
- **十一次違規早動犯規**：John Branch，“For N.F. L. ,Crowd Noise Isa Headache ” *New York Times*，September24，2006.
- **「那個地方真該被坑掉」**：“In Seattle，49ers Must Deal with Crowd Noise，”*The Mercury News*，September13，2008.
- **「建築造就不了觀眾」**：Jack Wrightson與作者的採訪，2008年秋。
- **也是每個電子或非電子裝置**：Doug Robinson，“ Games Have Gotten Way Too Loud，”*Deseret News*，May27，2008.
- **「對著你耳朵來」**：Judy Battista，“Colts’ Crowd Noise Is ‘Likea Loud Train

That Never Stops,' " *New York Times*，January15，2006.

第五章

- **「人習慣辨認模式」**：Wade Bray與作者的採訪，2008年春。
- **波士頓大學生物學者**：Karen M. Warkentin，"How Do Embryos Assess Risk? Vibrational Cuesin Predator-Induced Hatching of Redeyed Treefrogs，"*Animal Behaviour* 70，1（July2，2005）:59–71.
- **「軍方跟我說⋯⋯」**：J. Gregory McDaniel與作者的採訪，2009年春。2009年4月24日，McDaniel在麻省理工學院的「音波與暗號研討會」（Waves and Signs conference）針對其研究發表了令人佩服的演講，此外也提供我多篇他和同事的論文，讓我對樹蛙和蛙胚胎之間的溝通和聲音感知有了進一步的認識。
- **美國科學促進會舉辦的會議**："Roar of Cities Has Musical Undertone，"*New York Times*，January4，1931.
- **史無前例的自發抗議行動**：Warren Moscow，"Protests Cause End Tonight of Grand Central Broadcasts，"*New York Times*，January2，1950.

第六章

- **鸛鳥夜總會位置**：Ralph Blumenthal，"Paley Is Donatinga Vest-Pocket Park to the City on Stork Club Site，"*New York Times*，Febru-ary2，1967.
- **「一個安靜愉快的角落」**：Jack Manning，"Tiny Paley Park Opens with a Splash，"*New York Times*，May24，1967.
- **「聽覺的香水」**："To Reduce City's Din，"*New York Times*，June5，1967.
- **約伯・瑞斯的發明**：Thomas P. F. Hoving，"Think Big About Small Parks，"*New York Times*，April10，1966.
- **與「能不能坐」直接相關**：William H. Whyte，"Please Justa Nice Place to Sit，"*New York Times*，December3，1972.
- **約翰・伊夫林**：Gilbert Chinard，"The American Philosophical Society and the Early History of Forestry in America，"*American Philosophical Society*

Proceedings 89，2（July1945）.

- **就像一名聾人看到：**Michael Fried，*Absorption and Theatricality*（Chicago: University of Chicago Press，1980），78.
- **「難以容忍的喧嘩」：**同前，41.
- **「動作視覺路徑」：**Ladislav Kesner，“The Role of Cognitive Competence in the Art Museum Experience，”*MuseumManagementandCuratorship*21，1（March2006）:1–16.

第七章

- **「我們正傾聽……」：**F. T. Marinetti，*Futurist Manifesto*，Umbro Apollonio, ed. ,Robert Brainetal. , trans.（New York: Viking Press，1973），19–24.
- **「今日，噪音已然獲勝」：**Luigi Russolo，“The Art of Noises: A Futurist Manifesto（Mar.1913）”in *Modernism: An Anthology*，Lawrence S. Rainey, ed.（Malden，MA: Blackwell Publishing，2005），23.
- **八十萬份小冊子：**Marjorie Perloff，“‘Violence and Precision’: The Manifesto as Art Form，”*ChicagoReview*34，2（Spring1984），http://humanities.uchicago.edu/orgs/review/60th/pdfs/56bperloff.pdf.
- **「夠了！威尼斯」：**Anne Bowler，“Politics as Art: Italian Futurism and Fascism，”*Theory and Society*20，6（December1991）:763–94.
- **「燒毀貢多拉船」：**F. T. Marinetti，“ Futurist Venice，”*New York Times*，July24，1910.
- **「樹木傾倒的聲音」：***Early Western Travels:1748–1846*，Reuben Gold Thwaite, ed.（Cleveland，OH: Arthur H. Clark Company，1905），230.
- **「試探偶像的聲音」：**Friedrich Nietzsche，*Twilight of the Idols*，R. J. Holling dale，trans.（London: Penguin Books，1990），31.
- **「砲彈咻——碰——」：**Luigi Russolo，*The Art of Noises*，Barclay Brown，trans.（New York: Pendragon Press，1986），26.
- **羅馬成為歐洲最吵的城市：**“Rome Starts Drive to Suppress Noise，”*New York Times*，October17，1925.

- **「車都改了，你不會想飆一下嗎？」**：Bettina Boxall，“Sound of Music?，”*LosAngeles Times*，July16，1989.
- **「馬車夫驟然揮鞭」**：Lawrence Baron，“Noise and Degeneration: Theodor Lessing's Crusade for Quiet，”*Journal of Contemporary History* 17，1（January1982）:165–78.
- **「音震」等名稱的比賽**：Katherine Bishop，“Laws Aim to Turn Off Ear-Splitting 'Boom' Cars，”*New York Times*，January17，1990.
- **美國都會區車流量**：Texas Environmental Profiles，http://www.texasep.org/html/air/air_5mob_carred.html
- **全美二十六座大城市塞車現象**：Tom Vanderbilt，*Traffic*（New York: Knopf，2008），131.
- **「他們是罪魁禍首」**：catdaddybaycali@yahoo，e-mail to Noise Free America，List servposting，May24，2008，noisefreeamerica@yahoogroups.com.
- **「卡盧薩習俗觀」**：“Who Cares About Words?，”Florida Car Radio blog，posted December14，2007，http://www.floridacaraudio.com/category/rant/.
- **MP3痞子**：Robin Butler與作者的採訪，2008年春。
- **人在三英尺外**：Quiet Solution Decibel Chart，http://www.quietsolution.com/Noise_Levels.pdf.
- **凱西・蘇利文**：Casey Sullivan與作者的採訪，2008年春。
- **巴茲・湯普森**：Buzz Thompson與作者的採訪，2008年春。

第八章

- **歐洲環境署報告**：European Environment Agency，“Transportata Crossroads: TERM2008: Indicators Tracking Transport and Environment in the European Union，”EEAReportno.3/2009（Copenhagen，2009）.
- **霍華・史達普頓**：Compound Security，http://www.compoundsecurity.co.uk/mosquito-products-0.
- **「受歡迎的鬧鐘」**：“Teen-Repellent to Be Regulated，”*Health24*

（April2008），www.health24.com/news/Teens/1-950，45864.asp.

- **「TeenBuzz」**："Teens Turn' Repeller' into Adult-Proof Ringtone，"*NPR*，May26，2006.Websitefortheringtonecanbefoundatwww.teenbuzz.org.
- **「我不知道應該跑走還是待著」**：Pro Sound Web Life Chat，interview of Tom Danley，moderated by Keith Clark，March12，2002，www1.prosoundweb.com/chat_psw/transcripts/danley.shtml.
- **「那個男人」**：Michael Heddon與作者的採訪，2008年秋。
- **希樂爾・普拉特論點**：Amanda Harry，"Wind Turbines，Noise and Health，"February2007，http://www.windturbinenoisehealthhumanrights.com/wtnoise_health_2007_a_barry.pdf.
- **「我們也一直用這種音樂折磨爸媽」**：Clive Stafford Smith，"Welcome to' the Disco，' " *The Guardian*，June19，2008.
- **「掩蔽音」**：Cynthia Kellogg，"Musicin Dentist's Chair Soothes Childand Adults，"New York Times，August12，1960.Alsosee Thomas E. Morosko and Fred F. Simmons，"The Effec to Audio-Analgesiaon Pain Threshold and Pain Tolerance，"*Journal of Dental Research* 45（1966）:1608–17.
- **用於分娩及小手術**：Stacy V. Jones，"New Device for Seeing in Dark，"*New York Times*，June3，1961.
- **發動抵制產品**：Benjamin Schwaid，"Audio-Analgesia May Be Hazardous，"*The Journal of the American Dental Society of Anesthesiology* 7，10（December1960）:24–25.
- **Sound Pain Relief**：Sound Pain Relief，http://www.soundpainrelief.com.
- **「都市的可怕噪音」**：Ron Alexander，"Stereo-to-Go and Only You Can Hear It; For the Thinking Man，" *New York Times*，July7，1980.
- **「外面有公車……」**：Georgia Harbison，J. D. Reed，and Nick Balber -man，"A Great Way to Snub the World，" *Time*，May18，1981.
- **索尼在東京推出產品**：Steve Crandall，"Sony Walkman History，"tingilinde blog，October19，2003，http://tingilinde.typepad.com/starstuff/2003/10/sonywalkmanhi.html.

- **當時的電視廣告：**“Classic Sony Walkman Commercial，”YouTube，June8，1985，http://www.youtube.com/watch?v=iO8FDPtN_8M.
- **售出兩億兩千萬部：**Phil Schiller announced this figureat the Apple Rock and Roll Event，Yerba Buena Theater，San Francisco，September9，2009.
- **總共製造一億五千萬部：**Priya Johnson，“Time line and the History of the Walkman，”Buzzle.com，April30，2009，http://www.buzzle.com/articles/timeline-and-history-of-the-walkman.html.
- **紐約市人口成長率：**Census figures，http://www.nyc.gov/html/dcp/pdf/census/1790-2000_nyc_total_foreign_birth.pdf
- **倫敦中心區人口：**http://www.demographia.com/dm-lonarea.htm.
- **東京人口也經歷了：**TokyoStatisticalYearbook2005，http://www.toukei.metro.tokyo.jp/tnenkan/2005/tn05qyte0510b.htm.
- **「過濾焦躁雜音」：**Dawn Foster，“Why I Love My iPod（Yes，This Is Work-Related），”Web Worker Daily，January2，2009，http://webworkerdaily.com/2009/01/02/why-i-love-my-ipod-yes-this-is-work-related/. Seecommentsespecially.
- **小車禍事故每十件就有一件：**Gina Hughes，“Onein10MinorTrafficAccidents Causedby‘Podestrians，’”Yahoo Tech blog，October9，2008，http://tech.yahoo.com/blogs/hughes/34543.
- **德克森・包曼：**Dirksen Bauman與作者的採訪，2009年冬。
- **九個州禁止開車配戴耳機：**Joyce Purnick，“Council Bill Seeks Head-phone Curbs，”*New York Times*，August19，1982.
- **紐澤西州木橋鎮：**“Jersey Township Passes Curbon Headphones，”*New York Times*，July12，1982.
- **最具公信力的研究：**“New iPod Listening Study Shows Surprising Behavior of Teens，”ScienceDaily，February28，2009，http://www.sciencedaily.com/releases/2009/02/090218135054.htm.

第九章

- **二〇〇八年噪音防治年度研討會：**Noise-Con2008，Hyatt Regency，Dearborn，Michigan，July28–31，2008.
- **美國強鹿牌：**Marlund Hale，“Noise Control Foundation Session One，”panel discussion at Noise Con2008，July29，2008.
- **「黏彈性材料」：**Green Glue，http://www.greengluecompany.com.
- **厄比達魯斯圓形劇場：**“Ancient Greek Amphi theater: Why You Can Hear from Back Row，”ScienceDaily，April6，2007，http://www.sciencedaily.com/releases/2007/04/070404162237.htm.
- **透過「填塞」：**Theodore H. M. Prudon，“Deafening: An Early Form of Sound Insulation，”*Bulletin of the Association for Preservation Technology 7，4 □1975□:5–13.*
- **「安靜，安靜」：**Thomas Carlyle to Geraldine E. Jewsbury，June15，1840，The Carlyle Letters Online: A Victorian Cultural Reference（Durham，NC: Duke University Press），http://carlyleletters.dukejournals.org/cgi/content/full/12/1/lt-18400615-TC-GEJ-01?maxtoshow=&HITS=10&hits=10&RESULTFORMAT=&fulltext=%22SILENCE+SILENCE%22&searchid=1&FIRSTINDEX=0&resourcetype=HWCIT.
- **「下流黃皮膚義大利人」：**John M. Picker，“The Sound proof Study: Victorian Professionals，Work Space，and Urban Noise，”*VictorianStudies*42，3（April1，1999）:427–53.後續出自*City Press*的引用也取自Picker的佳文，該文幫助我建構了對維多利亞時期隔音事業的想法。
- **「我們切恩街的房子又重新施工了」：**Thomas Carlyle to James Marshall，September19，1853，The Carlyle Letters Online，http://carlyleletters.dukejournals.org/cgi/content/full/28/1/lt-18530919-TC-JMA-01?maxtoshow=&HITS=10&hits=10&RESULTFORMAT=&fulltext=We+are+again+building&searchid=1&FIRSTINDEX=0&resourcetype=HWCIT.
- **「愛爾蘭工人搬東扛西」：**同前，Jane Carlyle to Thomas Carlyle，December19，1853，under Source note，http://carlyleletters.dukejournals.org/cgi/content/full/28/1/lt-18531219-JWC-TC-01?maxtoshow=&HITS=10&hits=10&

RESULTFORMAT=&fulltext=%22our+house+once+more+a+mere+dust-cloud&searchid=1&FIRSTINDEX=0&resourcetype=HWCIT.

- **「我用自己的感官」：**同前，Jane Carlyle to John A. Carlyle，July27，1852，http://carlyleletters.dukejournals.org/cgi/content/full/27/1/lt-18520727-JWC-JAC-01?maxtoshow=&HITS=10&hits=10&RESULTFORMAT=&fulltext=%22Now+that+I+feel+the+noise%22&searchid=1&FIRSTINDEX=0&resourcetype=HWCIT.
- **把自己關在書房：**"Carlyle's Sound proof Room，"*New York Times*，February24，1886.
- **「用來蒙騙我的幻覺」：**Jane Carlyle to Thomas Carlyle，July21，1853，The Carlyle Letters Online，under Source note，http://carlyleletters.dukejournals.org/cgi/content/full/28/1/lt-18530721-JWC-TC-01?maxtoshow=&HITS=10&hits=10&RESULTFORMAT=&fulltext=%22was+a+flattering+delusion%22&searchid=1&FIRSTINDEX=0&resourcetype=HWCIT#FN6_REF.
- **卡夫卡日漸依賴：**Franz Kafka，*Letters to Felice*，Erich Heller and Jurgen Börn, eds. ,James Stern and Elizabeth Duckworth，trans.（New York: Schocken Books，1973），449.
- **佛洛德・華森著作：**Floyd Watson，*Sound-proof Partitions: An Investigation of the Acoustic Properties of Various Building Material swith Practical Applications*（Urbana，IL: University of Illinois Bulletin，March1922），http://www.archive.org/stream/soundproofpartit00watsuoft#page/n1/mode/2up.
- **心理學家謝佛・艾佛利・法蘭茲：**Shepherd Ivory Franz，"A Noiseless Room for Sound Experiments，"*Science*26，677（December20，1977）:878–81.
- **「永遠有景物可以看見」：**John Cage，*Silence*（Middletown，CT: Wesleyan University Press，1961），8.
- **「厚而有彈性且不具傳導力的緩衝層」：**advertisement，*Western Architect & Engineer* 52–53（1918）:152.
- **「沒有隔音，堪稱失敗」：**同前。
- **負責聲音定位：**"Use Seaweed for Soundproofing，"*New York Times*，February17，1929.

- **倫敦貿易展銷會上：**“Silent House Shown: Doors of One at London Can Be Slammed Without Noise，”*New York Times*，September21，1930.
- **美國國家標準局：**“Problem of Sound Proof House Engages Bureau of Standards，”*New York Times*，October2，1927.
- **新新懲教所：**“Sing Sing Chapel Opened: Sound-Proof Partitions Permit Two Services Thereat One Time，”*New York Times*，September2，1929.
- **「我們往後不需要更多」：**“Lighter Views of Life in New York City，”*New York Times*，May2，1909.
- **「從源頭防範噪音」：**R.V. Parsons，Station WJZ，December26，1929. Transcript in *City Noise: The Report of the Commission Appointed by Dr. Shirley W. Wynne，Commission of Health，to Study Noise in New York City and to Develop Means of Abating It*, edward F. Brownetal., eds.（New York: Department of Health，1930），238.
- **「穿插不和諧音」：**“Anti-Noise Experts Experiment in Secret: Find Their Sound-Proof Rooma ‘ Torture Chamber’ When City’s Clamor Is Reproduced There，”*New York Times*，April24，1930.
- **東京衛生實驗室的科學家：**“Longer Life A midst Noise but Bad Effects Noted Also，”*TheScienceNews-Letter*30，802（August22，1936）:119.
- **「用超級隔音墊自己做」：**Super Sound proofing Community Forum，May7，2008，http://supersoundproofing.com/forum/index.php?topic=2262.0.
- **取得專利的「靜音機」：**Marina Murphy，“‘Silence Machine’ Zaps Unwanted Noise，”*New Scientist*（March28，2002）.
- **「非常大的豪宅」：**Andy Pollack與作者的採訪，2009年。
- **「最安靜的產品也是最貴的」：**Jeff Szymanski，Noise Control Foundation，Session One，panel discussion at Noise-Con2008，July29，2008.

第十章

- **「全球反噪音聲浪」：**Gladwin Hill，“Clamor Against Noise Rises Around the Globe，”*New York Times*，September3，1972.

- **一九三五年十月一日：**"Mayor La Guardia's Plea and Proclamation in Waron Noise，"*New York Times*，October1，1935.
- **總計五千三百一十七張警告單：**"Whole City Joins in Waron Noise，"*New York Times*，October6，1935.
- **飛漲至兩萬零五百四十六張：**"It's Still Bedlam-on-the-Subway，"*New York Times*，September29，1940.
- **「讓羅馬有多偉大就有多安靜」：**Arnaldo Cortesi，"Romea New City in Humbler Things，"*New York Times*，September10，1933.
- **我的外曾祖父：**"Physicians Combine to Abolish Noise，"*New York Times*，August5，1912.
- **一九六〇年代末期：**Catrice Jefferson給作者的電子郵件，2009年6月。Ken Feith將對噪音防治行動歷史的概論，由他熱心助人的同事Catrice Jefferson編寫給我。
- **羅素・崔恩：**Russell Train與作者的採訪，2008年春。
- **金洛河博士：**Rokhu Kim於2008至2009年與作者的採訪，及給作者的電子郵件。在我研究WHO為噪音政策所付出的努力，以及對這些努力在歐洲環境當局總體編制中地位的理解，金博士給我極大的協助。
- **「我猜他⋯⋯」：**"Pacoima Man Shot to Death Over Loud Car Stereo，"CBS Broadcasting，Inc. ,August13，2008，http://current.com/items/89203218_pacoima-man-shot-to-death-over-loud-car-stereo.htm.
- **「市檢察署勸告我們」：**Captain Stitler與作者的採訪，2009年春。
- **提議利用網路宣導：**Catrice Jefferson，presentation at Noise-Con2008，Hyatt Regency，Dearborn，Michigan，July29，2008.
- **「在公共可聽見之範圍內」：**Henry Strauss，"The Law and Noise: Wartime Regulations，" *Quiet*2，no.12（March1941）:pp.13–14.
- **取得醫學士學位：**John A. Logan，*The Part Taken by Women in American History*（Wilmington，DE: Perry Nalle Publishing Co. ,1912），602.額外的生平資訊出現在Mrs. Isaac Rice條目。
- **「最美的哈德遜河河景」：**Christopher Gray，"A Fading Reminder of Turn-of-

the-Century Elegance，”*New York Times*，August24，1997.

- **堅硬岩層鑽鑿出來：**batgirl，“Rice’s Gambit，”Chess.com，September29，2008，http://blog.chess.com/batgirl/rices-gambit.
- **一九〇五年夏天：**Isaac Rice，“An Effort to Suppress Noise，”*Forum*37，4（April1906）.萊斯這篇文章詳述了她對抗拖船噪音的歷史。
- **「非必要且不分目的發出的警笛」：**“River Craft Ordered to End Their Noise，”*New York Times*，November25，1906.
- **偶爾有小心眼的船主：**“Two Skippers Up for Loud Tooting，”*New York Times*，May9，1907.
- **茱莉亞則被推選為會長：**“Mrs. Rice Put at Head of Anti-Noise Society，”*New York Times*，January15，1907.
- **重現都市噪音：**“Canned Din Phonograph，”*New York Times*，October31，1908.
- **醫院靜區：**“Makes Quiet Zones for City Hospitals，”*New York Times*，June24，1907.
- **「悲哀地渴求刺激」：**Isaac Rice，“The Children’s Hospital Branch of the Society for the Suppression of Unnecessary Noise，”*Forum*39，4（April1908）.文中對此活動有詳盡描述。
- **「努力橫遭阻撓」：**Frank Parker，“The War，”The New McClure’s（December1928）.萊斯夫人的訃聞於1929年11月5日刊登於《紐約時報》，我後來在文中發現，汽車也被視為學會無以為繼的原因之一。
- **擁有汽車的第一人：**batgirl，“Rice’s Gambit.”
- **「高壓暴行」：**“Automobile Cars Barred: Jefferson Seligman and Isaac L. Rice Lose Park Permits，”*New York Times*，December16，1899.
- **桃樂絲：**Frank L. Valiant，“Motor Cycling Fad Strikes Fair Sex，”*New York Times*，January15，1911.
- **某次魯莽飛行：**“From Her Sick Bed Plans New Flights，”*New York Times*，November28，1916.

- **「比安靜高出五十五個感覺單位」**：E. E. Free，“How Noisy Is New York?，”*Forum*75，3（February1926）:21–24.
- **「奇特配備的噪音測量車」**：Shirley H. Wynne，“Saving New York from Its Own Raucous Din，”*New York Times*，August3，1930.
- **「環境噪音監測」**：JimWeir與作者的採訪，2008年春。
- **「他們在歐洲……」**：Isaac Rice，“An Effort to Suppress Noise.”
- **曼維的說法**：Doug Manvell與作者的採訪，B&K plant and at Colin Nugent's EU office.爾後我也與Manvell保持通信，我由衷感謝他投入時間心力協助我認識B&K的業務和歐洲總體的噪音地圖倡議。
- **「歐洲噪音指令」**：European Commission/ European Union，documents of European Union Noise Policy，http://ec.europa.eu/environment/noise/directive.htm.
- **「哈雷的老玩家社群」**：“Harley-Davidson: The Sound of a Legend，”*Automotive Industries*（November2002），http://findarticles.com/p/articles/mi_m3012/is_11_182/ai_95614097/?tag=content;col1.
- **捷豹車引擎聲的接受度**：Paul Jennings與作者的採訪，2008年春。
- **利用歷史音景**：Max Dixon給作者的電子郵件。與MaxDixon的通信對我認識音景的潛力大有助益，他提供我許多關鍵資料，也增進了我對安靜空間的了解。介紹Max給我認識的ColinGrimwood針對這些主題，特別是聲音標誌的概念，提供我重要的洞見。
- **聲音受障礙物屏障的區域**：Jian Kang，Wei Yang，and Dr. Mei Zhang，“Sound Environment and Acoustic Comfort in Urban Spaces，”in *Designing Open Spaces in the Urban Environment: A Bioclimatic Approach*，Dr. Marialena Nikopoulou, ed.（Center for Renewable Energy Sources，2004），32–37，http://alpha.cres.gr/ruros/dg_en.pdf.
- **瀑布水聲常是最佳方法**：G. R. Wattsetal. ,“Investigation of Water Generated Sounds for Masking Noise and Improving Tranquillity，”presentedat Inter-Noise 2008:From Silence to Harmony，Shanghai，China，October26–29，2008，http://tadn.net/blog/wp-content/uploads/2008/10/in080375.pdf.

- **本田汽車投資重本**：The Gigdoggy blog，"Groove Encrusted Asphaltto Bring Musical Roadsatthe Topof the Charts，"September23，2008，http://gigdoggy.wordpress.com/2008/09/23/groove-encrusted-asphalt-to-bring-musical-roads-at-the-top-of-the-charts/.ThefateofthisprojectwasexplainedtomebyClaireShepherdofBureauVeri-tasAcousticsandVibrationGroup.
- **「製圖學技藝」**："Jorge Luis Borges，"On Exactitudein Science，" AndrewHurtey，trans. In *Collector Fiction*（New York: Viking，1998），325.
- **「從各方面來說」**：ColinNugent從2008到2009年與作者的採訪。除了2008年於哥本哈根訪問Nugent，我在2009年也以電話和電子郵件採訪他，他在過程中協助我追蹤END的進展。
- **二〇一二年歐盟要求會員國**：Europa: Summaries of EU Legislation，http://europa.eu/legislation_summaries/environment/noise_pollution/121180_en.htm.
- **對健康的危害**：Wolfgang Babisch，*Transportation Noise and Cardiovascular Risk*（Berlin: Umweltbundesamt，January2006）.
- **嚴厲的噪音指導方針**：*Noise Night Guide lines for Europe*（World Health Organization，2007），http://ec.europa.eu/health/ph_projects/2003/action3/docs/2003_08_frep_en.pdf.
- **估計花費約十萬英鎊**：John Hinton給作者的電子郵件。Hinton創建首開先河的伯明罕噪音地圖，他在通信中告訴我此估計值。
- **「噪音測量雖然重要⋯⋯」**：Henry J. Spooner，"The Progress of Noise Abatement，" in *City Noise II*，James Flexner.（New York: Department of Health，1932），27–37.
- **「與百合花和鳥兒同在⋯⋯」**：Søren Kierkegaard，"The Lily in the Field and the Bird of the Air，" in *The Essential Kierkegaard*，Howard V. Hong and Edna H. Hong,eds.（Princeton，NJ: Princeton University Press，1980），335.

第十一章

- **「終止不必要的噪音」**：*City Noise: The Report of the Commission Appointed by Dr. Shirley W. Wynne，Commission of Health，to Study Noise in New York City and to Develop Means of Abating It*, edward F. Brownetal., eds.（New York :

Department of Health，1930），273.

- **「聽哪，謠言甚囂塵上」：***City Noise II*，James Flexner, ed.（New York: Department of Health，1932）.
- **麥可‧莫山尼奇：**Michael Merzenich與作者的採訪，2008年秋。
- **占了七成五：**Marie Evans Schmidtetal. ,“ The Effects of Background Television on the Toy Play Behavior of Very Young Children，”www.srcd.org/journals/cdev/0-0/Schmidt.pdf.
- **費城兒童醫院研究：**“Brains of Autistic Children Slower at Processing Sound，”*New Scientist*（December1，2008），http://www.newscientist.com/article/dn16174-brains-of-autistic-children-slower-at-processing-sound.html.
- **龍是護法：**Japanese Buddhist Statuary，http://www.onmarkproductions.com/html/dragon.shtml.
- **波特蘭日式庭園：**Virginia Harmon給作者的電子郵件，2009年冬。我在2009年初走訪波特蘭庭園，後續仍與Harmon保持通信，她在信中詳細說明了她在導覽時提到的概念，也指引我找到許多參考資料。
- **夢窗疎石收集：**Graham Parkes，“Further Reflection on the Rock Garden of Ryo-anji: From Yugen to Kiretsuzuki，” in *The Aesthetic Turn: Reading Eliot Deutschon Comparative Philosophy*，Roger T. Ames, ed.（Peru，IL: Open Court Publishing Company，2000），15–17.
- **「潛在多重觀點」：**Eliot Deutsch，*Studies in Comparative Aesthetics*（Honolulu: University of Hawaii Press，1975），25–32.
- **不完美的侘寂美學：**Yuriko Saito，“The Japanese Aesthetics of Imperfection and Insufficiency，”*The Journal of Aesthetics and Art Criticism* 55，4（Autumn1997）:377–85.
- **「人若永遠不會逝去」：**同前，382.
- **「讓簡約和克制蔚為風尚」：**A. L. Sadler，“ The Tea Philosophy of Japan，a Western Evaluation，”*Pacific Affairs*2，10（October1929）:635–44.
- **「我已經接受事實」：**Hansel Bauman與作者的採訪，2009年。我在2009年多次採訪Bauman，他的見解建構了我對聽障空間和該計畫所涉建築傳統的想法，其重要性值得一再強調。

- **「感官輸入被切斷」**：Michael Chorost與作者的採訪，2009年。
- **「聽力被剝奪」**：*The Deaf Experience: Classics in Language and Education*，Harlan Lane, ed.（Washington，DC: Gallaudet University Press，2006），37.
- 248 **「生來富有的孩子」**：Jonathan Rée，*I See a Voice: Deafness*，*Language and the Senses—A Philosophical History*（New York: Metropolitan Books，1999），185–86.
- **南非開普省聾人學校**：M. Miles，"Deaf People Living and Communicating in African Histories，c.960s–1960s，"*Independent Living Institute*（2005），http://www.independentliving.org/docs7/miles2005a.html.
- **東妮・拉寇魯奇**：Toni Lacolucci與作者的採訪，2008年。她慷慨撥出時間協助我理解她耳聾的經驗。最初也是她協助我聯絡上高立德大學。
- **「用相同音量碰觸你」**：Josh Swiller，instant message to author，January30，2009.
- **「自由運用空間」**：Frederick Law Olmsted，" Report of Olmsted，Vaux &Co. , Architects，" in Edward Miner Gallaudet，*History of the College for the Deaf 1857–1907*（Washington，DC: Gallaudet College Press，1983），236–38.
- **「宏偉的原始形態」**：Le Corbusier，*Toward a New Architecture*（New York: Dover Publications，1986），29–30.
- **「性質變幻無窮」**：Louis Kahn，"Silence and Light II，" in *Louis Kahn: Essential Texts*，Robert Twombly, ed.（New York: W. W. Norton & Company，2003），232.
- **「塵土清除之後」**：同前，240.
- **「圍繞宇宙無所不在的靈魂」**：Louis Kahn，"Space and the Inspirations，"in *Louis Kahn: Essential Texts*，225.
- **「無聲派對」**：Rebfile.com，www.rebfile.com/quietpartyabout.htm.
- **我和艾琳一組**：Erin Kelly是作者在包曼活動中的搭檔。
- **另一名學生麥克**：Michael Hubbs與作者的採訪，2009年冬。

- **羅伯特・瑟威吉：**Robert Sirvage與作者的採訪，2009年冬。Sirvage在高立德大學和我們參加麻省理工學院的研討會時，都針對聾人經驗與我分享了極度重要的看法。
- **「maluma」和「takete」：**V. S. Ramachandran and E. M. Hubbard，"Synaesthesia—A Window into Perception，Thought and Language，"*Journal of Consciousness Studies*8，12（2001）:3–34.
- **達賴喇嘛訪談：**Dalai Lama，interview by Werner Herzog，*Wheel of Time*（Werner Herzog Film Produktion，2003）.
- **PDM團體：**Alex Cequea，"How to Conduct Your Own Public Meditations，"Publication Meditation Project，http://alexcequea.typepad.com/my_weblog/files/Public_Meditation_Project_How-to.pdf.
- **「環境靈魂」：**Louis Kahn，"Silence and Light II，"236.

第十二章

- **「也許可以比喻天擇是」**Charles Darwin，*The Origin of Species*（New York: New American Library，1958），80.
- **達爾文對安靜的演化過程的比喻：**Adam Phillips，*Darwin's Worms: On Life Stories and Death Stories*（New York: Basic Books，2000）.
- **「聲音和寧靜最矛盾的混生物」：**Charles Darwin，*The Voyage of the Beagle*（New York: Modern Library，2001），12.
- **「讓每個人都安靜無語」：**Charles Darwin，*The Life and Letters of Charles Darwin: Including an Autobiographical Chapter*，*volume1*，Francis Darwin, ed.（London: John Murray，1887），77.
- **「農學家在耕地時⋯⋯」：**Charles Darwin，"On the Formation of Mould，"*Proceedings of the Geological Society of London* 2（1838）:576.
- **與我一位朋友見面：**Nataliede Souza與作者的採訪，2009年夏。De Souza付出的心力無法用言辭形容，他讓我在多個科學領域紮下基礎，並提供許多對我的研究至關重要的資料。
- **研究進度超前好幾年：**Claire Benard與作者的採訪，2009年夏。Benard不只在那個夏天午後協助我，之後在她搬回麻州的實驗室前，也再度大方邀請我回去拜訪。在我們日後的通信中，她為我回答了許多關於研究的問題。

- **「沒有所謂淨空的空間」**：John Cage，*Silence*（Middle town，CT: Wes-leyan University Press，1961），8.
- **追溯到尼采**：Lawrence Baron，“Noise and Degeneration: Theodor Lessing’s Crusade for Quiet，”*Journal of Contemporary History* 17，1（January1982）:165–78.
- **「誰若想把人類變成狗」**：Theodor Lessing，“Jewish Self Hatred，” in *The Weimar Source book*，Anton Kaes，Martin Jay，and Edward Dimendberg, eds.（Berkeley and Los Angeles: University of California Press，1994），271.
- **萊辛景仰茱莉亞・萊斯如偶像**：“Germans to Waron Street Noises，”*New York Times*，August9，1908.
- **一九三三年的萊辛**：“Lessing，German Refugee，Slainin Prague ;Attacks on Others Abroad Are Feared，”*New York Times*，August31，1933.
- **「花費大把金錢……」**：Colin Grimwood與作者的採訪，2009年春。
- **高密度開發地區**：*Sounder City: The Mayor’s Ambient Noise Strategy*（London: Greater London Authority，2004），181–87.
- **瑞典研究**：Mistra: The Foundation for Strategic Environmental Research，“The Right to a Good Sound scape，”February29，2008，www.mistra-research.se/mistra/english/news/news/therighttoagoodsoundscape.5.61632b5e117dec92f47800028054.html.
- **在古城龐貝**：Mary Beard，*The Fires of Vesuvius: Pompeii Lost and Found*（Cambridge，MA: Belknap Press of Harvard University Press，2008），62.
- **古希臘城市錫巴里斯**：*City Noise: The Report to the Commission Appointed by Dr. Shirley W. Wynne，Commission of Health，to Study Noise in New York City and to Develop Means of Abating It* , Edward F. Brownetal.,eds.（NewYork: Department of Health，1930），5–6.
- **萊曼・凱西**：Lyman Casey與作者的採訪，2009年春。我由衷感謝Casey從忙碌的教學中撥出時間協助我深入了解今日教師面臨的噪音情境。我也感謝布魯克林預科中學所有誠懇與我分享關於噪音與沉默經驗的同學。

- **「練習，很多的練習」：**Jonathan Edmonds與作者的採訪，2009年春。
- **「現在人脾氣有比較好嗎？」：**Arline Bronzaft與作者的採訪，2008年春。後來我前往Bronzaft家訪問她，並多次透過電話採訪。對於我了解全國各地草根階級反噪音社運人士的努力，她發揮了重要作用。
- **感知即是區分：**Maurice Merleau-Ponty，*The Visible and the Invisible*，Alphonso Lingis，trans.（Evanston，IL: Northwestern University Press，1968），197.

追尋寧靜

In Pursuit of Silence：Listening for Meaning in a World of Noise

作者	喬治·普羅契尼克（George Prochnik）
翻譯	韓絜光
封面設計	兒日設計
內頁排版	高巧怡
行銷企劃	林瑀、陳慧敏
行銷統籌	駱漢琦
業務發行	邱紹溢
責任編輯	李嘉琪
總編輯	李亞南
出版	漫遊者文化事業股份有限公司
地址	台北市松山區復興北路331號4樓
電話	(02) 2715-2022
傳真	(02) 2715-2021
服務信箱	service@azothbooks.com
網路書店	www.azothbooks.com
臉書	www.facebook.com/azothbooks.read
營運統籌	大雁文化事業股份有限公司
地址	台北市松山區復興北路333號11樓之4
劃撥帳號	50022001
戶名	漫遊者文化事業股份有限公司
初版一刷	2021年9月
定價	台幣420元

ISBN 9789-86-489-5090

國家圖書館出版品預行編目 (CIP) 資料

追尋寧靜/ 喬治. 普羅契尼克（George Prochnik）著；韓絜光譯. -- 初版. -- 臺北市：漫遊者文化事業股份有限公司出版：大雁文化事業股份有限公司發行, 2021.09

面； 公分

譯自：In pursuit of silence : listening for meaning in a world of noise.

ISBN 978-986-489-509-0（平裝）

1. 環境心理學 2. 噪音

172.8 110013113